Révolte et transcendance

Pierre Taminiaux

Révolte et transcendance

Surréalisme, situationnisme et arts contemporains

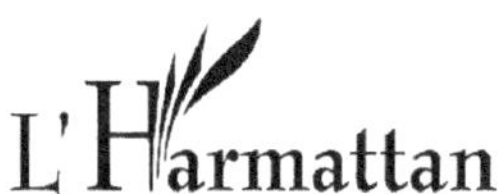

Du même auteur

Robert Pinget, éditions du Seuil, 1994.

Poétique de la négation, L'Harmattan, 1998.

Surmodernités: entre rêve et technique, L'Harmattan, 2003.

L'Ellipse et le cercle : art, poésie, politique, L'Harmattan, 2016.

Littératures modernistes et arts d'avant-garde, Honoré Champion, 2013.

Du Surréalisme à la photographie contemporaine. Au croisement des arts et de la littérature, Honoré Champion, 2016.

The Paradox of Photography, Rodopi, 2009.

5-7, rue de l'Ecole-Polytechnique, 75005 Paris

http://www.editions-harmattan.fr

ISBN : 978-2-343-14442-9
EAN : 9782343144429

INTRODUCTION

Ce recueil se concentre d'abord sur la question de la révolte dans des avant-gardes du XXe siècle telles que le surréalisme et le situationnisme. Mais il aborde également celle-ci dans des formes d'expression contemporaines, de la performance orale à la musique et aux arts visuels. À sa fondation, en effet, le surréalisme défini par André Breton dans *Le Manifeste du surréalisme* de 1924 inclut une position radicale de contradiction à la fois philosophique, esthétique et politique. Ce travail avait déjà été entrepris par Dada, quelques années plus tôt. Cependant, Breton le théorisa et le systématisa dans le contexte des années vingt.

Des attitudes similaires avaient déjà vu le jour dans la culture française du XIXe siècle, dans le romantisme en particulier. Mais le surréalisme opéra une rupture plus profonde dans la mesure où il conçut la révolte en tant que mode de pensée d'une communauté tout entière. Le romantisme, par opposition, avait avant tout reposé sur l'exaltation de l'individu et de sa subjectivité. Le culte du Moi avait en effet dominé sa perspective. Il répondait aux contraintes d'une société bourgeoise qui réprimait la vie émotionnelle et sa présence dans l'art et la littérature.

Le surréalisme constitua en outre une critique essentielle et sans précédent du réalisme esthétique. Cela constitua sans doute son originalité la plus grande. Dans la modernité, en effet, ce réalisme avait encore joué un rôle de premier plan dans l'expression humaine, et ce y compris dans le romantisme, en particulier celui de Victor Hugo. Pour la première fois, alors, l'identité mimétique de la littérature fut contestée profondément et sans équivoque possible. Certes, un écrivain comme Nerval avait-il déjà exploré le domaine du surnaturel plusieurs décennies auparavant. Mais la tradition française restait tout de même largement liée à l'impératif réaliste, surtout dans le cadre d'une perspective sociale critique (comme chez Balzac ou chez Zola).

Pour Breton, le mot : 'révolte' était avant tout dépendant de la révélation des rêves de l'homme dans l'écriture. Les trois premières lettres de ce mot, d'ailleurs, ironiquement, suggéraient la présence de ceux-ci. Il ne s'agissait pas simplement, en ce sens, de se révolter contre la réalité, mais bien de dépasser cette dernière dans le champ devenu ouvert de la représentation. C'est là que se situa en premier lieu la révolution surréaliste, et non dans l'adhésion initialement enthousiaste aux valeurs et aux idées de la Révolution russe d'octobre 1917.

Près d'un siècle après *Le Manifeste du surréalisme*, il faut bien dire que le réalisme continue à exercer son influence énorme sur la littérature. La grande majorité des romans publiés aujourd'hui en France, en effet, participent encore d'une telle esthétique. Le combat de Breton fait donc toujours sens, d'autant plus que le cinéma a depuis 1924 considérablement accru son pouvoir culturel à travers le monde et que ce pouvoir repose précisément le plus souvent sur le primat de la représentation réaliste.

La révolution reste alors à faire, malgré l'institutionnalisation des avant-gardes dans le milieu de l'art et dans le monde académique. À son origine, le surréalisme avait considéré la poésie comme son mode d'expression privilégié. Or, l'évolution commerciale de la littérature à notre époque a rejeté en quelque sorte dans les marges ce mode d'expression et a ainsi rendu plus difficile la mise en question du réalisme à l'intérieur de la culture contemporaine. Le réalisme n'est pas le réel : telle était l'idée fondamentale de Breton, en particulier dans ses manifestes. Il ne constitue en effet qu'une réduction de celui-ci, non seulement du point de vue esthétique, mais aussi du point de vue existentiel et moral.

En 1924, les découvertes de Freud sur l'inconscient continuaient à faire peur à l'ordre établi de la science et de la pensée, au même titre d'ailleurs que les écrits de Marx. Le médecin viennois avait éclairé une part obscure de l'homme : les rêves dévoilaient selon lui une dimension essentielle de l'existence, celle de l'inconscient.

Ils débouchaient sur le monde inconnu et trouble des désirs et des instincts. Dans cette optique, l'interprétation des rêves incarnait un discours de nature politique. Celui-ci bousculait les représentations classiques de la vie bourgeoise, dans la mesure où il prouvait que le monde manifeste n'était qu'une petite partie du monde tout court. « La matière n'est pas la seule matière de l'homme », aurait pu dire ainsi Freud.

Par contradiction, le situationnisme, héritier rebelle du surréalisme, abandonna complètement le discours lyrique de Breton sur le rêve et l'inconscient pour se concentrer sur la réalité sociale et politique de la France des Trente Glorieuses. La révolte, selon lui, ne pouvait plus emprunter prioritairement les voies du langage poétique. Elle devait s'incarner surtout dans la forme de l'essai critique ou alors dans des actions empiriques de parasitage symbolique et de renversement sémantique bien connues aujourd'hui sous le nom de détournements. Le situationnisme revendiqua ainsi comme démarche intellectuelle fondatrice le retour à la réalité, même s'il s'efforça également d'en souligner les aspects les plus aliénants et d'en dégager malgré tout des ouvertures utopiques.

Du surréalisme, le situationnisme conserva l'attention portée sur les pratiques ludiques et en apparence gratuites. Il élabora à partir d'elles sa propre poétique de la rencontre et de l'aléa. La ville et son espace imaginaire avaient déjà nourri le projet autobiographique de Breton dans *Nadja* : Debord et ses collègues inscrivirent leurs recherches dans le même territoire tout en affrontant un nouvel ordre culturel que Breton n'aurait pu soupçonner, celui de la société de consommation.

Le situationnisme, dans sa pensée critique, développa alors une politique de la forme au-delà de la littérature proprement dite, alors que Breton confina essentiellement la sienne au domaine du langage poétique. Cet au-delà situationniste, façon de parler, n'était rien d'autre que la culture. Cette dernière occupait tout l'univers de la représentation et la multiplicité frappante de ses moyens d'expression de masse ne pouvait cacher cependant une homogénéité idéologique étouffante et une indigence philosophique criante.

Les définitions de la radicalité n'étaient ainsi plus les mêmes dans les années cinquante et soixante que dans les années vingt et trente. L'illusion révolutionnaire d'origine communiste commençait ainsi à s'estomper, mais simultanément, la souveraineté des considérations esthétiques dans le projet avant-gardiste perdait elle aussi de son importance. Il n'est pas sûr, d'ailleurs, qu'un mouvement comme Fluxus parvint vraiment à renverser cette tendance, dans la mesure où son credo de « la fin de l'art » impliqua nécessairement une mise en cause des préoccupations formalistes dans le travail de l'artiste.

Le surréalisme de Breton se révolta également contre toute définition rationaliste du monde et de la pensée. Il se dressa ainsi contre un lourd héritage éminemment français, celui de Descartes et des Lumières. Les philosophes éclairés du XVIIIe siècle, en effet, malgré leurs prétentions révolutionnaires, avaient cru aveuglément au progrès dans son inscription à la fois morale, politique et scientifique. Ce progrès était incontestablement lié, selon eux, au pouvoir et à la légitimité intellectuelle de la raison. Pour Breton, au contraire, la raison était une des sources les plus profondes de l'enchaînement de l'homme : pour être vraiment libre, alors, le poète devait se détacher avec force de son emprise.

Là encore, la révolution reste à faire, près d'un siècle après *Le Manifeste du surréalisme* de 1924. Car notre monde global consacre à bien des égards une vision rationaliste sans antécédent, celle des nouvelles technologies. Celles-ci dominent notre vie quotidienne de façon écrasante. Elles déterminent l'ensemble de nos comportements ainsi que l'expression de nos pensées et de nos émotions.

Je suis convaincu, dans cette perspective, que si Breton vivait encore aujourd'hui, il serait profondément perturbé par cette évolution planétaire. Car celle-ci engendre le plus souvent une uniformisation du langage et rend donc particulièrement problématique l'irruption d'une expression poétique du sujet au cœur de la vie quotidienne. La présentation dans ce contexte de mes travaux photographiques reflète ces tensions à la fois esthétiques et existentielles. Le rationalisme technologique, qui est intimement lié à la toute-puissance mondiale de l'idéologie capitaliste du marché, provoque ainsi une transformation radicale de nos modes de représentation. Nous avons déjà dépassé, en ce sens, la société du spectacle décrite par Debord.

Celle-ci a atteint aujourd'hui une sophistication symbolique telle que la représentation s'est largement dématérialisée. Cette perte de réalité, que Debord avait déjà pressentie bien avant l'apparition de ces nouvelles technologies, provoque la quasi-impossibilité pour l'homme d'être lui-même l'agent d'un changement politique, social et culturel. Car ce changement implique par nature une capacité de prise sur la réalité environnante, y compris la réalité de la représentation.

Ce rationalisme technologique déshumanise particulièrement notre rapport au temps (mais aussi à l'espace). Le surréalisme, après tout, avait proposé une nouvelle poétique de ce temps. Breton exalta ainsi le pas, comme le montre notamment le récit de *Nadja*, c'est-à-dire une forme de lenteur et de temps suspendu susceptible de rapprocher l'homme de lui-même et surtout de ses rêves et de ses visions. Il s'agissait simultanément d'une politique du temps, puisque ce mode de pensée impliquait le rejet d'une conception bourgeoise de l'existence basée sur le travail et la rentabilité économique.

Or, ces nouvelles technologies sont prioritairement mises de nos jours au service de ce travail et de cette rentabilité. Elles imposent dès lors un temps précipité, contraire au temps intérieur et biologique de l'homme, et surtout à ses besoins contemplatifs et spéculatifs, qui sont aussi ceux de la poésie. Le temps ne fait plus simplement que passer, il se doit de filer à une vitesse toujours plus grande.

Le surréalisme célébra l'expression immédiate de l'inconscient dans l'écriture automatique, mais ce culte déclaré d'un temps sans délai impliqua un surgissement des images poétiques en dehors de toute imposition de la réalité extérieure. Cet instant-là se révoltait dès lors contre le temps social privé d'imaginaire. Par contraste, l'instant des nouvelles technologies reflète un temps objectif, celui de la communication et de l'information directes définies comme des lois universelles et indépassables de l'expression humaine.

Le moment surréaliste possédait une vertu de transcendance : il reflétait une lumière intérieure propre au poète qui se devait de jaillir sous la forme d'étincelles inattendues. L'instant surréaliste, ainsi, renvoyait au pouvoir créateur du hasard, alors que son inscription technologique est issue elle d'une nouvelle forme de déterminisme particulièrement contraignant.

Mes travaux photographiques insistent dès lors en particulier sur la conscience historique nécessaire de l'art et de la photographie et sur sa signification proprement éthique. Le temps aliéné de la technologie contemporaine est en effet à bien des égards un temps a-historique qui empêche l'homme de saisir les liens qui le rattachent au passé, au nom d'une pure gestion pratique et d'une jouissance illusoire du ici et maintenant. Une telle conscience historique était présente dans les avant-gardes de la première moitié du XXe siècle, dont le surréalisme. Car ces avant-gardes voulurent surtout changer l'art, c'est-à-dire faire histoire dans le domaine de l'esthétique. Une telle conscience put également être teintée de considérations politiques, comme le montre bien l'engagement des surréalistes dans le communisme.

Debord dut par contraste affronter un monde dans lequel l'histoire s'affaiblissait progressivement en tant que système philosophique de contradiction. Le spectacle se constituait ainsi déjà dans les Trente Glorieuses comme un processus de falsification du temps humain au cœur de la vie quotidienne. Un tel processus visait à éloigner le plus possible l'image de la mort et de la finitude humaine au nom d'un enchantement matériel de la communauté. Le situationnisme refléta alors une certaine crise du temps, à la fois comme concept et comme réalité vécue dans la société libérale et capitaliste.

Cet ouvrage accorde enfin une place non négligeable à la musique. Celle-ci est perçue comme l'expression d'une résistance esthétique et sociale radicale, de Cage au jazz d'avant-garde. La musique, pourtant, fut peu présente dans les avant-gardes reconnues, du surréalisme au situationnisme. Il s'agit là d'une forme d'oubli que je tente de réparer. Ces avant-gardes, en effet, privilégièrent soit la littérature, soit les arts plastiques, soit la pensée critique (ou alors « l'anti-cinéma »).

Mon propos consiste à montrer que la musique elle aussi peut participer d'un mouvement de révolte conscient et achevé. L'exigence cagienne de silence, en ce sens, s'opposa à un monde moderne régi par le bruit et le chaos sonore ininterrompu. Elle ne fut certes pas directement politique, mais elle contenait néanmoins une attitude de détachement vis-à-vis de la réalité culturelle dominante.

De même, le jazz des années soixante, lié aux revendications de la communauté afro-américaine dans le domaine des droits civils et des libertés individuelles, affirma une radicalité esthétique qui refusait un ordre purement consumériste de la musique dans la culture de masse. Il retrouva à sa manière l'esprit du surréalisme dans son interprétation critique originale de l'instant et dans l'affirmation de son pouvoir de transcendance. Chez Cage comme dans le jazz de pure improvisation, dès lors, l'identité aléatoire de l'art fut mise en avant non seulement comme principe esthétique fondamental mais aussi et même surtout comme nécessité existentielle à l'urgence irrépressible.

En conclusion, on peut dire que la révolte ne s'oppose en aucune manière à la révolution, comme le croyait à tort Camus. Au contraire, elle est elle-même de nature révolutionnaire, ou alors elle ne constitue qu'une réaction épidermique et sans conséquence à des circonstances particulières. Le surréalisme et le situationnisme exprimèrent tous deux cette vérité avec leurs propres moyens et selon leurs propres aspirations. Si la révolte ne se place pas nécessairement sur le plan socio-politique, elle implique néanmoins toujours une volonté forte de changement esthétique et culturel radical, comme l'ont bien montré les avant-gardes les plus déterminantes du XXe siècle. Elle demeure ainsi pertinente pour le monde d'aujourd'hui, au-delà du pouvoir temporaire et fragile des idéologies.

En outre, elle part souvent d'une pulsion individuelle (Breton, dans *Le Manifeste du surréalisme* de 1924, et ce en dépit des apparences, parla ainsi d'abord pour et de lui-même) pour aboutir à l'expression d'un désir collectif. Elle effectue en ce sens un travail essentiel de réconciliation entre le sujet et la communauté que les conditions générales de la société en système capitaliste ne permettent que trop rarement d'accomplir. C'est dans cette logique qu'il faut considérer sa puissance de transcendance, déjà saisie et pensée hier et toujours valide pour la construction de notre avenir.

Breton et Trotski : la mémoire révolutionnaire du surréalisme

La question que je poserai ici est la suivante : pourquoi tant de surréalistes ont-ils été, même temporairement, des sympathisants communistes ? Les liens historiques entre le mouvement surréaliste et l'idéologie issue des œuvres de Marx et de Lénine sont indéniables. Cependant, il est frappant de constater que jusqu'à aujourd'hui, on ne trouve pas de rejet profond et radical de l'héritage surréaliste basé sur des considérations politiques.

Par contraste, une grande partie de la suspicion portée sur la prééminence de Sartre dans la littérature et la pensée françaises du XXe siècle a découlé de l'attachement inflexible de l'écrivain et philosophe aux valeurs et principes du marxisme. Si on entend souvent de nos jours en effet une phrase telle que : « Sartre s'est trompé », il est moins probable qu'on entende une phrase telle que « Breton s'est trompé » ou « Éluard s'est trompé ». Comment peut-on expliquer cette différence d'attitude ? Comment peut-on pardonner encore et même oublier les erreurs commises d'un côté et pas de l'autre ?

On pourrait fournir une réponse facile et rapide à ces questions troublantes. Après tout, le surréalisme n'a jamais prétendu produire une véritable littérature engagée dans le sens sartrien du terme. On peut même avancer que le discours politique du surréalisme fut souvent dominé par la perspective esthétique sur les rêves et l'inconscient proposée par Breton dans *Le Manifeste du surréalisme* de 1924. En ce sens, la révolution surréaliste fut d'abord une révolution poétique. On pourrait dire aussi que les surréalistes étaient des dilettantes dans le domaine politique, et que leur dévotion à cette cause n'était pas celle de véritables militants professionnels. Quoi qu'il en soit, il est clair que seule une petite partie des œuvres littéraires produites par les surréalistes peut être définie comme de l'art politique. Des œuvres fondatrices telles que *Nadja* et *Le Paysan de Paris*, à cet égard, ne constituaient pas des exercices idéologiques mais bien des méditations brillantes sur le pouvoir magique et surnaturel de la vie quotidienne.

Il suffit de citer la plupart des expérimentations poétiques dans le domaine de l'automatisme, qui se concentraient essentiellement sur une approche formaliste du langage. L'exception la plus marquante à cette règle fut sans doute le poème polémique d'Aragon *Front rouge*. À l'époque où les surréalistes traitèrent plus directement de sujets politiques dans leurs œuvres, ils s'étaient pour la plupart séparés de Breton et de sa direction souvent autoritaire. Les poèmes de résistance véhéments de Desnos, par exemple, comme *Le Veilleur du Pont-au-Change*, furent écrits sous l'Occupation, après son excommunication par Breton.

Il faut revenir sur *Le Second Manifeste du surréalisme* de 1930[1] pour comprendre la complexité de la relation entre le surréalisme et l'idéologie marxiste. Il fut écrit dans un climat de grande tension politique et de tourmente sociale provoquées par le krach de Wall Street. Cet événement d'envergure mondiale exprima la faillite du système capitaliste et de la société bourgeoise qui la soutenait. Breton affirma sans ambages son adhésion aux principes fondamentaux du matérialisme historique dans ce manifeste[2].

Il y exprima également son hostilité aux principaux leaders du Parti communiste français et dénonça tous les intellectuels qui avaient trahi l'esprit originel du surréalisme pour se soumettre entièrement à leur diktat dans le but de poursuivre leurs ambitions personnelles. Il les accusa alors d'être corrompus et faibles d'un point de vue moral.

L'une des cibles principales de Breton fut la figure controversée de Pierre Naville, un des premiers adeptes du mouvement surréaliste qui avait joué un rôle important dans la publication de *La Révolution surréaliste* comme corédacteur de son premier numéro en compagnie de Benjamin Péret. Pour Breton, le soutien unilatéral à la révolution prolétarienne n'aurait en aucun cas pu justifier l'abandon de son propre projet littéraire et artistique en faveur d'une cause politique extérieure au surréalisme. Dès lors, l'esthétique devait nécessairement avoir la primauté sur le politique.

---

[1] ANDRÉ BRETON, in *Manifestes du surréalisme,* Paris: Gallimard, 2003, pp 67-137.

[2] ANDRÉ BRETON, *Ibid,* pp. 91-92.

Dans cette perspective, Breton affirma sa méfiance envers l'idée même d'une littérature ou d'un art capables d'exprimer les aspirations de la classe ouvrière. Puisque les surréalistes français vivaient tous dans un pays où la révolution n'avait pas encore eu lieu, l'écrivain ou l'artiste demeurait incapable de traduire les désirs et les exigences les plus profonds des travailleurs. Les surréalistes étaient tous d'origine bourgeoise et ils se devaient de reconnaître cette évidence. Il s'agissait d'une simple question d'honnêteté intellectuelle. On ne pouvait pas légitimement soutenir l'idée d'une culture prolétarienne dans un monde défini par les intérêts essentiellement économiques des classes dirigeantes.

Pour soutenir son propos, Breton se référa à la réflexion de Léon Trotski, comme elle apparut dans *Révolution et culture*, un texte publié par *Clarté* le 1er novembre 1923. Selon les propres mots du leader révolutionnaire russe, la route était encore longue avant d'atteindre l'état idéal d'une société fondamentalement libre de toute contrainte matérielle. L'accomplissement d'une véritable culture prolétarienne impliquait l'existence d'un ordre social dans lequel la plupart des problèmes économiques avaient déjà été résolus. Dans un tel monde, tous les enfants auraient eu assez à manger et tous les hommes, libérés de leur propre égoïsme naturel, auraient lutté ensemble pour une meilleure connaissance ainsi que pour une transformation radicale de l'univers.

Breton qualifia d'admirables les remarques de Trotski et poursuivit en critiquant sévèrement la clique des soi-disant écrivains et artistes prolétariens, qui, sous la dictature de Poincaré, avaient prétendu représenter fidèlement les conditions de vie matérielles de la classe ouvrière. Ces personnages « fumistes et roublards », selon la terminologie de Breton, ne purent qu'agiter le spectre de Zola en profitant de manière opportuniste de la souffrance et de la colère des gens. Ils étaient prisonniers de leur propre complaisance dans leur représentation de la laideur et de la misère.

Il est clair que Breton ne pouvait en aucune façon souscrire à ce type de naturalisme : il se situait à l'opposé de ce que le surréalisme avait revendiqué. Toute perspective révolutionnaire dans le domaine politique devait ainsi être traduite par un projet artistique et littéraire qui était lui-même révolutionnaire. Cela signifia une confiance totale en le pouvoir des rêves et de l'imagination humaine et dès lors, le refus d'obéir aux règles formelles imposées aux écrivains et aux artistes par un Parti communiste français d'obédience stalinienne.

En 1930, de toute évidence, les sociétés occidentales avaient été durement secouées par le krach financier de l'année précédente. Ses conséquences dévastatrices se faisaient ainsi sentir pour des millions d'hommes et de femmes. Ceux-ci avaient perdu soit leur emploi, soit leurs économies, ou alors avaient dû subir un déclin profond de leur niveau de vie. Dans une telle situation, les conditions nécessaires à l'apparition d'une véritable culture prolétarienne établies par Trotski ne pouvaient être remplies.

Quand on évoque le contexte historique propre au surréalisme, on considère surtout la Première Guerre mondiale ou alors la montée du fascisme en Europe dans les années trente. Mais le surréalisme naquit également au cœur du vide social et économique laissé par la Grande Dépression.

Ce vide rendit encore plus urgent le besoin d'un changement politique radical, mais il souligna aussi le caractère utopique d'un tel changement. En outre, la dimension prioritairement esthétique de la révolution proposée par les surréalistes risquait d'être considérée comme secondaire ou même frivole par ceux qui avaient combattu ensemble pour ce soulèvement particulier. Comme Breton l'écrivit dans son second manifeste, le problème de l'action sociale n'était qu'une des dimensions parmi d'autres d'un problème plus général, qui était « le problème de l'expression humaine sous toutes ses formes. »

Le mot : 'expression' se référait ici d'abord au langage, et la première mission du surréalisme fut donc de situer son propre combat au niveau du langage. Néanmoins, les tensions conceptuelles entre le domaine de l'esthétique, surtout celui de la poésie, et le domaine de la réalité politique et sociale devaient être résolues d'une manière ou d'une autre. Pour Breton, sans aucun doute, la figure historique de Léon Trotski offrit la meilleure possibilité d'une synthèse entre ces deux questions essentielles.

L'année 1930 fut en outre marquée par le début d'une nouvelle publication surréaliste, *Le Surréalisme au service de la Révolution*, que Breton dirigea alors dès sa fondation. Le titre même de cette importante revue affirma sans ambiguïté l'engagement inconditionnel des surréalistes dans la Troisième Internationale, particulièrement dans le cadre d'une agression impérialiste éventuelle contre l'Union Soviétique.

L'expression d'une solidarité inconditionnelle avec la cause de la classe ouvrière n'empêcha pas Breton d'affirmer en même temps l'indépendance radicale du mouvement vis-à-vis de toute autorité politique y compris celle du Parti communiste, à la fois en France et en Union Soviétique. La question la plus troublante découlant de ces affirmations contradictoires fut dès lors la suivante : comment le surréalisme pouvait-il lier son propre destin à celui du communisme international tout en refusant de soutenir simultanément les dogmes dictés par sa direction politique au nom de sa liberté artistique sacro-sainte ?

Dans ses entretiens radiophoniques avec André Parinaud, Breton exprima sans ambiguïté sa relation à l'idéologie communiste dans les années trente en termes personnels et humains [3]. Il décrivit en particulier la forte impression que la lecture du livre de Trotski sur Lénine lui avait faite. Ce livre avait agi sur lui comme une sorte de révélation, mais cette révélation avait plus été d'ordre émotionnel que strictement politique. En conséquence, Breton publia une critique enthousiaste de cet ouvrage dans le cinquième numéro de *La Revue Surréaliste*[4].

Breton exprima dans ces entretiens sa frustration devant la formulation de ses propres idées politiques dans ce compte-rendu. Néanmoins, il considéra ce texte comme une première étape essentielle en direction d'une conscience révolutionnaire authentique et d'une compréhension profonde des principes et des idéaux de la révolution.

Breton avoua ainsi que son attachement à la pensée et à la littérature communiste était surtout sentimental : le poète n'avait pas la froide objectivité du véritable idéologue. Son engagement dans les activités de l'Association des Écrivains et Artistes Révolutionnaires, qui était présidée par Paul Vaillant-Couturier, démontra une nouvelle fois sa marginalisation relative à l'intérieur de la communauté des intellectuels marxistes. Breton appartenait ainsi à une minorité de ses membres qui représentait l'opposition de gauche à la ligne dure du Parti. Cette tendance critique à l'égard de l'orthodoxie marxiste-léniniste se retrouva clairement dans la figure emblématique de Léon Trotski[5].

Je soutiendrai en ce sens que Breton fut plus un trotskiste qu'un authentique communiste, à l'image de Péret et d'autres surréalistes.

---

[3] ANDRÉ BRETON, *Entretiens avec André Parinaud*, Paris: Gallimard, 1969.

[4] BRETON, *Ibid*, pp. 122-124.

[5] Pour un compte-rendu précis des activités de cette association par Breton, voir *Entretiens*, *op.cit.*, pp. 170-171.

Pour lui, cependant, le mot : 'trotskiste' fut façonné par une série d'événements biographiques plus que par la réalité des idées et des systèmes de pensée. À cet égard, la mission culturelle qui lui fut accordée par le ministre français des Affaires étrangères à la fin des années trente joua un rôle essentiel dans son amitié pour le leader révolutionnaire russe.

En bénéficiant de la possibilité de voyager au Mexique grâce à l'action du gouvernement français, Breton put réaliser deux de ses désirs les plus importants : d'abord, voyager dans un pays dont il avait toujours rêvé et ensuite rencontrer un des hommes qu'il admirait le plus. Après une longue période d'errance suite à son exil par Staline, en effet, Trotski s'était finalement établi au Mexique en 1937. Il y avait trouvé une niche pour lui-même et pour son épouse Natalia grâce en particulier au soutien politique du Président mexicain de l'époque, Lázaro Cárdenas, qui était un leader démocratique aux idées progressistes.

Ce voyage comportait certains risques, dans la mesure où le mouvement communiste mexicain de l'époque était largement infiltré par les staliniens qui étaient manifestement hostiles à la présence de Trotski sur leur sol. Celui-ci était en effet l'opposant le plus franc et le plus populaire à Staline. Trotski était déjà au courant des idées et des actions de Breton en sa faveur. Il voulut dès lors en cette occasion lui exprimer sa gratitude.

C'est pourquoi il insista à rencontrer l'écrivain surréaliste. Le peintre Diego Rivera, qui avait aidé Trotski à trouver l'asile politique au Mexique, organisa alors la rencontre entre les deux hommes. Ils sympathisèrent rapidement pendant le séjour de Breton en terre mexicaine. Ils voyagèrent même ensemble à l'intérieur du pays : cette expérience commune les rapprocha encore plus.

Dans un de ses entretiens avec Parinaud, Breton affirma la profonde humanité du leader communiste. C'est cette humanité qu'il considéra comme le trait le plus remarquable de sa personnalité complexe[6]. En ce sens, la relation de Breton à Trotski était d'abord personnelle. Elle ne reposait pas sur des livres et n'était pas non plus issue d'une vision préconçue du monde imposée par l'idéologie révolutionnaire. Les différences culturelles et biographiques évidentes entre les deux hommes, entre un bourgeois parisien qui était aussi un poète et un militant politique russe qui était aussi un intellectuel ne les

[6] BRETON, *ibid*, pp. 187-190.

empêcha pas pourtant de trouver un terrain commun dans le domaine des affaires publiques.

Breton fut rapidement fasciné par la personnalité charismatique de Trotski : selon lui, ce charisme était suscité par la puissance d'un esprit exceptionnel et par les capacités intellectuelles hors du commun d'un homme qui était toujours capable de relier le monde des idées à celui des préoccupations quotidiennes. Leurs rencontres et discussions diverses menèrent à la publication d'un texte cosigné intitulé « Pour un art révolutionnaire indépendant » qui apparut dans *Documents surréalistes*.

Le but de ce texte était essentiellement de définir les conditions particulières sous lesquelles, d'un point de vue révolutionnaire, l'art et la littérature pouvaient participer à la lutte collective des peuples pour leur liberté tout en demeurant entièrement indépendants de pressions externes. Ce fut la preuve vivante que les deux hommes avaient atteint un accord sur l'identité même de l'artiste et de son travail à l'intérieur d'une société transformée par des changements politiques radicaux.

Cependant, certaines différences frappantes subsistèrent entre les deux hommes. Breton reconnut ainsi que le militant qui avait été le principal architecte de l'Armée Rouge dans la Russie révolutionnaire n'était que marginalement intéressé par des questions artistiques. Par contraste, Breton et Rivera représentaient une sensibilité esthétique à laquelle Trotski était en grande partie étranger. Trotski, alors, avait été courtisé par la communauté des artistes du monde entier, bien qu'il ait en fait démontré une ignorance relative de leurs besoins et de leurs désirs.

Ce paradoxe soulignait bien les problèmes généraux que les surréalistes devaient affronter en traitant avec la réalité de la politique communiste envers l'art. Même s'ils interagissaient personnellement avec un leader éclairé comme Trotski, en effet, un fossé conceptuel demeurait. En d'autres termes, la révolution devait opérer un choix très clair entre sa définition esthétique et sa définition politique : l'approche marxiste impliquait en effet la nécessaire dépendance de la question artistique vis-à-vis des conditions économiques globales de sa réalisation.

Ce qui inspirait d'abord Breton dans la figure de Trotski était la promesse d'une nouvelle Union Soviétique où le stalinisme serait finalement renversé. Manifestement, pour Breton, le règne de la terreur établi par Staline représentait une trahison profonde des idéaux originaux de la Révolution russe définis par Lénine et Trotski.

L'assassinat de Trotski par Ramón Mercader, un agent de Staline, le 20 août 1940, dans sa maison fortifiée de Coyoacán, un des faubourgs les plus aisés de Mexico, fut le coup de grâce qui sépara pour toujours Breton de l'idéologie communiste de l'Union Soviétique[7].

Dans ce cas particulier, Breton était obligé de se référer à la formule de Lautréamont, « Toute l'eau de la mer ne suffirait pas à laver une tache de sang intellectuelle. » et de la prendre au pied de la lettre[8]. Ce n'était pas seulement un leader historique qui avait été assassiné d'horrible façon avec un pic de glace. C'était aussi et plus profondément toute possibilité d'unité entre la vision révolutionnaire du poète et celle du pouvoir politique.

On pourrait accuser Breton d'avoir tenté d'idéaliser pendant de nombreuses années la réalité pratique de la révolution à travers son éloge enthousiaste de Trotski. Après tout, aucun autre mouvement artistique de la modernité n'avait autant utilisé et exploité le mot : 'révolution' que le surréalisme, et ce, dans le but d'exprimer son propre projet esthétique.

À cet égard, il est très ironique de constater que le même texte qui proclamait l'attachement indiscutable des surréalistes aux valeurs et aux principes fondamentaux du marxisme, *Le Second manifeste du surréalisme* de 1930, commença par l'affirmation de la prééminence de la rébellion et de la révolte individuelle dans l'attitude générale de l'artiste surréaliste envers un monde surtout dominé par des intérêts bourgeois[9].

La révolution était un concept trop lourd pour les surréalistes, y compris Breton. Ils avaient ainsi abusé de son sens à de nombreuses reprises et ne savaient pas maîtriser ses implications politiques et historiques. Dès le départ, la rébellion et la révolte correspondirent mieux alors à l'identité existentielle du surréalisme. Ce qui importait vraiment, pour Breton et la plupart de ses disciples, en effet, était plus le sentiment puissant et urgent d'une utopie qui devait être partagée par une communauté d'artistes et d'écrivains.

---

[7] Pour un récit fidèle de ces événements dramatiques sous la forme d'une fiction cinématographique, voir *L'Assassinat de Trotsky,* le film de Joseph Losey datant de 1972, avec Richard Burton dans le rôle de Trotski et Alain Delon dans celui de Ramón Mercader, son assassin.

[8] BRETON, *Entretiens*, *op.cit.,*p. 190.

[9] Breton écrit à cet égard que : « L'acte surréaliste le plus simple consiste, revolvers aux poings, à descendre dans la rue et à tirer au hasard, tant qu'on peut, dans la foule », *op.cit.*, p. 74.

Trotski lui aussi avait cru à la possibilité de l'utopie, puisqu'il avait rêvé d'une société sans classes dans laquelle une harmonie profonde et éternelle allait régner entre les hommes. À cet égard, il est significatif que notre époque « post-historique » issue de la règle universelle de l'économie de marché et de l'effondrement du bloc communiste ait engendré un fort sentiment de méfiance envers l'idée même de révolution.

Ce soupçon très répandu, ou même cette négation pure et simple du projet révolutionnaire dans le monde contemporain n'a pas réussi cependant à salir le mot : 'utopie', comme si ce mot était demeuré intact et propre. La vision utopique semble ainsi moins effrayante que la vision révolutionnaire : elle constitue un concept plus humain et plus souple.

C'est sans doute la raison pour laquelle les poètes et les écrivains surréalistes (à l'exception d'Aragon) ont jusqu'à présent échappé à la critique morale que Sartre a dû subir pour leur relation privilégiée à l'idéologie communiste. On doit comprendre alors que la politique surréaliste avait plus à voir avec le projet collectif de créer un monde idéal dans lequel l'art et la poésie auraient défini la condition humaine dans sa totalité qu'avec la production matérielle et historique d'un état (et dès lors d'un pouvoir politique) reposant avant tout sur la dictature du prolétariat.

Étymologiquement, l'utopie implique l'absence de lieu propre. Les surréalistes cherchèrent précisément un espace imaginaire qui ne pouvait exister que dans l'esprit et l'inconscient de l'artiste. En ce sens, l'utopie constitue bien une révolution sans les contraintes à la fois idéologiques et pratiques de la révolution. Mais peut-être plus profondément, l'utopie constitue un projet de la mémoire.

Alors que la révolution, en effet, prétend effacer complètement le passé et proclame la suprématie d'un monde futur, l'utopie repose nécessairement sur le sentiment d'un paradis perdu que l'humanité est vouée à retrouver. La révolution est donc une utopie sans mémoire. Elle manque par définition de sensibilité à l'héritage culturel de la communauté.

Une telle sensibilité était par contre fondamentale pour la réflexion de Breton sur le rôle de la magie et du surnaturel dans l'expression poétique de l'homme (ce qui explique la présence du mot : 'mémoire' dans le titre de cet essai). Sa célébration ultérieure de la philosophie sociale de Charles Fourier démontra ainsi sa passion jamais assouvie pour le discours utopique bien au-delà du cadre strict du matérialisme historique[10].

Plus de trois décennies après le soutien sans équivoque de Breton à la politique de Léon Trotski, de nombreux participants au mouvement de Mai 68, en choisissant le leader russe disparu comme leur maître idéologique principal, réitérèrent selon leur propre phraséologie cette interprétation libertaire de son œuvre et de sa pensée. En ce sens, la position radicale de Breton avait anticipé à sa manière les idéaux politiques de la jeunesse française née juste après la deuxième guerre mondiale. Mais l'événement tragique du 20 août 1940 à Mexico brisa aussi le rêve d'une fusion possible entre le projet révolutionnaire et le projet utopique pour toute une génération, et non pas seulement pour Breton.

La forteresse mexicaine dans laquelle Trotski avait été forcé de se retrancher pour se protéger lui et son épouse des menaces de mort constantes, incarnait ainsi la contradiction fondamentale de la maison de verre conçue par Breton dans *Nadja*[11]. Les murs hauts et épais qui l'entouraient créaient à l'opposé un monde opaque à travers lequel on ne pouvait plus rien voir. Métaphoriquement, l'utopie de la maison de verre était donc bien morte dans cette réalité architecturale et politique particulièrement sinistre. La transparence n'y était plus possible : elle avait été rendue indésirable par certaines des mêmes personnes qui avaient proclamé auparavant la raison historique d'une révolution universelle.

Le mot : 'communisme' attira un moment Breton, sans aucun doute parce qu'il impliquait la notion d'une communauté définie par ses principes et valeurs radicaux. Dans sa perspective, le concept souverain de communauté ne contredisait pas la liberté du sujet dans son expression poétique : celle-ci était en effet capable selon lui de surmonter les tensions entre l'individu et la collectivité. La société

---

[10] Voir à cet égard son *Ode à Charles Fourier*, annotée et introduite par Jean Gaulmier, Paris: Librairie Klincksieck, 1961.

[11] Cette maison est aujourd'hui ouverte au public. Elle a été transformée en un musée qui retrace la vie de Trotski et de sa femme en ce lieu. On y trouve sa bibliothèque personnelle, sa machine à écrire ainsi que son dernier manuscrit sur lequel il travaillait, une biographie de Staline, son bourreau. On peut également y voir une photographie de groupe qui rassemble Trotski et ses principaux amis et admirateurs mexicains, ainsi que Breton lui-même. Enfin, on peut lire le carnet d'adresses du leader révolutionnaire russe, qui inclut en particulier l'adresse parisienne de Benjamin Péret.

bourgeoise avait insisté sur la souveraineté de l'individualisme à l'égard de toute forme de solidarité sociale. Cet individualisme était motivé par des préoccupations matérielles et rendait impossible la constitution d'un être-ensemble authentique et durable.

La perspective de Breton sur la communauté, alors, ne niait pas la légitimité éthique et artistique de la posture individualiste, mais elle exigeait un questionnement de son but véritable à l'intérieur du cadre du capitalisme. La communauté était ainsi destinée à souligner l'identité spirituelle et esthétique de l'individu par contraste avec un ordre social qui l'étouffait. Elle découlait de l'hostilité de Breton à l'atomisation sociale issue de la modernité. Cependant, elle n'exigeait pas l'intégration de tous les membres de la société dans ses propres structures.

En d'autres termes, la communauté surréaliste n'était jamais vouée à devenir l'ensemble de la société, contrairement à son pendant marxiste. À bien des égards, elle opérait et se définissait comme une entité secrète, avec ses rites et ses codes particuliers: elle proclamait en ce sens sa marginalité comme une forme de nécessité existentielle. Si la tension entre l'individu et la communauté pouvait ainsi être résolue, ce n'était pas le cas pour la tension entre la communauté et la société.

Le communisme, par contraste, finit par confondre la communauté avec tous les membres de l'ordre social. Il n'y avait pas dans cette perspective de place pour la dissidence ou même pour la différence, puisque tous les hommes et toutes les femmes étaient obligés de travailler à l'accomplissement historique de l'idéal révolutionnaire. Une telle communauté, alors, était absolutiste dans son pouvoir et son projet d'intégration totale. Elle ne pouvait tolérer aucune altérité véritable, alors que le projet surréaliste, par opposition, souligna dès le début le besoin d'une position excentrée de l'artiste et du poète, dans son accentuation sur la question de la révolte et du non-conformisme.

Par excentrée, je veux évoquer à la fois une identité originale et une situation de distance par rapport au centre de la société. Pour appartenir à la communauté surréaliste, on devait ainsi souscrire à un processus spécifique de séparation par rapport au reste de l'humanité. Le sujet surréaliste n'était pas au départ universel, au contraire du révolutionnaire communiste. Il se reconnaissait lui-même comme différent et ne prétendait pas atteindre toute l'humanité. Une certaine forme d'auto-exclusion, en quelque sorte, était à la base de son pouvoir créateur et de son caractère unique. En ce sens, appartenir à la communauté ne signifiait pas appartenir au monde mais plutôt à un groupe qui était toujours capable de le contredire[12].

En outre, il est clair que le surréalisme ne pouvait se satisfaire d'une interprétation strictement matérialiste issue de la souveraineté de la prédétermination économique de l'homme. Elle impliquait une identification stricte de l'existence humaine à la sphère du travail et de la production. Dans *Nadja*, par exemple, Breton exprima en termes clairs sa forte opposition à la servitude des travailleurs prisonniers d'une activité répétitive. (« Je hais moi, de toutes mes forces, cet asservissement qu'on veut me faire valoir.[13] »)

Sa célébration constante de l'errance et du rêve éveillé engendrait inévitablement la mise en cause de la signification même du travail pour la condition humaine. Il dut bien reconnaître la simple nécessité pratique du travail pour la survie de l'humanité, mais il refusa néanmoins de considérer sérieusement sa valeur morale et insista par contraste sur l'incompatibilité fondamentale entre le travail et la révélation du sens de la vie. (« L'événement dont chacun est en droit d'attendre la révélation du sens de sa propre vie, cet événement que peut-être je n'ai pas encore trouvé mais sur la voie duquel je me cherche, *n'est pas au prix du travail* »[14]). Breton ajouta que c'était précisément ce sentiment aigu de la futilité du travail que sa rencontre avec Nadja lui avait permis de saisir.

Le surréalisme ne pouvait en aucune façon adhérer à une vision du monde pour laquelle le travail devait être le principal instrument d'émancipation de l'homme, comme dans le marxisme classique, au-delà de son aliénation manifeste dans la société capitaliste. Les nazis s'emparèrent alors avec perversité de cette perspective philosophique en inscrivant la phrase : « Arbeit macht frei » à l'entrée des camps de la mort. Une telle réappropriation de la pensée marxiste du travail par le pire totalitarisme du XXe siècle donna en ce sens raison aux surréalistes.

Le travail constituait bien, alors, la négation la plus radicale de la liberté. Son pouvoir symbolique fut manipulé par les nazis afin de justifier et de soutenir leur propre projet d'extermination. Dans la

---

[12] Pour une discussion philosophique de la communauté surréaliste au-delà du marxisme, voir en particulier MAURICE BLANCHOT, 'Le Demain joueur', in *L'Entretien infini*, Paris: Gallimard, 1969, pp. 597-619.

[13] ANDRÉ BRETON, *Nadja*, Paris: Gallimard, 1964, p. 78.

[14] BRETON, *Ibid*, p. 69.

même optique, le Goulag fut défini par la propagande stalinienne comme un simple camp de travail où les prisonniers étaient censés redécouvrir les « joies » et les avantages personnels du dur labeur et de l'effort physique intense, selon une forme détournée et cruelle de stakhanovisme.

Le régime collaborationniste de Vichy affirma lui sans cesse sa trinité « Travail famille patrie ». Le travail du paysan et de l'artisan, en particulier, fut ainsi idéalisé dans le but de construire un ordre politique autoritaire basé sur la tradition et le conformisme social. Ces trois valeurs réactionnaires représentaient tout ce que le surréalisme avait rejeté dès sa fondation en 1924. Il ne faut pas s'étonner, en ce sens, que Vichy considérât très vite Breton comme persona non grata et le poussa à l'exil.

Le communisme constitua bien à l'origine un projet de philosophie politique issu de Hegel et de Marx. Il fut en ce sens d'abord une construction conceptuelle avant de s'incarner dans le domaine concret des affaires publiques. En d'autres termes, la théorie précéda ici les événements historiques et la réalité politique, ce qui ne fut pas exactement le cas pour le fascisme, où les deux furent presque simultanés. Jusqu'au bout, en effet, la théorie put mettre un baume sur les blessures et les maux infligés par les leaders qui l'avaient utilisée pour satisfaire leurs ambitions personnelles.

En particulier, les intellectuels et les écrivains qui étaient demeurés communistes en dépit des révélations concernant les nombreux échecs du système pouvaient brandir ces textes originels en soulignant leur grandeur morale et spirituelle. Dès lors, les concepts ne cessèrent jamais vraiment de détenir une vérité philosophique et existentielle. Le communisme, dans cette mesure, fut engendré par le pouvoir des idées et s'appuya en permanence sur lui pour surmonter ses propres horreurs.

Son incarnation décevante dans la réalité sociale pouvait alors être soutenue et même pardonnée aussi longtemps que l'homme était encore conscient de ses origines (et de l'identité même de celles-ci). Mais pour Breton, cette soi-disant supériorité éthique du concept ne faisait guère sens, puisque le surréalisme était un mode de vie avant d'être une vision du monde. En d'autres termes, la révolution en art et en littérature s'exprimait avant tout dans l'expérience personnelle de la vie quotidienne.

Au début de son second manifeste, Breton stigmatisa « la bassesse de la pensée occidentale » et insista sur le besoin « d'entrer en insurrection contre la logique ». Il souligna la lutte des surréalistes contre la seule recherche académique ou spéculation intellectuelle et contre « les petits et les grands épargnants de l'esprit.[15] »

Dans le même essai, il relativisa en outre « la souveraineté de la pensée » et éclaira les contradictions qui existaient entre le caractère absolu de la pensée humaine et son incarnation dans de nombreux individus à la pensée limitée, tout en citant Engels. Dans cette mesure, le poète ne pouvait jamais être un véritable philosophe. Il ne pouvait pas non plus être complètement dépendant du pouvoir de l'idéologie même révolutionnaire. Dès lors, le manifeste surréaliste n'était pas le manifeste communiste.

Tous deux affirmaient certes l'urgence d'un changement radical à l'intérieur des sociétés occidentales modernes, mais ils divergeaient au sens où, pour Breton, le concept ouvrait avant tout sur l'expression humaine. Par expression, celui-ci entendit manifestement d'abord la question du langage. Le communisme établissait le rapport essentiel entre la théorie et l'action sociale, alors que le surréalisme soulignait le lien fondamental entre la théorie et le monde des formes et des symboles. Il était donc à prévoir que ces deux modes de pensée en viennent à s'affronter un jour ou l'autre.

En outre, le conflit qui se développa entre Breton et la direction du Parti communiste français démontra la profonde contradiction qui existait entre l'esprit du surréalisme et celui de toute autorité, quels que soient les objectifs et le programme de celle-ci. En exprimant ses griefs personnels envers le Parti, Breton éclaira dans cette optique le fait que le surréalisme ne pouvait pas obéir aux règles strictes de l'institution.

Ce n'était pas au communisme proprement dit qu'il s'opposait alors, mais bien au contrôle de son discours politique révolutionnaire par l'institution. Breton avait ainsi situé au départ le surréalisme hors de toute institution littéraire, artistique et académique. Il n'y avait pas de raison que le domaine de l'idéologie constitue une exception à cet égard.

La nature problématique du communisme découlait donc du fait qu'il reposait sur des structures de pouvoir traditionnelles que Breton abhorrait. En ce sens, la politique révolutionnaire ne pouvait jamais posséder la vraie indépendance et liberté intellectuelle de la poésie. C'est ce rejet véhément de l'establishment du Parti que Breton projeta

---

[15] BRETON, *Le Second Manifeste du surréalisme*, *op.cit.*, pp. 77-78.

sur Trotski : tous deux avaient en effet fait face dans leur pays respectif aux mêmes politiques répressives de l'institution.

La seule différence est que Trotski les avait lui vécues de l'intérieur, en tant que membre fondateur de la Révolution, alors que Breton avait toujours maintenu une distance par rapport aux pouvoirs politiques. Tous deux partageaient cependant un même sentiment d'aliénation par rapport à l'élite communiste et également le même sentiment de trahison par ceux qui étaient censés être leurs camarades et alliés. Le Trotski que Breton rencontra au Mexique n'était plus l'un des leaders principaux de l'Union Soviétique. Il était devenu un paria à l'intérieur de son propre mouvement, une figure d'exclusion dont l'aura était essentiellement celle d'une victime de la folie stalinienne.

Dès lors, si la révolution n'était pas morte, c'était précisément parce que de telles figures de la dissidence existaient et s'engageaient dans un dialogue personnel en dépit de la tourmente de l'histoire. L'idéologie pouvait encore être pertinente aussi longtemps qu'elle restait incarnée dans le monde des relations humaines. Son humanité potentielle devait être strictement définie à l'intérieur de ces limites particulières. Si l'idéologie, dès lors, dépassait de telles limites, elle était condamnée à l'insignifiance.

Dans *Le Second manifeste du surréalisme* de 1930, Breton mit en question l'application possible de la dialectique hégélienne. Il se référa à « l'avortement colossal du système hégélien », puisque la méthode dialectique demeurait trop confinée à son application dans le domaine des problèmes sociaux. L'adhésion aux principes du matérialisme historique était celle d'une « intuition du monde », selon la formule d'Engels, et non celle d'une réduction sectaire et primitive de l'existence à sa dimension matérielle ou socio-économique. La méthode dialectique, selon sa perspective, devait également envisager et saisir les problèmes de l'amour, des rêves, de la folie, de l'art et de la religion. La philosophie, ainsi, devait être « surclassée », puisque la réalité était prioritairement une question de vie ou de mort et en conséquence un problème existentiel[16].

Le matérialisme historique, en ce sens, était bel et bien un moyen et non une fin en soi. Il permettait à l'écrivain de construire une image de sa propre libération et de la communauté originelle à laquelle il appartenait. Les mots de la poésie faisaient partie du monde matériel et dans cette mesure ils constituaient les éléments privilégiés d'une

[16] BRETON, *Ibid*, p. 89-91.

transformation radicale de la condition humaine. Mais la forme de matérialisme que Breton soutenait différait de sa version marxiste puisqu'elle n'incluait pas la suprématie de la raison pratique.

À cet égard, le surréalisme ne croyait pas en la notion d'un langage utilitaire : l'art et la littérature ne devaient pas être célébrés en raison de leur fonction pour l'ordre social, mais plutôt à cause de leur énorme pouvoir inconscient. Ce pouvoir n'était pas la propriété d'une classe particulière : il reflétait au contraire la nature créative de la vie intérieure de l'homme au-delà de sa seule détermination économique.

Le communisme attira le jeune Breton à cause de sa position à la fois anticapitaliste et antifasciste. Dès lors, les surréalistes et les révolutionnaires russes partageaient les mêmes ennemis : ils devaient ainsi devenir naturellement des alliés. Mais l'engagement politique du poète surréaliste n'atteignit jamais l'intensité critique (l'intensité de la relation à l'histoire) qu'on trouva plus tard chez Sartre, par exemple. Il était plus motivé par les sentiments et les émotions que par un discours philosophique rigoureux, ainsi que le montra sans ambiguïté l'amitié de Breton pour Trotski. Comme la plupart des sentiments et des émotions, alors, il était condamné à s'affaiblir au fil du temps.

En outre, Breton n'eut jamais de vraies ambitions politiques, à la différence d'autres écrivains français de sa génération, dont Aragon et Malraux, qui furent étroitement impliqués soit dans les structures officielles du Parti communiste soit dans le pouvoir exécutif de la Cinquième République. Breton ne s'engagea pas vraiment dans le mouvement de résistance à l'occupation nazie non plus, contrairement à ses camarades surréalistes Desnos et Éluard. Son exil américain durant les années noires de l'Occupation signifia plutôt, à bien des égards, la fin de ses activités politiques de gauche influencées par le communisme, même s'il s'impliqua encore dans les années cinquante dans le mouvement anticolonialiste à l'époque de la guerre d'Algérie.

Si l'on peut alors adresser certaines critiques au fondateur du mouvement surréaliste, c'est bien au sujet de sa décision de quitter la France à une époque où des voix dissidentes étaient particulièrement nécessaires en face du mal radical. Son absence ou fuite, en ce cas, constitua une affirmation politique qui manquait de légitimité éthique. Le silence et le détachement n'étaient pas une option convaincante au milieu de l'oppression collective. Ils étaient beaucoup plus discutables que son adhésion à l'idéologie communiste dans les années vingt et trente.

L'esthétique du surréalisme a perduré bien au-delà de sa politique proprement dite. Si le mouvement survécut après la Deuxième Guerre mondiale, c'est avant tout grâce à son statut de mouvement d'avant-garde et non pas en vertu de sa rhétorique révolutionnaire. L'avant-garde, en effet, constituait avant tout un concept littéraire et artistique, alors que la révolution était d'abord un concept politique.

La fascination de Breton pour le communisme découla en grande partie de l'amour profond de l'ailleurs, une notion avant tout poétique qui impliquait le sens de l'inconnu et de ce qui pouvait seulement être imaginé à cause de son éloignement extrême. La Révolution russe dirigée par Trotski s'était produite loin de Paris et la forteresse mexicaine du même Trotski était située encore plus loin, sur un autre continent. Pour Breton, ce qui pouvait être imaginé était toujours plus doux que ce qui devait être vécu. Le communisme avait eu raison, parce qu'il était avant tout l'étoffe dont les rêves sont faits. L'ailleurs constituait un autre géographique, certes, mais un autre qui pouvait toujours être rendu plus proche grâce au pouvoir éternel des mots et des visions.

Automatisme et improvisation : des rapports possibles entre le surréalisme et le jazz

On peut dire que le surréalisme a moins intégré la musique dans son projet artistique originel que d'autres mouvements d'avant-garde, en particulier Dada. Il suffit de songer à cet égard aux nombreuses performances du cabaret Voltaire, mêlant danse, musique et théâtre, et à la poésie sonore de Kurt Schwitters, qui insista sur la dimension « concrète » du langage poétique, comme le prouve sa fameuse *Urs Sonate*.

Le surréalisme se présenta ainsi à sa fondation officielle en 1924 comme un mouvement surtout littéraire. L'automatisme fut en effet défini d'abord par Breton dans son rapport à la poésie. C'est dans son ouvrage *Le Surréalisme et la peinture*[17] qu'il affirma ensuite la réalité esthétique d'un art automatique à partir en particulier de l'étude de l'œuvre d'André Masson et dès lors l'importance de la peinture pour le mouvement.

En ce sens, l'absence de véritable lien fondateur entre surréalisme et musique, chez Breton, rompt avec toute une tradition de la poésie française classique et moderne qui s'étend des troubadours jusqu'à Baudelaire. Cette tradition de la poésie est à la fois celle d'une mise en musique des mots sous la forme en particulier de chansons et celle des intonations musicales et des qualités rythmiques de la langue, ce qu'on appelle dans la langue commune « la musique des mots ». On sait que les troubadours jouèrent au moyen-âge un rôle primordial dans la diffusion d'une culture orale : leur vie itinérante leur permit ainsi d'établir la présence d'une poésie chantée aux quatre coins de la France.

Par ailleurs, la modernité d'un Baudelaire, au milieu du XIXe siècle, reposa en grande partie sur sa théorie des *Correspondances*,

[17] Paris, Gallimard, 1965.

qui mit ainsi en relation esthétique toutes les formes de perception sensorielle dans la poésie. L'expérience sonore fut alors décisive dans la constitution d'une sensibilité musicale propre au poète.

On n'oubliera pas non plus la place importante tenue par l'œuvre musicale de Wagner dans les écrits esthétiques de Baudelaire[18]. Pour le poète des *Fleurs du mal*, l'expérience esthétique totale devait en effet rassembler peinture, poésie et musique dans le but d'exprimer un discours critique synthétique sur l'art.

On sait que de nombreux textes poétiques surréalistes, d'Aragon et d'Éluard notamment, furent adaptés par divers chanteurs populaires de langue française. Mais cela constitua une forme d'appropriation extérieure à l'expérience initiale du surréalisme. Néanmoins, ce phénomène permit de démontrer les potentialités musicales et surtout lyriques de la poésie surréaliste : celle-ci devait bien se définir comme un chant fortement ancré dans l'héritage moderne de Nerval et de Rimbaud.

Il faut reconnaître que l'avant-garde musicale la plus importante et la plus novatrice du début du XXe siècle se distingua profondément des principaux mouvements d'avant-garde littéraires et picturaux de son temps. L'École de Vienne, celle d'Arnold Schönberg et d'Anton Webern, imposa en effet le projet original du dodécaphonisme sériel qui n'eut en réalité que peu de rapports esthétiques et historiques avec le dadaïsme, le surréalisme ou le cubisme[19].

C'est plutôt alors avec l'abstraction russe, et plus précisément avec Kandinsky[20], que ces compositeurs radicalement modernes établirent une relation artistique privilégiée. Il ne faut pas oublier à cet égard que Kandinsky avait lui-même étudié la musique. La musique apparut certes dans des toiles cubistes de Picasso et de Juan Gris, mais les guitares représentées évoquaient alors la tradition de la musique espagnole, plus particulièrement celle de l'Andalousie, cette région d'Espagne où Picasso naquit et qui est aujourd'hui encore réputée pour le flamenco.

---

[18] CHARLES BAUDELAIRE, *Critique d'art*, Paris : Gallimard, 1993. Édition de Claude Pichois.

[19] On peut cependant trouver une certaine inspiration surréaliste dans le Schönberg pré-dodécaphonique, celui du *Pierrot lunaire*, notamment. Schönberg employa d'ailleurs le terme d'inconscient dans ses discussions épistolaires sur l'art et la musique avec Kandinsky, en particulier.

[20] Le peintre russe se méfiait cependant de la notion d'abstraction et préférait le terme de peinture concrète.

La musique fit ainsi exception dans l'histoire des avant-gardes de la première moitié du XXe siècle, qui demeure définie surtout par son expression littéraire et plastique. C'est sans doute la raison pour laquelle elle est en général peu prise en considération dans cette histoire alors que ses préoccupations formelles abstraites furent aussi exigeantes et rigoureuses, pourtant, que celles des avant-gardes littéraires et picturales. En outre, les compositeurs de musique sérielle n'intégrèrent pas leur création dans un projet sociopolitique plus vaste, de nature révolutionnaire, à la différence bien évidemment du surréalisme et même du dadaïsme[21].

Comment pourrions-nous alors réconcilier malgré tout surréalisme et musique dans une perspective nouvelle ? Il faut à mon avis partir de la définition du surréalisme élaborée par André Breton dans *Le Manifeste du surréalisme* de 1924 : « Automatisme psychique pur par lequel on se propose d'exprimer, soit verbalement, soit par écrit, soit de toute autre manière, le fonctionnement réel de la pensée. Dictée de la pensée en dehors de tout contrôle exercé par la raison, en dehors de toute préoccupation esthétique et morale.[22] » Il s'agissait pour Breton de parvenir à une expression poétique instantanée et brute, dans laquelle l'irrationalité de l'homme et de sa vie psychique pouvait enfin s'affirmer sans retenue.

S'il est une musique moderne qui par comparaison aura reposé sur la possibilité d'une expression humaine instantanée et reçue sur le champ, ou *on the spot*, c'est bien le jazz. C'est ce que Sartre tenta d'exprimer dans sa fameuse déclaration : « Le jazz, c'est comme les bananes, ça se consomme sur place ». La réconciliation tentée ici entre surréalisme et musique passe bien alors par le rapprochement entre automatisme et improvisation.

Il faut faire remarquer dans cette optique que le développement historique du jazz fut contemporain de la naissance du surréalisme. Les années vingt et trente, en effet, furent marquées par le swing et par l'apparition de grands orchestres qui imposèrent le jazz comme langage musical à part entière, adulte et complexe[23].

---

[21] Ce projet, dans le cas du surréalisme, fut énoncé non seulement dans le premier manifeste de Breton de 1924, mais aussi dans des revues phare du mouvement comme *Le Surréalisme au service de la Révolution* et *La Révolution surréaliste.*

[22] ANDRÉ BRETON, *Manifestes du surréalisme*, Paris: Gallimard/Folio, 1985, p. 36.

[23] Songeons ici à l'apparition de grands orchestres comme ceux de Duke Ellington, Count Basie ou Fletcher Henderson.

J'évoquerai alors cinq caractéristiques communes au surréalisme et au jazz. En premier lieu le ludisme, c'est-à-dire le goût pour le jeu et pour la dimension aléatoire de la création artistique (ce que Blanchot appela « le Demain joueur » à propos du surréalisme[24]), ensuite la quête d'une expression artistique directe et inscrite dans l'instant, en troisième le scepticisme vis-à-vis de la raison et de son héritage culturel en Occident, en quatrième le sentiment de la révolte contre les institutions et les pouvoirs dominants (en particulier le pouvoir blanc esclavagiste pour les musiciens afro-américains), et enfin l'attrait marqué pour le primitivisme et pour des formes esthétiques associées à des cultures extra-européennes, notamment africaines.

Le sens du hasard et de la gratuité dans l'art définit très tôt les pratiques artistiques surréalistes, depuis les cadavres exquis jusqu'aux créations d'objets insolites en passant par l'écriture automatique. Celle-ci appartenait de toute évidence à un temps non-linéaire, un temps haché et précipité qui devait ainsi permettre de représenter la « beauté convulsive » de la vie.

Par ailleurs, le discours critique de Breton dans son premier manifeste insista sur l'urgence d'un tel langage, une urgence non seulement verbale et esthétique mais aussi existentielle et politique. Il était bien question, en ce sens, de donner à lire et à entendre une attitude de révolte qui constituait la condition nécessaire de la poésie. Celle-ci se dressait nettement et sans ambiguïté contre les pouvoirs établis.

Le jazz, parallèlement, chercha avant tout dans l'improvisation un mode d'expression presque sauvage, lui aussi dégagé des contraintes sociales dominantes. Il imposa rapidement une esthétique originale qui impliquait le rapport privilégié à un temps syncopé. Le langage de l'improvisation dépassait bien les normes de la musique classique occidentale, trop contrôlée et prédéterminée, au profit d'un retour à des formes musicales ancestrales issues des cultures dites tribales et orales.

On peut légitimement se demander alors pourquoi Breton fut presque indifférent au jazz, si l'on en juge à la fois par ses œuvres poétiques, ses récits, et par ses textes critiques et esthétiques. Cette indifférence n'est pas aussi naturelle qu'on pourrait le croire, chez lui, puisqu'il fut assez sensible à des formes de musique populaire, en particulier à certaines chansons françaises et ritournelles à succès,

[24] In *L'Entretien infini*, Paris : Gallimard, 1969.

alors qu'il demeura le plus souvent rétif à la musique classique et aux musiques savantes en général.

Il faut évidemment souligner que le surréalisme reposa sur un héritage intellectuel blanc et européen, celui de Marx, de Freud et de Hegel, en particulier, alors que le jazz fut d'origine afro-américaine et teinté d'influences extra-européennes. Au-delà de ces observations générales, je pense qu'une des raisons de cette attitude découle du fait que le jazz, dans les années vingt et trente, n'était pas encore considéré comme une forme d'art à part entière, malgré l'émergence du swing notée plus haut.

Il était plutôt perçu alors aux États-Unis et en France comme un *entertainment*, un divertissement appartenant à la culture populaire au même titre que le cinéma. On l'identifiait habituellement à un spectacle et à une expression musicale destinés surtout à faire danser ou chanter le public. Les premiers artistes américains de jazz qui s'imposèrent en France dans l'entre-deux-guerres furent d'ailleurs surtout des chanteuses ou danseuses grand public comme Josephine Baker et Bessie Smith.

De même, Louis Armstrong, l'une des figures légendaires de cette musique, fut simultanément un grand trompettiste, un chanteur et un comédien. Il s'affirma ainsi comme un *showman*, un homme de spectacle, tout autant sinon plus que comme un artiste et un musicien à part entière. Certains n'hésitèrent d'ailleurs pas à critiquer ses compromis avec la culture blanche la plus commerciale. Dans cette mesure, le jazz se distingua à l'origine de la poésie et de la peinture modernes. Il n'acquit réellement ses lettres de noblesse qu'après la Deuxième Guerre mondiale, quand toute une génération de jeunes intellectuels américains et français découvrit le be-bop et son langage radicalement nouveau[25].

En outre, et à la différence encore de la littérature et de l'art, il ne reposait pas au départ sur un projet esthétique de rupture, à l'inverse du surréalisme. Né du gospel et du blues, il sortit des communautés noires pauvres qui ne possédaient qu'un niveau d'éducation limité et qui ne cherchaient pas réellement à articuler un discours critique ou esthétique particulièrement sophistiqué.

---

[25] Dans cet ordre d'idées, songeons à la place prise par le jazz dans la culture française de l'après-guerre, celle de la bohème existentialiste de Saint-Germain-des-Prés en particulier. L'exemple de l'écrivain Boris Vian, qui fut aussi trompettiste de jazz, constitue une bonne illustration de ce phénomène.

Par comparaison, les divers mouvements d'avant-garde européens de la première moitié du XXe siècle furent surtout issus des classes bourgeoises et donc d'environnements sociaux et culturels privilégiés, plus propices à l'élaboration d'une théorie philosophique de la poésie et de l'art : le cas de Breton est frappant sur ce point précis.

Plus encore, le surréalisme défini par Breton reposa sur la pensée freudienne de l'inconscient : l'écriture automatique représentait ainsi l'illustration parfaite d'une telle perspective. Cette fascination pour la psychanalyse ne se retrouve presque pas dans la culture afro-américaine, ni à l'époque de Breton ni aujourd'hui. Celle-ci fut et demeure peu sensible à l'héritage de Freud, dans la mesure où l'auteur du *Malaise dans la culture* n'envisagea jamais les tensions entre l'homme et la société moderne du point de vue du conflit des cultures dans le monde occidental.

Or le jazz naquit bel et bien de ce conflit : le peuple du blues exprima sa mélancolie congénitale devant le caractère foncièrement oppresseur de l'esclavage en Amérique. Il faut faire remarquer dans le prolongement de cette réflexion que Marx (l'autre père spirituel de Breton à l'époque des manifestes) fut lui-même peu disert sur la question de l'esclavage aux États-Unis.

Sa critique de la domination de l'homme par l'homme découla en effet surtout d'une analyse du capitalisme issu de la société européenne du XIXe siècle, fondé sur la révolution industrielle. En d'autres termes, Marx ne prit guère en compte dans sa propre pensée économique et politique la dimension culturelle et raciale d'une telle domination.

Les prolétaires de tous les pays du monde devaient finir par s'unir, en effet, au-delà du caractère spécifique et culturellement enraciné de leur condition et de leur identité. L'universalisme marxiste échoua alors à comprendre le problème particulier posé par l'esclavage des noirs en Amérique, inscrit avant tout dans l'univers des plantations du Sud, soit dans des formes de production qui étaient encore féodales (ou postféodales).

Breton élabora en grande partie son idée de révolution à partir de Marx, qui était la référence principale sur ce sujet. Il se situa ainsi en dehors d'une problématique culturelle proprement dite, malgré son anticolonialisme déclaré et son attention soutenue aux mouvements d'indépendance du tiers-monde, en particulier à l'époque de la guerre d'Algérie.

Certes, d'autres figures liées de près ou de loin au surréalisme, de Soupault à Crevel, exprimèrent leur attirance marquée pour le jazz dans certains de leurs écrits[26]. Mais ce sont surtout ses qualités dites festives ou hédonistes que ces poètes célébrèrent alors (la beauté des femmes noires, en particulier), d'un point de vue plus anecdotique ou existentiel que purement musical. Il ne faut pas vraiment s'étonner d'une telle attitude : pendant longtemps en effet, et ce jusque dans les années cinquante en tout cas, le jazz fut surtout apprécié pour sa sensualité sans fard et le plaisir proprement physique qu'il pouvait procurer à l'auditeur.

C'est le bop et le cool qui modifièrent alors cette image quelque peu stéréotypée en affirmant un langage musical plus intellectualisé. Il ne faut donc pas s'étonner que ce soient les poètes des générations postérieures aux surréalistes qui aient le mieux intégré le jazz dans leurs œuvres, je veux parler de la *Beat Generation* et surtout de Jack Kerouac dans des livres comme *Mexico City Blues* et *On The Road*[27]. Les surréalistes, en quelque sorte, vinrent un peu trop tôt, avant même la naissance du bop et du cool (ce jazz de la *West Coast* que les poètes beat célébrèrent avec le plus de ferveur[28]).

Dans cette optique, il faut évoquer le rapport difficile de Breton à l'Amérique. Il s'incarna surtout dans son exil new-yorkais pendant la période de l'Occupation. Dans sa série d'entretiens radiophoniques avec André Parinaud[29], réalisés après la guerre, Breton confia ses problèmes d'adaptation à la culture américaine, à son mode de vie si particulier, une culture qu'il jugea corrompue et rongée par les vices du matérialisme.

Il n'eut en outre que peu de contacts avec les poètes modernistes américains de son époque, de Langston Hughes à E. E. Cummings en passant par Pound. De même, son rapport à l'art d'avant-garde aux

[26] Voir à ce sujet l'ouvrage de YANNICK SÉITÉ, *Le Jazz à la lettre*, Paris: Presses Universitaires de France, 2010.

[27] *On The Road*, sous la direction de Scott Donaldson, New York: Penguin Books, 1979.

[28] Parmi les personnalités les plus importantes de ce style à la fois doux et sophistiqué, relevons en particulier les noms de Gerry Mulligan et de Stan Getz. Citons également ici l'historique *Birth of the Cool*, œuvre conjointe de l'arrangeur et compositeur Gil Evans et de Miles Davis.

[29] ANDRÉ BRETON, *Entretiens avec André Parinaud*, Paris, Gallimard, 1969.

États-Unis passa essentiellement par Duchamp, le plus français des artistes américains[30].

Breton chercha dans l'Amérique la figure de l'autre radical, non pas celle du noir, alors, mais celle des *Native Americans*, comme on les appelle aujourd'hui, des Indiens d'Amérique qu'il rencontra lors de son périple dans les réserves des Hopis du SouthWest. C'est cette communauté ethnique particulière qu'il visita en premier lieu et dont il conserva de nombreux témoignages artistiques dans sa fameuse collection personnelle de la rue Fontaine. Il est clair, en ce sens, qu'il ne pouvait être réceptif au jazz, dont le « primitivisme » apparent ne parvenait pas à dissimuler les liens profonds à un héritage musical essentiellement occidental, en dépit d'une origine africaine souvent imaginaire.

Il suffit de citer à cet égard le légendaire batteur de hard-bop Art Blakey, leader des *Jazz Messengers,* qui déclara un jour de manière quelque peu abrupte que le jazz n'avait pratiquement rien à voir avec l'Afrique. Les compositions de Duke Ellington s'inspiraient à bien des égards, au-delà de leur rapport direct au blues et au swing, de l'héritage d'Igor Stravinsky. Les subtiles progressions d'accords du be-bop, dont l'émergence sur la scène du jazz coïncida d'ailleurs avec les années d'exil de Breton[31], avaient quant à elles leur source dans la tradition harmonique européenne issue de Bach.

Le jazz s'est dans cette mesure constitué originellement comme un langage artistique à la fois profondément américain et radicalement anti-américain. Profondément américain, par son inscription dans une histoire de la culture américaine, celle de l'esclavage dans les grandes plantations du Sud au XIXe siècle. Mais également radicalement anti-américain dans son rejet du modèle blanc traditionnel, celui du matérialisme capitaliste et du puritanisme. Le jazz fut ainsi d'abord la musique issue des quartiers noirs pauvres de La Nouvelle-Orléans, jouée et chantée dans les rues et les espaces publics mais aussi dans les lieux de plaisir (le mot : 'jazz' se référa d'ailleurs initialement à l'acte sexuel).

C'est ce qui a construit l'identité double de cette musique, qui est difficile à saisir pour un intellectuel européen. Cette identité perdure

[30] Voir à ce sujet son essai « Phare de la mariée », in *Le Surréalisme et la peinture, op. cit.*

[31] C'est en 1941, en particulier, que Charlie Parker, Dizzy Gillespie et Thelonious Monk se produisirent au Minton's, un club de jazz de Harlem.

aujourd'hui, puisque le jazz, malgré sa créativité incessante et ses nombreux succès à l'étranger (sa réception chaleureuse, en particulier en Europe), demeure à l'intérieur de la société américaine une culture relativement marginale, car le plus souvent étrangère aux exigences mercantiles de l'industrie musicale, qui se fonde essentiellement sur le rock, le country and western ou le rap.

Les rapports entre automatisme et jazz découlent en grande partie de la notion d'improvisation, c'est-à-dire de la possibilité d'une forme aléatoire de création. Le hasard, mot-clé du surréalisme, renvoie surtout chez Breton à une problématique de l'écriture poétique, plus précisément de l'image poétique, née selon lui du rapprochement fortuit de deux réalités distinctes. Il faut à cet égard définir en jazz deux types d'improvisation qui se distinguent certes historiquement mais connaissent encore pourtant aujourd'hui certains recoupements esthétiques.

D'abord celle qui repose sur une écriture préétablie, comme dans le be-bop, c'est-à-dire sur un thème et une série d'accords donnés : l'improvisation, en ce sens, conçue comme un ensemble de variations mélodiques et harmoniques plutôt que comme une simple expression débridée de l'inspiration du musicien. Ensuite, l'improvisation issue du free jazz, depuis la fin des années cinquante et en particulier les expérimentations historiques d'Ornette Coleman[32], beaucoup plus libre et moins dépendante d'une écriture prédéterminée. Dans chacun de ces deux cas de figure, cependant, le musicien ne se contente pas d'être un simple exécutant : il invente en effet dans le moment une partition imaginaire dont il est alors le seul à détenir le pouvoir de transfiguration[33].

C'est précisément cette idée d'une imagination propre à l'artiste, inscrite dans le présent le plus urgent de l'expression, qui unit automatisme et jazz, au-delà de leurs normes esthétiques respectives. « Le hasard existe, je l'ai rencontré », disent ainsi de commun accord le poète surréaliste et le musicien de jazz. Le mot : 'surgissement' cher à Breton devient ici essentiel pour décrire de telles pratiques artistiques. On peut également employer le mot de 'jaillissement',

---

[32] Je veux me référer à la création de son fameux quartet *Free Jazz* en 1958, qui donna naissance au mouvement d'avant-garde de la *New Thing*.

[33] Pour une analyse sociopolitique du free jazz, inscrite dans les grands mouvements afro-américains de contestation des années soixante, voir en particulier l'ouvrage de PHILIPPE CARLES et JEAN-LOUIS COMOLLI, *Free Jazz Black Power*, Paris : Gallimard, 2000. (Nouvelle édition).

qu'il soit celui des images, comme dans la poésie surréaliste, ou des rythmes et des fragments harmoniques et mélodiques, comme dans le jazz.

L'automatisme se définit dans cette optique à l'origine comme une scansion de l'être et de sa parole, de la voix poétique, comme une pulsion irrésistible des mots de nature convulsive. Automatisme et improvisation se rejoignent ainsi dans le culte d'un langage fait de battements et de syncopes ou ruptures soudaines. L'improvisation, en jazz, exprime le désir d'une jouissance de l'instant et constitue le signe privilégié d'un besoin profond et irrésistible de perte, celle de soi et du temps.

Le musicien se libère alors du poids du temps, de ses contraintes à la fois sociales et existentielles. Il plonge dans l'inconnu pour pouvoir éprouver le vertige pur et absolu de la rencontre avec l'univers infini des sons et des notes. Il se perd ainsi pour mieux se trouver et pour inventer de nouvelles formes musicales sur le moment.

L'automatisme, lui aussi, figura un rêve de perte dans le langage poétique, la quête d'un vertige de la rencontre illimitée et échevelée entre les mots, au-delà de leurs règles formelles et académiques. Ces règles, en effet, impliquent nécessairement un principe de séparation et de division.

Dans l'écriture automatique, les mots devaient ainsi s'unir dans un idéal fusionnel que le jazz lui-même célébra et continue de célébrer aujourd'hui par les rythmes et le chant. Il est clair qu'une telle perspective fusionnelle affirme le caractère fondamentalement lyrique de l'expression artistique.

Le silence d'or des poètes surréalistes[34] peut donc être rompu si l'on examine de plus près les exigences esthétiques et philosophiques de la poésie surréaliste[35]. Celle-ci témoigna en ce sens de l'esprit général de la modernité littéraire et artistique : elle ne se contenta pas de développer et d'imposer un modèle rigide. L'attitude quelque peu désarçonnante d'André Breton face à la musique moderne en général et au jazz en particulier fut celle d'un homme qui rechercha certes avec passion la liberté mais qui fut aussi confronté à l'obscurité, sinon

---

[34] Je veux faire ici allusion à l'ouvrage collectif *Le Silence d'or des surréalistes*, consacré aux rapports complexes du surréalisme à la musique, dirigé par Sébastien Arfouilloux, Château-Gonthier: Éditions Aedam Musicae, 2014.

[35] Ce silence ne fut pas celui de tous les poètes d'expression française. Songeons ainsi à la place importante tenue par le jazz dans la poésie du Belge Robert Goffin ou dans celle de Jacques Reda.

à l'opacité, de la culture et du langage artistique de l'autre, dans ce cas-ci le noir d'Amérique.

Les rapports du surréalisme au primitivisme sont aujourd'hui mis en valeur par de nombreux écrits, colloques et expositions. Il n'est pas en ce sens d'accomplissement possible de cette liberté rêvée sans l'établissement de ponts solides entre des langages artistiques et des cultures distincts. Ces ponts se construisent en quelque sorte au-delà de l'histoire réelle : ils exigent un mouvement en avant de l'homme, un élan sans la moindre réserve.

Le sujet de cet essai constitue ainsi une ouverture spéculative, une simple proposition hypothétique plutôt qu'une certitude. C'est bien en cela qu'il rejoint l'esprit du surréalisme et du modernisme littéraire, pictural et musical. « Liberté, je joue ton nom, je le chante, je le rythme, je l'improvise » , aurait pu alors dire le poète au cœur de la tourmente.

Ce primitivisme renvoie dans cette perspective au pouvoir créateur de ce que Claude Lévi-Strauss appelait « la pensée sauvage », cette connaissance mythologique qui est propre aux sociétés tribales. Elle implique la croyance en un rapport imaginaire au monde déterminé surtout par le bricolage, c'est-à-dire par des pratiques empiriques qui permettent cependant de construire un univers symbolique original et des formes esthétiques uniques. Cette conscience du bricolage et de son rôle déterminant dans la littérature et l'art, on la retrouve à la fois dans l'automatisme surréaliste et dans l'improvisation jazz, surtout dans sa période free.

Le meilleur exemple de ce bricolage dans le domaine du jazz contemporain demeure incontestablement l'Art Ensemble of Chicago. Ce groupe était constitué de Roscoe Mitchell, Joseph Jarman, Lester Bowie, Malachi Favors et Don Moye. Formé dans les années soixante sous l'égide de l'AACM (The Association for the Advancement of Creative Musicians), ce quintet exceptionnel détermina précisément une nouvelle forme d'improvisation collective débridée mêlant le jazz classique et moderne à des fragments de mise en scène théâtrale fondés sur des costumes et maquillages d'inspiration africaine. (Il faut citer ici également la blouse de pharmacien portée à chaque concert par l'inoubliable trompettiste Lester Bowie, réputé tout autant pour son jeu original et percutant que pour ses numéros de clownerie).

L'improvisation, dans ce cas, exprimait précisément le fait que « la grande musique noire » jouée et représentée par ce groupe était constituée de simples morceaux mélodiques, harmoniques et rythmiques dont la nature souvent disparate et aléatoire n'empêchait nullement l'organisation cohérente. Le bricolage, ici, insistait sur la non-linéarité du discours musical. Il s'agissait bien de « faire avec », selon l'expression de Michel de Certeau.

Les musiciens, outre leurs instruments traditionnels (saxophones, trompette, contrebasse, batterie), se permettaient d'utiliser à de nombreuses reprises lors de leurs prestations scéniques des petites flûtes et autres gonds, de façon à souligner que l'improvisation ne reposait sur (presque) rien, sinon sur l'imagination, la maîtrise et la qualité d'écoute de chacun des membres du groupe.

Dans l'automatisme surréaliste et dans l'improvisation en jazz, il s'agit de construire et d'échafauder un langage à partir de bases ou de fondations fragiles, puisque non-écrites ou non-prédéterminées. Ce bricolage méticuleux s'incarne également dans les nombreux collages des artistes surréalistes, de Max Ernst à André Masson. Bricoler, c'est en quelque sorte partir de rien ou de presque rien, soit de simples morceaux ou fragments de matière, pour aboutir néanmoins à une unité structurelle et à un tout[36].

Cette structure est condamnée à ne pas durer : elle ne s'incruste pas dans un temps linéaire. Le bricolage renvoie en outre à l'idée d'un art pauvre, c'est-à-dire issu de moyens matériels très limités. Ces moyens-là sont précisément ceux de l'homme dominé ou marginalisé à l'intérieur de sa propre culture, comme ce fut le cas pour de nombreux musiciens de jazz en Amérique. Le bricolage, en ce sens, constitue une forme « d'art premier » qui ne serait pas seulement l'apanage des cultures tribales non-occidentales.

L'art contemporain des années soixante, particulièrement à partir de Fluxus, de Ben à Robert Filliou, emprunta d'ailleurs ce même modèle empirique pour échafauder une poétique de l'art radical dans une perspective essentiellement libertaire. Le bricolage, dans cette optique, détient une signification socio-politique profonde.

Il n'est pas qu'une simple pratique inspirée d'amateur ou de dilettante, mais bien le signe d'un projet original de la communauté qui se dresse contre toute forme d'art et contre tout pouvoir établis. On peut parler dans cette perspective d'une esthétique de la précarité qui rejette fondamentalement l'illusion d'un devenir de l'art.

---

[36] Voir à ce sujet CLAUDE LÉVI-STRAUSS, *La Pensée sauvage*, Paris : Plon, 1962.

En conclusion, je pense personnellement que le meilleur exemple de poésie automatique conçu par un musicien de jazz demeure le *Mama Rose* d'Archie Shepp, ce morceau en grande partie chanté et scandé que le légendaire saxophoniste a consacré à sa grand'mère qui connut en son temps l'esclavage dans le Sud des États-Unis et qui est traversé par le mot de révolution, ce mot si cher aux surréalistes.

Il constitue le véritable cheval de bataille du musicien (il le joue aujourd'hui accompagné notamment du Rapper Napoleon Maddox), sa composition-fétiche pour des raisons qui sont manifestement autant personnelles que strictement musicales. La parole « automatique » d'un musicien de jazz en or répond ainsi au silence présumé d'André Breton sur cette (sur la) musique[37].

[37] J'ai tenté de répondre à ma manière à ce silence présumé en écrivant un long poème de forme libre intitulé *SL75 Sous le Langage*, inspiré par la vie et l'œuvre du saxophoniste soprano Steve Lacy, qui mit en musique de nombreux poètes, de Pessoa à René Daumal en passant par Robert Creeley, avec la collaboration de son épouse Irène Aebi, chanteuse et violoncelliste. Une lecture personnelle de ce texte accompagnée d'extraits musicaux eut lieu à l'Alliance française de Washington DC le 15 octobre 2009. Il figure en outre dans mon recueil *Poésie bleue*, Paris : L'Harmattan, collection Poètes des cinq continents, 2018.

René Magritte et Georgette : Le portrait d'union

Le portrait n'occupe pas une place essentielle dans l'œuvre de René Magritte. Ce genre académique implique une prépondérance de la dimension figurative de la peinture. Faire un bon portrait, c'est essentiellement en effet reproduire le mieux possible les traits d'un visage avant d'en exprimer une identité subjective. On pourrait même aller plus loin et affirmer que le portrait ne constitue pas un véritable genre surréaliste, en raison précisément de sa soumission à la réalité strictement physique du sujet. La question fondamentale est alors la suivante : comment faire malgré tout du portrait un projet pictural surréaliste ?

Si l'on considère d'autres peintres surréalistes majeurs, de Masson à Miró en passant par Max Ernst, on retrouve la même position marginale du portrait. C'est dans la photographie qu'il fut le plus travaillé par les artistes surréalistes, si l'on considère en particulier l'œuvre de Man Ray. Mais on peut légitimement se demander si cette relation esthétique entre la photographie et le portrait n'existe pas précisément parce que la photographie fut caractérisée d'abord dans son histoire par sa qualité mimétique et sa prédilection pour la perspective réaliste. À cet égard, les portraits tirés par Man Ray furent souvent des œuvres de commande effectuées pour des magazines commerciaux.

On l'aura compris : le portrait et l'avant-garde de la première moitié du XXe siècle ont rarement fait bon ménage. Les membres les plus importants de Dada, de Jean Arp à Kurt Schwitters, ne lui accordèrent à cet égard aucune attention. Pour ces artistes, un soupçon profond pesa longtemps sur ce genre, dans la mesure où il impliquait la présence d'un modèle extérieur auquel André Breton s'opposa sans équivoque dans ses écrits sur l'art, en particulier dans *Le Surréalisme et la peinture*[38].

Comment pouvaient-ils ainsi accepter l'idée même d'une forme entièrement déterminée par la réalité concrète ? Le portrait, selon eux, n'appartenait pas seulement à l'héritage de la peinture classique en Occident mais aussi à celui de l'impressionnisme. Il fut en outre longtemps associé à un désir constant d'autoreprésentation du pouvoir politique, ce que les travaux canoniques de Louis Marin démontrèrent avec éclat[39].

Le cas de Magritte semble à première vue plus complexe et même contradictoire. En effet, le peintre surréaliste n'abandonna jamais complètement la figuration dans son travail, contrairement à bien d'autres artistes d'avant-garde de sa génération. Cette apparente fidélité à la réalité visible lui fut d'ailleurs parfois reprochée, comme si elle exprimait une certaine prudence esthétique ou une réticence devant l'aventure radicale de l'abstraction. Pourtant, Magritte ne fut jamais un portraitiste, au sens d'un artiste pratiquant régulièrement ce genre. Mais il fut par contre un praticien occasionnel du portrait, intégrant ainsi des visages singuliers et souvent surprenants dans ses toiles.

Il faudrait évoquer ainsi une attitude ironique du peintre devant le portrait. L'ironie contient nécessairement le sentiment d'une distance relative par rapport à ce genre. Par contraste, la tradition académique affirme un processus de révélation du sujet dans le portrait. Celui-ci donne à voir ainsi une identité indiscutable. Mais chez Magritte, cette identité est sans cesse brouillée et même effacée. Le visage est rarement dévoilé par le tableau : il contient au contraire l'idée d'une réalité cachée que le spectateur se doit de déchiffrer par ses propres moyens.

Dans son œuvre *Les Amants*, Magritte alla jusqu'à produire un anti-portrait parfait : les visages de l'homme et de la femme, les apparences du masculin et du féminin, furent ainsi gommés par la présence d'un drap blanc qui les recouvrait totalement. *Ceci n'est pas le portrait d'un couple*, aurait-il pu dire à ce sujet pour paraphraser son célèbre *Ceci n'est pas une pipe*[40].

---

[38] ANDRÉ BRETON, *Le Surréalisme et la peinture*, Paris: Gallimard, 1965.

[39] LOUIS MARIN, *Le Portrait du roi*, Paris: Minuit, 1981.

[40] Voir à ce sujet l'essai de MICHEL FOUCAULT, *Ceci n'est pas une pipe*; *deux lettres et quatre dessins de René Magritte.* Montpellier: Fata Morgana, 1973.

On sait qu'André Breton ouvrit son roman autobiographique *Nadja*[41] par un : « Qui suis-je ? » Cette question impérieuse déboucha très vite sur une autre question tout aussi pressante : « Qui je hante ? » L'art du portrait, chez Magritte, dévie de la même manière du problème de l'identité objective, soit la possible caractérisation du sujet dans la représentation de son visage, à celui du trouble que le portrait peut susciter chez le spectateur.

Ce trouble découle de la perception d'un décalage entre la forme strictement physique du visage et sa signification symbolique. Ce visage parvient à hanter et à engendrer un processus de possession psychique dans la mesure où il n'est jamais défini par sa transparence. Une certaine obscurité l'entoure pour mieux souligner son rapport privilégié à l'inconscient et à la dimension cachée de la vie de l'homme. En d'autres termes, le portrait n'a pas pour but de nommer le sujet ni de le déterminer nettement. Il se doit de hanter l'autre et d'indiquer ainsi une absence dans la présence visible[42].

Dans cette optique, le portrait renvoie à un retour du (de la) mort, de ce qui a disparu sans être néanmoins complètement perdu. Dans *Les Amants*, le drap blanc rappelle à cet égard un épisode autobiographique particulièrement important de la vie de Magritte : celui du suicide de sa mère dont le corps inerte fut retrouvé dans le fleuve enveloppé de cette manière.

Ainsi contient-il toujours une dimension fantomatique. Cette dimension fut déjà révélée par de grands portraitistes classiques, dont Holbein, chez qui de nombreux visages féminins frappent par leur blancheur crue et leur aspect livide. Elle fut plus tard exploitée par la photographie au milieu du XIXe siècle dans le daguerréotype. Les portraits de famille que les photographes de l'époque tirèrent grâce à cette nouvelle technique eurent ainsi souvent pour but de conserver l'image des morts pour maintenir leur présence dans la communauté.

Selon une telle perspective, le surréalisme (et en particulier la peinture de Magritte) développa grâce à son esthétique originale une sensibilité plastique qui mêla dans la représentation réaliste du visage l'image d'une apparition et sa contradiction. Le portrait, alors, questionne bien plus qu'il n'offre de réponse claire. Il remet en cause

---

[41] ANDRÉ BRETON, *Nadja*, Paris: Gallimard, 1990.

[42] Dans *Le Regard du portrait* (Paris: Galilée, 2000), Jean-Luc Nancy écrit à cet égard: "Le portrait est moins le rappel d'une identité (mémorable) qu'il n'est un rappel d'une intimité (immémoriale).", p. 62.

toute forme d'évidence et de transparence du sens. Il ouvre dans cette optique sur la perception d'une inquiétante étrangeté du sujet, de l'*unheimlich* freudien situé au cœur de la banalité du quotidien et des choses familières[43].

Par le portrait, il s'agit d'imaginer le visage et non de le voir directement ou immédiatement. Il n'y a pas de visage automatique, en quelque sorte, contrairement à ce que pourrait nous faire croire une certaine rhétorique surréaliste bien connue. L'anti-portrait pur et absolu du tableau *Les Amants* ne nous dit en fin de compte que cela: le spectateur est forcé en effet de projeter ses propres images ou représentations sur des formes invisibles.

Imaginer, ici, c'est construire une fiction particulière du sujet au-delà de toute objectivation préalable. De la même manière, le personnage de Nadja, dans le roman autobiographique de Breton, se définissait-il paradoxalement par son caractère fictif : il engendrait en effet un monde riche de nombreuses visions. Ainsi le portrait dérive-t-il par rapport à la réalité : Il ne se satisfait jamais de sa substance tangible.

Pour éclairer mon propos, je considérerai ici le cas du *Portrait de Georgette au bilboquet* peint par Magritte[44]. Une telle œuvre établit indiscutablement le lien intime entre le peintre et sa femme, qui fut sa compagne de tous les jours depuis sa prime jeunesse. Ce portrait tranche sur la production et sur l'esthétique générale du peintre : il semble en effet privilégier une approche strictement réaliste sans le moindre onirisme, un mot que Magritte, soit dit en passant, n'aimait guère.

Ce qui frappe dans ce portrait, c'est l'absence d'idéalisation de l'être aimé. D'autres artistes modernes choisirent en effet souvent de représenter le visage ou le corps féminin dans le but d'exalter un rapport amoureux très personnel ou une certaine philosophie de l'éros conçu dans sa perfection et sa souveraineté existentielle. Ici, par contraste, le visage de l'épouse du peintre est saisi dans sa simplicité et son caractère apparemment anodin. Il ne reflète ni une beauté ni un pouvoir d'attraction physique irrésistibles.

Le portrait est inscrit dans un miroir dont on peut voir distinctement les bords. Il est facile ainsi d'imaginer Georgette s'y

---

[43] Voir à ce sujet SIGMUND FREUD, *L'Inquiétante étrangeté et autres essais*, Paris: Gallimard, 1988.

[44] Ce tableau date de janvier 1926.

contemplant ou se maquillant devant lui. Mais le miroir a une autre fonction : il permet en effet d'affirmer que le visage féminin qui apparaît dans ce tableau n'est qu'un simple reflet ou une pure image. *Ceci n'est pas un portrait*, au sens où son identité matérielle est mise en cause par la présence du miroir qui le maintient d'une certaine manière à distance. Il y a bien ici « trahison des images » : le tableau souligne un processus souverain de représentation qui dépasse la simple relation mimétique du portrait au sujet.

Comme dans la fameuse pipe, le peintre exprime un rapport ironique à son sujet : le portrait ne reproduit pas strictement le visage de Georgette mais il le donne néanmoins à voir sous une forme détournée. L'image n'est pas la réalité, nous a dit Magritte avec sa pipe, et pourtant la réalité, celle de l'art en tout cas, n'est constituée que d'images. Telle est également la leçon de ce portrait singulier et faussement réaliste.

Il y a quelque chose qui par essence éloigne le portrait du monde des rêves surréalistes. Car le portrait immobilise le sujet et le fige dans une pose prédéterminée. Or le rêve, lui, est éminemment fluide et dynamique. C'est ce que soulignait à bien des égards Breton quand il parlait de « la beauté convulsive » à la fin de son récit *Nadja*[45]. Le rêve, pour les surréalistes, était donc en ce sens cinématographique, dans la mesure où il permettait d'écrire littéralement le mouvement de l'inconscient.

La statique naturelle du portrait est dès lors problématique. Elle renvoie par ailleurs à la souveraineté de la perspective réaliste qui traverse l'histoire de l'art en Occident. Le portrait se doit de faire vrai, ou alors il ne constitue pas un bon (un vrai) portrait. Il se définit d'abord par une qualité d'exactitude qui domina sans aucun doute jusqu'au XXe siècle. La question est ici celle du modèle non seulement extérieur mais aussi *antérieur*, soit d'un sujet qui existe avant l'œuvre et qui lui impose des formes préétablies. Cette vérité fondamentale du portrait, même les impressionnistes ne purent la contester.

Magritte aura pourtant tenté de produire un portrait surréaliste en peignant le visage de son épouse. Il s'agissait quelque part d'un défi personnel. Comment alors faire rentrer l'image dans le portrait, c'est-à-dire un monde entièrement construit par l'esprit de l'artiste et qui ne se soumet jamais à la loi de la simple reproduction d'un sujet donné ?

---

[45] BRETON, *op.cit.*, p 182.

La tradition du portrait renvoie dans cette optique à un temps particulier : le sujet façonné par ce genre affirme en effet sa propre continuité qui résiste au passage du temps et même à l'épreuve de la mort. Plus l'homme croit ainsi à sa propre immortalité, plus il ressent le besoin impérieux de se faire peindre son portrait. C'est ce qui explique pourquoi tant de rois et de chefs d'État eurent recours dans l'histoire à cette pratique.

On le sait, le surréalisme définit à sa fondation un temps nouveau de l'écriture et de l'art, celui de l'automatisme et donc d'une forme irréductible d'instantanéité. Il s'inscrivit selon le projet de Breton dans un présent de l'expression[46]. On peut en ce sens avancer que le temps du portrait contredit à bien des égards la conception surréaliste du temps.

L'image se glisse subrepticement dans le portrait de Georgette peint par Magritte. Elle découle d'abord de la présence d'un miroir qui indique un glissement par rapport à la réalité, mais aussi d'une certaine qualité énigmatique du regard de Georgette. Il n'y a pas ici de véritable représentation de nature onirique et hallucinatoire, comme dans d'autres œuvres du peintre telles que *Le Château des Pyrénées* ou *La Mémoire*, mais bien suggestion subtile d'un questionnement du réel par le portrait.

Magritte fut aussi à cet égard l'auteur du *Faux miroir*. Cette œuvre représente un œil à travers lequel le ciel apparaît. Il n'y a en ce sens de faux miroir que parce que le regard ne se contente jamais de la réalité et ne trouve sa raison d'être que dans la traversée du monde visible en direction d'un monde caché.

De même, le miroir qui entoure le visage de Georgette n'a pas pour but de répéter une forme issue de la réalité. Il affirme au contraire l'inanité du vrai en art. Le certificat de vérité fourni par le portrait traditionnel n'a plus cours ici : le visage se constitue comme une image et donc comme une création visuelle qui est simultanément le résultat du pouvoir de l'idée.

Pourtant, cette énigme constitutive du portrait, ce n'est pas le surréalisme qui l'a éclairée le premier. On la trouve déjà en effet plusieurs siècles auparavant dans le tableau sans doute le plus connu et le plus commenté de l'histoire de l'art : *La Joconde*. Léonard de Vinci conçut peut-être en ce sens une œuvre pré-surréaliste sans le

---

[46] Voir à ce sujet ANDRÉ BRETON, *Manifestes du surréalisme*, Paris: Gallimard, 2003.

savoir. L'énigme de *La Joconde*, c'est celle d'une femme dont le regard semble dissimuler un secret et dont le sourire laisse perplexe. On sait que de nombreuses analyses critiques du tableau ont insisté sur le caractère double de ce personnage à la fois féminin et masculin.

Dans cette perspective, *La Joconde* fut un *portrait d'union* avant la lettre, puisque son réalisme apparent fut déjoué par le sens du mystère et surtout par le doute devant l'identité de ce personnage féminin. Dans le portrait, le réalisme est inévitablement associé à la question de la ressemblance. Or, à bien des égards, les nombreux observateurs de cette œuvre finirent par ne plus savoir à qui précisément ce portrait ressemblait.

Un autre artiste majeur associé au surréalisme et à son histoire, même s'il le fut de manière plus intermittente que Magritte, s'inspira directement de *La Joconde* pour son propre travail créateur : il s'agit de Marcel Duchamp. Son traitement désinvolte et irrévérencieux de ce chef-d'œuvre classique manifesta sans aucun doute un désir iconoclaste : on sait qu'il se permit d'ajouter des moustaches et une barbichette à ce personnage féminin devenu légendaire. Par ce geste, Duchamp effaça délibérément la dimension énigmatique du portrait peint par Léonard de Vinci en exprimant un point de vue ironique et cynique, comme le prouve le titre de son œuvre, *LHOOQ*.

Pourtant, il produisit lui aussi un *portrait d'union*, dans la mesure où il transforma *La Joconde* en un personnage aux traits masculins. Celle-ci conjugua en ce sens le masculin et le féminin sous une forme humoristique et un peu anarchiste. Une telle ambiguïté sexuelle était déjà présente dans le tableau original : Duchamp ne fit que l'amplifier par son propre projet essentiellement nihiliste.

La question du mystère, dans l'œuvre d'art, se conjugue toujours à celle de la fascination. Celle-ci découle d'une incapacité du spectateur à comprendre immédiatement le sens de l'œuvre : il se doit ainsi de la déchiffrer et ses efforts ne sont pas nécessairement couronnés de succès. C'est ce qui explique l'extraordinaire pouvoir d'attraction que les hiéroglyphes égyptiens continuent aujourd'hui à exercer alors qu'ils appartiennent pourtant à une civilisation enfouie et très éloignée dans son identité culturelle du monde contemporain. Un tel pouvoir concerne aussi un grand nombre d'œuvres appartenant aux arts premiers, puisque leur signification mythologique et rituelle échappe le plus souvent aux esprits rationalistes de la tradition intellectuelle occidentale.

L'art de Magritte, dans sa capacité à créer des images insolites, a joué de ce pouvoir de fascination de la représentation plastique. Une œuvre comme le *Portrait de Georgette au bilboquet* ne constitue pas une exception. Son caractère apparemment banal n'empêche pas en effet l'irruption de l'étrangeté. Il suffit de considérer ici le regard de Georgette, à la fois intense et distant, comme s'il faisait en quelque sorte partie d'un autre monde.

La fascination reflète une attraction magnétique irrésistible. À ce sujet, Breton écrivit avec Philippe Soupault *Les Champs magnétiques*. Dans son roman autobiographique *Nadja*, il exploita en outre cette thématique de la fascination dans le rapport du narrateur à la jeune femme qui donne son nom au livre. Le narrateur compare d'ailleurs Nadja à un sphinx et donc à une créature qui détient la clé d'un secret. Telle est la force profonde d'un portrait : il doit faire ressentir la présence d'un secret sans que celui-ci soit pourtant révélé au grand jour.

La fascination nous renvoie directement à la sensibilité poétique surréaliste. Celle-ci repose sur un ensemble d'images dont Breton affirma dans son manifeste de 1924, à la suite de Reverdy, qu'elles résultaient du rapprochement inconscient de deux réalités distinctes[47]. Or, le problème conceptuel posé par le portrait est précisément celui d'une forme homogène qui ne met pas en rapport ces différentes réalités. Le portrait découle en effet de la représentation d'un visage particulier : il n'est rien d'autre que cela.

Par contraste, d'autres genres académiques comme le paysage ou la nature morte permettent de mêler des éléments contradictoires. On peut imaginer ainsi un paysage composé à la fois de montagnes et de cours d'eau, de plaines et de collines, ou bien une nature morte rapprochant plusieurs fruits d'un plat ou d'une bouteille. Ce caractère disparate de l'œuvre est rarement possible dans le portrait.

C'est la raison pour laquelle le portrait surréaliste tel que celui de Georgette peint par Magritte apparaît comme une expérience originale et difficile à accomplir. Pourtant, il est un livre surréaliste qui parvint à intégrer de nombreux portraits dans son texte : il s'agit encore une fois de *Nadja*.

Breton illustra en effet son récit de portraits de poètes appartenant au mouvement, de Paul Éluard à Benjamin Péret. Pour exister et manifester son identité propre, le portrait surréaliste ne peut de toute

[47] BRETON, *op.cit.*, p. 124.

évidence se contenter d'être platement réaliste. Il doit laisser voir une forme double, une ambiguïté esthétique et symbolique qui enrichit son propos.

Dans le *Portrait de Georgette au bilboquet*, la question : « Qui je hante ? » semble elle aussi déterminante. Le portrait surréaliste ne peut ainsi se contenter de nommer, c'est-à-dire d'affirmer une identité transparente du sujet : Il doit plutôt susciter le trouble du spectateur (du regardeur) de telle manière que celui-ci se trouve face à un visage qui l'interpelle et le questionne.

Ce qui intrigue alors surtout dans cette œuvre, c'est que le peintre ne cherche pas à représenter un objet parfait, soit l'image d'un amour éternel et sans limite. D'un point de vue purement autobiographique, cependant, tout aurait pu mener à une telle éventualité. On sait en effet que le couple fut l'un des plus stables du mouvement surréaliste et que Georgette accompagna l'œuvre de son mari dès son plus jeune âge.

Ce portrait singulier possède indiscutablement une dimension fantomatique. Il n'est pas simple source de plaisir et de ravissement mais procure un certain sentiment de malaise et de doute. Le portrait d'union renvoie d'abord à l'expression d'une relation amoureuse qui traversa le temps et dura jusqu'à la mort du peintre.

Mais il inscrit aussi le rapport masculin-féminin dans un contexte surnaturel et inquiétant. Il évite en outre l'objectivation érotique de la femme aimée, ce qu'une perspective commune sur le surréalisme tend souvent à souligner dans le but de critiquer une certaine misogynie inhérente au mouvement. Le corps de Georgette est bien ici absent, en effet. Le miroir ne laisse voir ainsi que son visage dans une lumière sombre.

En d'autres termes, ce n'est pas en homme (en mâle) que Magritte peint le portrait de Georgette. Le masculin de l'art ne l'emporte pas ici sur le féminin soumis ou dominé. Il ne lui dicte pas sa loi car tel n'est pas l'enjeu du tableau. Le pouvoir du mystère, essentiellement métaphysique, relie au contraire le masculin et le féminin dans une même interrogation existentielle. Ce mystère, c'est alors celui de la représentation du sujet dans l'art et la peinture et plus spécifiquement dans le portrait. Georgette apparaît ainsi à l'intérieur du miroir comme une figure de l'absence, froide et lointaine.

Il existe un autre portrait de femme sans doute mieux connu de Magritte : il s'agit du tableau intitulé *Le Viol*[48]. Celui-ci ne possède

---

[48] Ce tableau date de 1934.

pas la même signification autobiographique, mais il met néanmoins en cause l'identification supposée du sujet dans le portrait. Un portrait est en effet d'habitude nominal : on parle du portrait de Georgette comme on parle de celui de Dora Maar, impliquant ainsi que ce genre n'est jamais vraiment anonyme. Mais *Le Viol* rompt avec une telle logique, dans la mesure où le titre du tableau ne contient aucun nom propre.

Ici, l'identité du sujet est niée par un processus d'effacement des traits du visage féminin. Ceux-ci sont dans ce cas remplacés par la représentation du corps nu de la femme. Ce tableau est évidemment chargé d'érotisme, mais cet érotisme comporte sa part d'angoisse, comme souvent chez Magritte. La disparition des traits habituels du visage, des yeux à la bouche, laisse entendre que *Ceci n'est pas un portrait*. Il y a bien alors travail visuel et plastique de la négation.

L'idée du viol renvoie clairement à une forme de violence et d'agression sexuelle. Dans le viol, c'est le corps de la femme qui perd son intégrité physique. Le portrait exprime donc ici le conflit du masculin et du féminin, selon lequel le masculin exerce son emprise sur le féminin et le contraint à un acte non-désiré. Le portrait d'union devient ainsi en quelque sorte le portrait de la désunion : il souligne bien une tension fondamentale qui s'incarne alors dans une forme picturale.

En outre, le visage de la femme est profondément défiguré par une telle démarche. Ses seins et son sexe prennent la place de ses yeux et de sa bouche, ce qui crée manifestement une impression de malaise. Le visage est dans cette perspective enlaidi jusqu'à évoquer les traits d'un personnage monstrueux.

Le Viol dévoile dès lors l'impossibilité de la représentation exacte et authentique du féminin dans le portrait. La confusion du visage et du corps dans cette image hallucinatoire annule en effet le principe fondamental d'identité du féminin. La tradition académique du portrait affirme très souvent une forme d'équilibre contenu dans le visage même. Or, dans ce cas-ci, cet équilibre n'existe plus, dans la mesure où le viol traduit sans équivoque une relation chaotique. Le viol, en ce sens, est d'abord viol de l'identité et de la ressemblance, puisque ce visage devenu corps ne ressemble plus à personne et se métamorphose en une image de l'indétermination du sujet.

Le *Portrait de Georgette au bilboquet* ne va certes pas aussi loin dans ce travail radical de la négation. Mais il mêle cependant un apparent réalisme à une appréhension surnaturelle du quotidien. Rien de plus banal qu'un miroir, en effet, surtout pour la femme qui se regarde afin de préparer sa toilette. Ainsi le miroir indique-t-il à la fois les limites du visage tout en ouvrant sur un autre monde que l'art de Magritte ne cessa d'explorer.

Le portrait affirme encore la souveraineté des images dans le rapport poétique et personnel de l'homme au monde. Le visage de l'épouse de Magritte saisi dans le miroir devient image pure, en quelque sorte, simple reflet du sujet au-delà de l'objectivité présumée du genre. En cela, le portrait pose ici la question à la fois esthétique et philosophique de l'énigme du visible qui est d'abord et surtout celle de l'altérité et de son visage.

Dans l'histoire de l'art moderne, le portrait a été souvent plus exploré et exploité par la photographie que par la peinture. Il était indissociable de sa création au XIXe siècle, en particulier. Il est évident que la domination progressive de l'art abstrait a accentué ce phénomène. Pourtant, certains peintres d'avant-garde ou modernistes se sont malgré tout livrés à l'art du portrait de manière répétée. Je veux parler d'abord des portraits de femmes cubistes de Picasso.

Ces portraits aboutissent à bien des égards à un processus de défiguration du visage. Par défiguration, j'entends une distorsion esthétique qui implique une confusion des formes jusqu'à ce que celles-ci ne soient plus reconnaissables. Dans le cas de Picasso, précisément, la question de la ressemblance, qui traverse comme on l'a vu l'histoire du portrait en Occident de *La Joconde* à Magritte, ne se pose plus.

Il est clair qu'une telle défiguration exprime un assaut délibéré contre la tradition du portrait et surtout contre sa signification. La ressemblance implique nécessairement la souveraineté de l'identité du sujet dans la représentation : le sujet existe et il peut être défini sans équivoque. Dans les portraits de femmes cubistes de Picasso, le sujet disparaît à proprement parler. Il ne reste plus alors que des masques grimaçants et presque macabres. L'harmonie constitutive du visage, y compris celui de la femme aimée, s'estompe et est donc profondément niée.

Un autre peintre qui se sera attaché à déconstruire le portrait et à l'arracher à ses certitudes mimétiques est Francis Bacon. Là encore, le portrait rejette en général toute identification claire. Il débouche sur le sentiment aigu de l'inhumanité et de la cruauté. La défiguration, en effet, reflète une violence essentielle qui est celle de l'artiste devant son sujet.

Le portrait, dans l'art moderne, pose donc inévitablement la question du mal. Ceci est vrai aussi chez Magritte. Car « l'inquiétante étrangeté » du portrait de Georgette nous donne l'impression d'un mal diffus, à peine perceptible ou visible et pourtant présent. Or, cette question décisive du mal ne fut que rarement abordée par la tradition occidentale du portrait qui pendant longtemps s'attacha surtout à une représentation idéalisée du sujet. Ceci, soit pour des raisons politiques (comme dans les nombreux portraits officiels de souverains et de chefs d'État, chez David notamment), soit pour des raisons religieuses et spirituelles (le portrait comme expression de la lumière et de la pureté de l'être saint, chez Le Greco en particulier).

Le mal, ainsi, fut souvent gommé par le portrait, tout entier voué à la création d'une forme parfaite et surtout équilibrée. Une œuvre comme celle de Magritte permet alors de mettre en question une telle perspective, même si chez lui, à la différence de Picasso ou de Bacon, le processus de défiguration n'a pas lieu. Peut-être parce que pour le peintre surréaliste, l'art ne peut jamais vraiment se dissocier de l'espace de la quotidienneté. Cet espace est par définition celui des objets familiers, et donc d'un monde reconnaissable et identifiable.

On peut cependant évoquer *La Mémoire*, où le portrait (le buste) féminin se trouve taché de sang. Mais malgré cette indication évidente d'une forme ou une autre de violence, le visage est encore en quelque sorte proche du sujet. Celui-ci n'est jamais déformé jusqu'à apparaître dans sa monstruosité ou sa difformité. Magritte aura d'ailleurs aussi pratiqué à l'occasion l'autoportrait en se représentant lui-même peignant devant son chevalet. Mais cet autoportrait se caractérise justement par une distance ironique : une telle ironie ne peut alors que désamorcer l'image d'un désir de destruction contenu dans le portrait.

Ce qui demeure du portrait de Georgette, au plus profond de nous-mêmes, c'est alors son regard. Celui-ci semble venir d'un autre monde, de l'au-delà ou du domaine des rêves. Dans son étude sur le portrait, le philosophe Jean-Luc Nancy a écrit à ce sujet :

> Avant toute autre chose, le portrait regarde : il ne fait que cela, il s'y concentre, il s'y envoie et il s'y perd. Son « autonomie » rassemble et resserre le tableau, tout le visage même, dans le regard : Il est le but et le lieu de cette autonomie. (...) Le regard du portrait ne regarde rien, et regarde le rien. Il ne vise aucun objet et il plonge

> dans l'absence du sujet (la mienne, la sienne : la nôtre à la fois, par définition, commune et divisée).[49]

À proprement parler, Georgette ne regarde personne (personne de particulier). C'est ce qui donne l'impression d'un regard vague. Elle regarde dans le vide, en quelque sorte, celui du tableau. Ses yeux intriguent également par leur pâleur : ils évoquent ainsi une absence indéfinissable. L'intensité du portrait, dans cette œuvre singulière, découle alors d'une immobilité sans origine. Le regard, en d'autres termes, se fixe sans qu'on sache sur quoi (sur qui) il se fixe. En ce sens, le portrait surréaliste demeure inexpliqué : il dévoile un sujet dont le rapport au monde visible ne peut être entièrement saisi.

Magritte considérait que le surréalisme était plus une attitude de révolte qu'une esthétique. Dans son approche originale du portrait, le peintre aura exprimé cette attitude existentielle sous une forme éminemment plastique. Il s'agit ici de reconsidérer un genre classique et académique pour mieux le déjouer sinon le dénoncer. La révolte implique dans ce cas précis une résistance profonde à l'impératif de la ressemblance et de l'identité objectives dans la représentation du visage. Ainsi exprime-t-elle une politique spécifique de la forme, à la fois originale et obstinée. En outre, elle repose fondamentalement chez Magritte sur la sensibilité aiguë au mystère de la réalité visible. Il n'y a de révolte, en ce sens, que dans la mesure où cette réalité demeure inexplicable et obscure.

---

[49] JEAN-LUC NANCY, *op.cit.,* pp. 72-74.

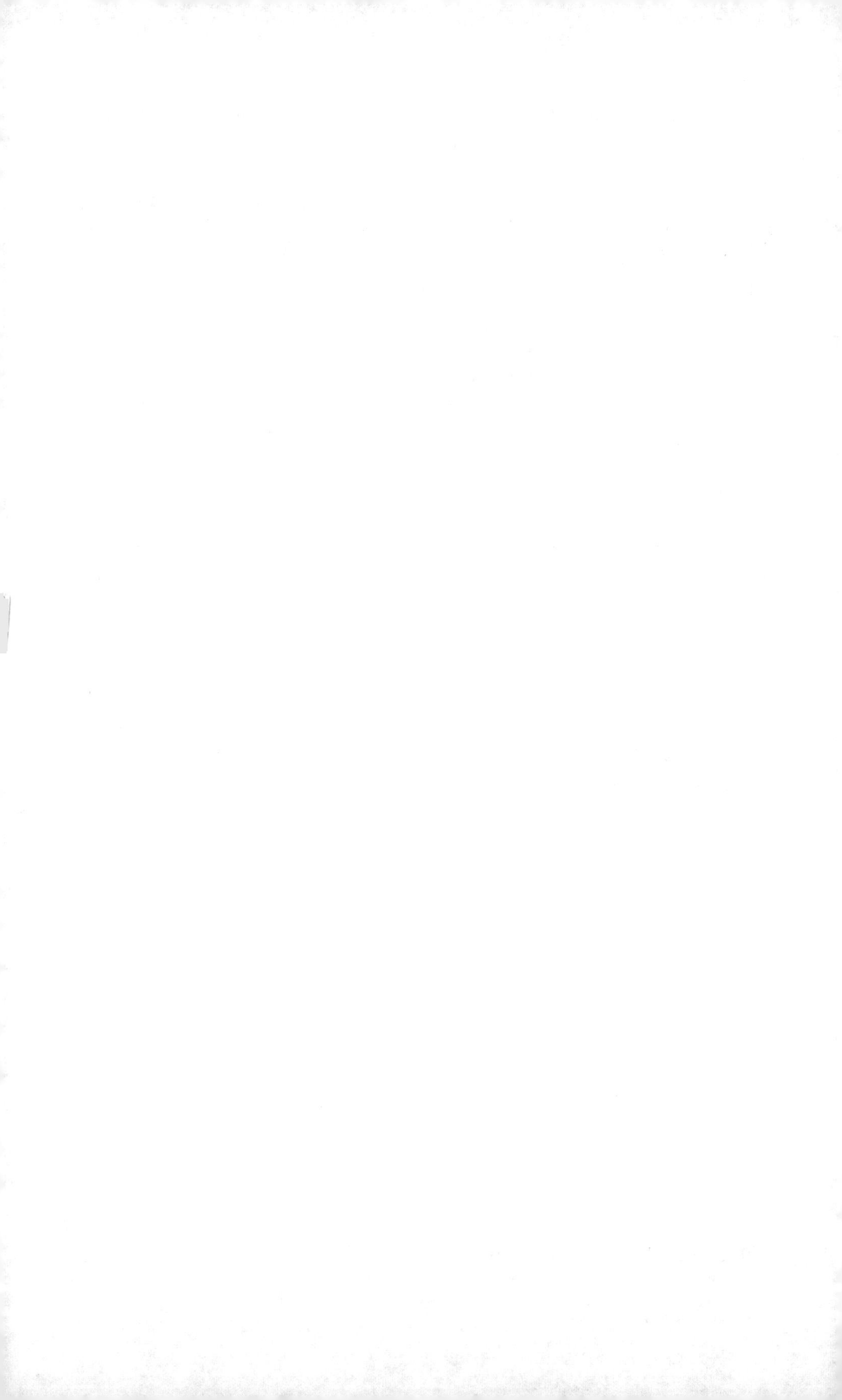

André Breton et l'art des fous : l'appel de la liberté

Une des principales caractéristiques du surréalisme fut sa mise en question profonde de la rationalité occidentale dans la pensée, la littérature et l'art. Cette critique fut essentielle pour André Breton, comme en témoigne *Le Manifeste du surréalisme* de 1924. Sa position était d'une certaine manière paradoxale, dans la mesure où Breton avait étudié pendant plusieurs années la médecine et avait donc une formation à caractère scientifique. En outre, ses manifestes reposèrent largement sur la perspective philosophique de Marx et de Freud, deux penseurs qui en dépit de leur audace intellectuelle incontestable n'avaient jamais abandonné la primauté de la raison dans leur propre œuvre.

À bien des égards, le surréalisme avait été moins aventureux dans son opposition à une vision purement rationnelle du monde que Dada, son principal prédécesseur dans l'avant-garde européenne du début du XXe siècle. Dada, en effet, adhéra dès le début au chaos dont il était issu au milieu de la Première Guerre mondiale. Il le transforma alors en une réalité esthétique.

Il ne chercha pas dans cette perspective à légitimer son projet radical par le biais de la théorie philosophique et psychanalytique. Dans ses *Manifestes Dada*, Tristan Tzara définit ainsi le mouvement comme une « antiphilosophie »[50]. Il voulait dire par là que Dada se méfiait profondément de tout modèle intellectuel même apparemment révolutionnaire. Une telle méfiance, chez Tzara, concernait d'ailleurs également la psychanalyse.

En ce sens, le surréalisme de Breton demeura intimement lié à une certaine tradition occidentale, malgré sa prétention au surnaturel et au magique. Sa politique reposa sur le modèle marxiste pendant de

---

[50] TRISTAN TZARA. *Manifestes Dada. Lampisteries*. Paris: Jean-Jacques Pauvert, 1963.

nombreuses années, comme le démontrent en particulier les titres des principales publications surréalistes originelles, de *La Révolution surréaliste* au *Surréalisme au service de la Révolution.*

La révolution constituait le concept rationaliste par excellence, puisqu'elle découlait de la pensée hégélienne de l'histoire et de la croyance profonde en le progrès. Marx avait été lui-même un héritier des Lumières: il était convaincu que la réalité socio-économique était le seul espace dans lequel une nouvelle forme de liberté pouvait surgir.

Dada fut alors beaucoup plus anti-occidental dans sa perspective critique que le surréalisme. À cet égard, la célébration par Breton du magique et du surnaturel, dès *Le Manifeste du surréalisme* de 1924, n'était pas liée à l'ordre mythologique et symbolique des sociétés primitives et tribales, mais plutôt aux mondes imaginaires des contes médiévaux français de Perrault. En fait, il n'y eut aucune mention dans ce manifeste de traditions culturelles non-européennes quelles qu'elles soient.

Breton aborda d'abord le problème complexe de la folie dans son récit *Nadja*[51]. Puisque son personnage féminin principal avec lequel le narrateur nouait une relation intime souffrait de troubles mentaux, il devait inévitablement présenter une vision romantique de la folie. Elle signifiait surtout pour lui un pouvoir unique de vision au cœur de la vie quotidienne. Nadja, en ce sens, était plus une magicienne qu'une personne malade ou une âme en peine (une victime). Il la définit comme un être errant (*l'âme errante*), en insistant ainsi sur sa nature poétique et imaginative.

Dans la dernière partie de son livre, Breton attaqua l'establishment médical de son époque, qu'il accusa d'être insensible dans son traitement des patients atteints de troubles mentaux. La psychiatrie constituait dans cette perspective une pratique clinique oppressive: son but était de maintenir le patient dans un état de subjugation et de dépendance psychologique totale. Cette attaque impliqua une critique sans fard de l'institution même de l'asile psychiatrique où, selon les propres mots de l'auteur, « on *fait* les fous tout comme dans les maisons de correction on fait les bandits.[52] »

Tous les internements étaient selon lui arbitraires. Ils exprimaient la négation de la liberté individuelle par la société, soit avant tout la liberté de penser et de créer. « Ils ont enfermé Sade. Ils ont enfermé

---

[51] ANDRÉ BRETON, *Nadja*, Paris: Gallimard, 1990.

[52] BRETON, *Ibid,* p. 161.

Nietzsche. Ils ont enfermé Baudelaire »[53], écrivait-il à ce sujet. Le problème social de la folie, en ce sens, concernait d'abord le poète et le philosophe : il touchait bien à la question essentielle et éternelle du conflit entre l'art et le pouvoir, au-delà de son inscription strictement scientifique et médicale.

Plus tard en 1948, Breton écrivit un article sur l'art produit par des schizophrènes. Il était intitulé: *L'Art des fous la clé des champs* et fut repris plus tard dans son ouvrage de critique d'art *Le Surréalisme et la peinture*, qui fut publié pour la première fois en 1965[54]. Il faut faire remarquer ici que ce titre est quelque peu trompeur, dans la mesure où les essais de critique d'art de Breton débordent largement du cadre strict de la peinture.

L'un des textes les plus importants de ce recueil est ainsi consacré à Duchamp et intitulé *Phare de la mariée*. Breton y souligne l'intérêt artistique de ses « interventions dans le domaine plastique », pour bien mettre en évidence l'abandon par Duchamp de la peinture rétinienne. En outre, Breton se livre à des commentaires élogieux sur les rayogrammes de Man Ray, issus de l'expérimentation technique dans le domaine de la photographie. Enfin, le mot : 'surréalisme', ici, semble ignorer le discours de Breton sur des œuvres et démarches extérieures à la fois historiquement et esthétiquement au mouvement surréaliste, de Picasso à l'art des aliénés.

Breton célébra dans *L'Art des fous la clé des champs* la liberté d'expression absolue de l'art des schizophrènes. Dans la France de l'après-guerre, le surréalisme était déjà devenu un mouvement établi: sa fièvre révolutionnaire originelle s'était indiscutablement affaiblie. Dans cette perspective, Breton publia presque simultanément son *Ode à Charles Fourier*[55], un long poème qui montra son attirance marquée pour des formes utopiques de pensée sociale et politique après sa rupture officielle avec l'idéologie communiste.

L'art des fous représentait l'enfance pure de l'art que Breton avait célébrée dans *Le Manifeste du surréalisme* de 1924. Il incluait trois éléments principaux: d'abord, l'idée de l'artiste autodidacte, c'est-à-dire n'ayant reçu aucune éducation académique traditionnelle, ensuite

[53] *Ibid*, p. 166.

[54] ANDRÉ BRETON, *Le Surréalisme et la peinture*, Paris: Gallimard, 1965.

[55] *L'Ode à Charles Fourier* figure dans l'édition collective des *Poèmes* de Breton, publiée en novembre 1948 par Gallimard, pp. 237-358. Elle a ensuite été republiée avec une introduction de Jean Gaulmier, Paris: Librairie Klincksieck, 1961.

l'idée de l'artiste travaillant hors de tout cadre institutionnel, et enfin l'idée de la spontanéité débridée de l'artiste, notion que Breton avait mise en valeur dans son premier manifeste.

Dans son article, Breton déplora l'état général de la critique d'art dans la France de l'après-guerre, qui était caractérisée selon lui par le conformisme intellectuel et par sa tendance à flatter les puissants et à célébrer des artistes déjà consacrés. On ne pouvait dès lors attendre d'elle qu'elle prenne des risques et explore des terres inconnues dans le domaine de l'art moderne.

Parmi les exemples d'artistes schizophrènes que Breton choisit dans son article, on trouva le Suisse Wölfli et son armoire peinte ainsi qu'Aloyse, représentée par des œuvres comme *L'Hymne à la terre, La Toge* et *Victoria dans le manteau impérial pontifical.* Il ne se livra pas ici cependant à une véritable analyse détaillée d'œuvres spécifiques, selon la perspective du critique d'art classique, mais bien à une réflexion d'ordre général marquée par une sensibilité essentiellement poétique.

Le titre de l'article établissait nettement le rapport entre la question de la folie et celle de la liberté, puisqu'il s'agissait bel et bien de s'emparer de la clé des champs et donc de pouvoir fuir la société et ses lois rigides, à la fois sociales et esthétiques[56]. Breton écrivit à cet égard : « À nos yeux, le fou authentique se manifeste par des expressions admirables où jamais il n'est contraint, ou étouffé, par le but « raisonnable ». Cette liberté absolue confère à l'art de ces malades une grandeur que nous ne retrouvons avec certitude que chez les Primitifs.[57] »

Dans son article, on trouva également une référence au cas de la malade Aimée étudié par Jacques Lacan dans son ouvrage *De la Psychose paranoïaque dans ses rapports avec la personnalité,* issu de sa thèse de doctorat en médecine[58]. Breton souligna le caractère magistral de cette étude qui reconnaissait en particulier les dons littéraires de la patiente. Pour Breton, il s'agissait ainsi de montrer que la science médicale, malgré le pouvoir indiscutable des conservateurs

---

[56] Dans la même perspective, on sait combien le mot: 'champ' joue pour Breton un rôle essentiel dans l'expression de la liberté poétique, comme le prouve son ouvrage de jeunesse écrit en collaboration avec Philippe Soupault, *Les Champs magnétiques*.

[57] BRETON, "L'Art des fous la clé des champs" in *Le Surréalisme et la peinture, op.cit.*, p. 400.

[58] Paris: Points/Seuil, 1980. Cet ouvrage parut pour la première fois chez Le François à Paris en 1932.

et des traditionalistes, pouvait s'ouvrir à ces questions délicates et affirmer des positions plus progressistes. Ces positions incluaient nécessairement l'idée de l'art et de la littérature comme planches de salut du malade et comme sources de sa guérison possible.

L'artiste dit fou était un vrai rebelle. Après tout, Breton avait défini l'acte surréaliste par excellence dans *Le Second manifeste du surréalisme* de 1930 : celui de l'homme qui descend dans la rue et tire au hasard sur la foule avec un revolver. Cet acte exprimait que le surréalisme était enraciné dans une philosophie de la révolte sociale et esthétique. La folie impliquait une définition négative de toute forme de rationalité. Indiscutablement, cela signifiait également que l'artiste était un paria et qu'il ne pouvait s'inscrire dans la société et dans son ordre culturel.

Les souvenirs particulièrement sombres de la Deuxième Guerre mondiale étaient encore présents dans l'esprit de beaucoup, dont Breton lui-même. Les nazis avaient dans cette perspective considéré les fous comme les ennemis de la race aryenne, qui se devait d'être pure et donc sans tare physique ni psychologique. Ils méprisaient leur faiblesse mentale et leur incapacité à se soumettre aux normes sociales strictes. Ainsi firent-ils l'objet de persécutions systématiques sous le Troisième Reich.

La folie, en 1948, possédait dès lors une signification politique et historique profonde. Elle constituait un symbole de liberté et une forme de résistance contre le totalitarisme. Le gouvernement de Vichy ne fut pas meilleur sur cette question précise. Il poursuivit en effet des politiques elles aussi répressives à l'encontre des malades mentaux, qui étaient le plus souvent détenus dans des conditions affligeantes.

Le schizophrène, pour le fascisme, représentait dans cette optique une forme d'altérité radicale, un symbole irréductible de la différence qu'il fallait nécessairement dominer et punir. Il ne s'inscrivait pas, à cause de son asocialité, dans le modèle sacro-saint du travail, de la famille et de la patrie érigé par Pétain.

Les fascismes allemands et italiens, en particulier, cultivèrent le mythe du progrès, c'est-à-dire essentiellement le pouvoir souverain de la science et de la technique sur l'existence humaine. Cette suprématie de la rationalité reflétait une idéologie politique totalitaire qui devait logiquement exclure tous ceux qui n'obéissaient pas à son dogme.

L'artiste fou était un artiste sauvage, une sorte d'homme des bois qui n'avait pas besoin de la société pour exprimer sa subjectivité. Quelques années plus tôt, durant son exil américain, Breton avait visité les communautés indiennes des Hopis dans le Sud-Ouest des États-Unis. Il était tout de suite tombé amoureux de leur culture et en particulier de leur art populaire.

Celui-ci le rendit conscient de la relation fondamentale entre art moderne et primitivisme. L'art des fous alla encore plus loin dans cette direction choisie par l'artiste tribal qui était aussi lié à l'héritage de ses ancêtres et au pouvoir écrasant de la nature. En d'autres termes, il était un artiste « sur-primitif ».

Breton, dans son article, insista bien à cet égard sur le fait que de nombreuses sociétés, contrairement à l'Occident moderne, avaient respecté et même honoré les fous, des civilisations de l'Antiquité aux cultures arabes. Pour les Anciens, en particulier, la folie était le signe de l'intervention divine. L'exclusion des fous et leur négation pure et simple étaient ainsi la conséquence du pouvoir écrasant du rationalisme au XXe siècle. Ce rationalisme était selon lui capable de grandes violences envers ceux qui refusaient de se soumettre à ses principes et à ses valeurs.

Dans *L'Art des fous la clé des champs* comme dans *Nadja*, Breton démontra que la folie impliquait avant tout un regard simultanément halluciné et lucide. On sait que dans *Nadja,* en particulier, les yeux de la jeune femme furent décrits par le narrateur avec un lyrisme exalté : « J'ai vu ses yeux de fougère s'ouvrir le matin sur un monde où les battements d'ailes de l'espoir immense se distinguent à peine des autres bruits qui sont ceux de la terreur et, sur ce monde, je n'avais vu encore que des yeux se fermer.[59] » Le fou (ou la folle) est muni d'un don de voyance : il voit à travers les choses et c'est en cela qu'il est un artiste né. Son regard traverse le monde visible pour mieux s'arrêter sur le sens insoupçonné des signes et des images.

L'art des fous était bien un *art brut*, c'est-à-dire en même temps un art direct et non-poli (comme on parle d'un diamant brut). Dans l'introduction de son article, Breton se référa d'ailleurs à Jean Dubuffet, la principale figure de ce mouvement d'art d'avant-garde. Breton mourut en 1966 : c'est précisément durant et peu après cette période troublée que des mouvements artistiques et philosophiques radicaux réhabilitèrent à leur manière la folie dans leur propre projet.

Cette époque vit ainsi le développement de théories originales sur le psychisme humain, de l'*Antipsychiatrie* de Ronald Laing à l'*Anti-*

[59] BRETON, *Nadja, op. cit.*, pp. 130-32.

Œdipe[60] de Deleuze et Guattari. Ces nouveaux modes de pensée mirent prioritairement en cause la légitimité d'une approche purement rationnelle des états mentaux soi-disant dysfonctionnels et asociaux. Ils eurent une influence certaine sur l'esprit de Mai 68 et sur tout un courant de thérapies alternatives visant à remettre en question le rôle des institutions médicales traditionnelles dans le traitement des malades mentaux.

On doit faire remarquer à cet égard que l'une des idées principales développées par Charles Fourier au début du XIXe siècle, c'est-à-dire le besoin d'un retour à la nature et à un mode de vie plus équilibré dans de petites communautés rurales, fut adoptée de manière enthousiaste par les soixante-huitards. Tous deux virent ce retour à la nature comme un moyen d'échapper à l'aliénation fondamentale du monde moderne.

Le Breton de 1947 et 1948, alors, jeta les bases d'une politique transgressive qui s'avéra plus durable que ses idéaux révolutionnaires originels. La folie était ainsi un autre mot pour la passion, celle de l'art, de l'amour et de la politique. Fourier lui-même avait rassemblé ces deux notions dans sa propre forme de socialisme utopique : le langage débridé de sa philosophie politique exprima l'urgence des passions humaines et l'impossibilité morale d'y résister.

La même époque vit la naissance et le développement de nouveaux mouvements d'avant-garde internationaux, dont Fluxus. Comme l'art des fous défini et étudié par Breton, Fluxus insista sur l'indépendance de l'artiste par rapport à toute institution artistique, en particulier par rapport aux musées traditionnels. Il affirma que l'art pouvait être créé et vu n'importe où, dans tout espace public situé hors de l'institution. Bien évidemment, ce « n'importe où » renforça la signification propre de l'ailleurs, soit d'un espace original de l'art qui était très différent de l'espace du travail quotidien et des activités économiques et sociales habituelles.

De nombreux artistes de Fluxus étaient autodidactes, en particulier Robert Filliou. Ce dernier s'opposa ainsi à la souveraineté du savoir académique et technique en art, comme le démontre son « principe des équivalents généraux.[61] » Selon ce principe, qui prit la forme d'une

---

[60] GILLES DELEUZE et FÉLIX GUATTARI, *L'Anti-Œdipe. Capitalisme et schizophrénie*. Paris: Minuit, 1995.

[61] Voir à cet égard Pierre TILMAN, *Robert Filliou : nationalité poète*, Dijon: Les Presses du réel, 2007.

équation originale, l'œuvre d'art mal faite était égale à l'œuvre d'art bien faite qui elle-même était égale à l'œuvre d'art non-faite. Il imposa alors la figure de l'artiste unique (du génie) dépourvu pourtant de tout talent spécifique.

Dans une telle perspective, l'art n'était plus seulement le reflet de ce que l'artiste savait ou faisait, mais aussi et même surtout de ce qu'il ne savait ni ne faisait pas. La réalité existentielle de l'art, pour Fluxus, celle du présent et de différents happenings ou performances aléatoires, devint alors plus déterminante que sa dimension purement esthétique.

Manifestement, Fluxus développa un nouveau temps et un nouvel espace de l'art. Ils impliquaient un retour à l'identité spontanée de l'art, puisque l'œuvre d'art ne nécessitait plus un processus long et ardu de composition. On pouvait ainsi rassembler divers objets quotidiens, des boîtes d'allumettes aux cartes postales, et être malgré tout un vrai artiste, comme le prouvent parfaitement les collections originales de Robert Filliou. En ce sens, Fluxus représentait un art fou sans la condition clinique et tragique da la vraie folie.

Ce mouvement s'inscrivait dans une culture de contestation qui était née dans les années soixante et s'était poursuivie dans les années soixante-dix. On pourrait la qualifier d'anarchiste. Mais je préfèrerais personnellement la rapprocher de l'esprit de Dada. Fluxus, en effet, constitua le principal mouvement néo-dadaïste de l'après-guerre. Si Dada apparut en plein cœur de la tourmente de la Première Guerre mondiale, Fluxus naquit à une époque où plusieurs guerres coloniales et impérialistes, de l'Algérie au Vietnam, étaient menées par les puissances occidentales.

L'image du chaos universel hanta de manière constante ces deux mouvements. La folie de l'art, dans cette perspective, n'était que le simple reflet de la folie environnante. Fluxus comporta également une attaque délibérée contre la rationalité occidentale. L'itinéraire biographique de Robert Filliou, qui avait d'abord étudié l'économie aux États-Unis avant de devenir un artiste et ensuite un adepte et un pratiquant convaincus du bouddhisme zen dans la dernière partie de sa vie, démontre parfaitement ce conflit.

La rationalité ne constituait qu'un stratagème et un simulacre développés par l'ordre social et culturel dans le but d'empêcher les gens de s'exprimer librement. Elle avait ainsi corrompu le monde de l'art lui-même : Dada et Fluxus soulignèrent tous deux cette situation problématique et décidèrent de lutter contre elle avec tous les moyens à leur disposition.

Fluxus rejoignit ainsi certains des aspects les plus importants de l'art brut dans son insistance sur l'expression à tout prix de l'artiste. Cette expression irrésistible contredisait en quelque sorte la notion classique d'œuvre, issue de la tradition académique et de la raison occidentale, notion que Marcel Duchamp avait déjà ébranlée dans ses ready-mades.

L'artiste de Fluxus ne faisait pas d'œuvre, il pouvait même ne rien faire, dans la mesure où cette notion renvoyait à un héritage déjà ancien et surtout normatif, celui de la prédétermination de l'art sans intervention du hasard. L'artiste dit fou ne désirait que s'exprimer, lui aussi. Son art n'existait que dans l'instant de la création, hors de tout projet préconçu.

Fluxus prolongea ainsi d'une façon originale l'esprit du Breton de *L'Art des fous la clé des champs*. Il revendiqua dans ses divers modes d'expression artistique une folie douce, fondamentalement privée de violence et d'instinct de mort. La folie devait participer de l'existence la plus crue: elle ne constituait absolument pas une contradiction de celle-ci.

Le personnage de Nadja, chez Breton, avait déjà exprimé cette douceur possible de la folie, au-delà de l'inévitable conflit entre le sujet et l'ordre social ou entre le rêve et la réalité. En outre, ces deux mouvements insistèrent sur l'identité communautaire de la folie, s'efforçant ainsi de contredire la solitude essentielle du schizophrène. La folie, dès lors, sous sa forme douce, permettait la constitution d'un lien social spécifique.

Un homme doué d'imagination ne peut jamais vraiment être fou. C'est ce que Breton voulut dire essentiellement dans cet article. L'imagination était la faculté qui devait nécessairement sauver l'homme de sa condition précaire et étouffante. Une telle affirmation possédait une signification particulièrement aiguë dans la France de l'après-guerre, par rapport au credo intellectuel dominant. Car ces années d'après-guerre, on le sait, furent marquées avant tout par l'existentialisme sartrien, soit par une philosophie rationaliste qui proposa en particulier une critique radicale de l'imaginaire surréaliste.

Breton était né à la fin du XIXe siècle, à l'époque où Freud écrivit son *Interprétation des rêves*, qui fut publiée en 1900[62]. La plupart de

---

[62] SIGMUND FREUD, *Le Rêve et son interprétation*, Paris: Gallimard, 2001.

ses références intellectuelles majeures appartenaient à ce siècle, y compris Fourier et Feuerbach. À de nombreux égards, Breton fut un révolutionnaire du XIXe siècle transposé dans le XXe.

Sa vision du changement social était profondément influencée par l'époque à laquelle il était né. Son concept de folie ne pouvait dès lors être authentiquement moderne, dans la mesure où celle-ci était chez lui soit idéalisée par le récit autobiographique soit formalisée par la critique d'art, même hautement subjective.

Son approche personnelle de l'art des fous impliqua en outre un souci éthique profond. Dans la conclusion de son article, Breton insista ainsi sur le renoncement du créateur schizophrène à toute forme de vanité et de réussite sociale. Cette attitude de renoncement pouvait sembler quelque peu pathétique, mais elle rendait néanmoins compte d'une exigence rare. Selon ses propres mots, « L'art de ceux qu'on range dans la catégorie des malades mentaux constitue un réservoir de santé morale.[63] »

Le mot : 'folie', chez Breton, était lié à celui d'amour, comme le prouve son ouvrage *L'Amour fou*[64]. Il exprimait le sens d'un excès et d'un dépassement des limites de l'esprit et du corps dans la quête de l'absolu. En ce sens, Breton considéra peu la part de mort et de destruction qui est liée à l'expérience concrète de la folie. Il préféra éclairer la positivité de l'acte créateur posé par les schizophrènes, ou dans le cas de Nadja, le pouvoir de transcendance et de fusion issu de la rencontre intime de la perturbation psychique.

L'art des fous faisait sortir le phénomène même de la folie de ses ténèbres originelles pour mieux l'exposer à la lumière éclatante du rêve et de l'imaginaire. La folie, pour Breton, constituait bien alors une source lumineuse capable d'irradier le monde, comme le prouve métaphoriquement l'affiche publicitaire de la lampe Mazda sur les grands boulevards reproduite dans *Nadja*.

On peut parler dans cette optique d'un processus d'esthétisation de la folie. Breton vit ainsi surtout en elle une beauté insolite. Dans sa propre définition de la beauté à la fin de *Nadja*, l'image de la folie apparut d'ailleurs de manière implicite. « La beauté convulsive », en effet, renvoyait clairement aux mouvements brusques d'un corps en état de choc.

---

[63] BRETON, "L'Art des fous la clé des champs", *op.cit*, pp. 405-406.

[64] Paris, Gallimard, 1937.

La métaphore conjointe du sismographe suggérait elle aussi cette fébrilité maladive du corps du schizophrène soumis à des délires et à des hallucinations. Une telle esthétisation permettait de surmonter en quelque sorte la victimisation habituelle des fous par l'ordre social. L'image de la folie pouvait ainsi être conjuguée à celle d'une joie procurée par un regard capable de saisir et de percer l'énigme de la réalité.

Le XIXe siècle fut le siècle du romantisme et des philosophies sociales utopiques. Breton fut l'héritier privilégié d'une telle tradition dans son discours sur la folie. L'artiste schizophrène représentait ainsi pour Breton une nouvelle figure de l'artiste maudit. Cette figure avait été précisément développée au XIXe siècle, au temps de Baudelaire et de Van Gogh. Ces derniers avaient d'ailleurs été accusés de fous par la société (tout comme Edgar Poe). La folie traduisait en ce sens un phénomène d'exclusion radicale et irrémédiable.

Le XIXe siècle, en effet, fut aussi celui de la révolution industrielle et du développement du capitalisme. Ceux-ci reposèrent sur le pouvoir croissant de la science et de la technique. Ainsi exprimèrent-ils le nouveau pouvoir absolu de la raison. Dans un tel contexte social, économique et culturel, la folie constituait une forme de transgression et de négation profondes des valeurs bourgeoises dominantes. Elle s'avérait dès lors inacceptable pour l'ordre social.

Soixante ans après la mort de Breton, le problème de la folie demeure en grande partie un tabou dans le monde occidental. Il est presque exclusivement pris en charge par la profession médicale et est pratiquement absent des médias, de l'art ou de la littérature. Cette approche scientifique engendre une marginalisation certaine, malgré l'évolution positive des techniques thérapeutiques aujourd'hui plus humaines. Le malade mental a peut-être changé de nom, sous la pression du *politically correct*, mais ce changement d'appellation ne signifie pas cependant que son identité sociale ait été améliorée de façon significative.

Le discours contemporain sur les minorités, qui tient on le sait une place importante dans le monde académique, en particulier anglo-saxon, prend d'ailleurs peu en considération la folie. Ce discours se concentre en effet avant tout sur des différences et des spécificités culturelles, ethniques, sexuelles et de genre. Les malades mentaux, dans cette perspective, ne suscitent qu'un intérêt limité. L'identité psychologique du sujet, ainsi, ne semble pas faire partie des minorités établies.

Le pouvoir de la raison, qui est représenté par l'ordre global de la technologie et du marché, est encore plus prédominant aujourd'hui qu'à l'époque de Breton ou de Fluxus. Dès lors, la folie demeure plus que jamais un problème politique. Elle s'oppose par essence aux valeurs du système global actuel. Le tabou contemporain de la folie s'attache par ailleurs au milieu de l'art lui-même, aujourd'hui dominé par l'art conceptuel, c'est-à-dire par des démarches cérébrales et calculées qui absentent souvent l'expression de l'irrationnel dans des stratégies distanciées de représentation, de la vidéo à l'installation. La folie de l'art brut, elle, renvoyait encore à une expression lyrique du sujet et à un chant intérieur.

L'objectivation de l'art par la technologie et les nouveaux médias au XXIe siècle ne peut qu'étouffer de telles expressions. Elle participe ainsi malgré elle d'une logique globale de la rationalité à grande échelle. Cet art se veut *cool* ou *soft*, alors que par définition la folie, dans son identité clinique, contient une intensité et une force d'engagement qui sont aussi celles de la souffrance vécue au plus profond de l'être.

L'art des fous représente pourtant encore une forme de sagesse, celle de l'imagination sans entraves. C'est cette sagesse que Breton s'efforça d'éclairer dans le cadre de l'histoire du surréalisme, ce qu'il appelle à la fin de son article « l'authenticité totale » de l'artiste schizophrène dans son indifférence profonde à toute forme de gratification sociale[65]. La folie de l'art n'est rien comparée à la folie de la réalité. Elle en appelle à la fois à nos sens et à notre intellect.

En 1948, l'image de la folie absolue fournie par l'humanité avait seulement trois ans d'âge, après la fin de la Seconde Guerre mondiale et l'explosion de la bombe atomique sur Hiroshima. L'art des fous offrit dès lors à Breton l'espoir d'un monde meilleur rempli d'images uniques et de motifs originaux de représentation esthétique.

---

[65] Dans *Le Manifeste du surréalisme* de 1924, Breton célébra déjà la rigueur morale des fous. Il écrivit ainsi: "Ce sont gens d'une honnêteté scrupuleuse, et dont l'innocence n'a d'égale que la mienne". (ANDRÉ BRETON, *Manifestes du surréalisme*, Paris: Gallimard/Folio, Essais, 2003, p. 15).

Le surréalisme, made in USA

On assiste depuis plusieurs années aux États-Unis à un regain d'intérêt pour le surréalisme et son histoire. Il ne faudrait pas en déduire pourtant que les périodes précédentes avaient été marquées par une désaffection profonde des milieux académiques et artistiques vis-à-vis de ce mouvement. Il faut bien constater, cependant, que les deux dernières décennies ont été dominées d'un point de vue culturel et intellectuel par des perspectives critiques liées essentiellement à l'affirmation de nouvelles minorités raciales, culturelles et sexuelles. On a tendance à réduire ou même à classer celles-ci sous l'étiquette du « politiquement correct », avec toutes les connotations péjoratives associées à cette expression.

Cette approche est parfois perçue en France comme un nouveau mode de pensée dogmatique. Elle a pourtant produit un certain nombre d'études qui sont dignes d'attention, au-delà du seul aspect idéologique ou circonstanciel de la démarche. Un des problèmes les plus importants liés à ces discours minoritaires a été leur insistance sur des pratiques littéraires et artistiques contemporaines. On en est venu alors à se détourner d'une certaine histoire de l'art et de la littérature modernes pour se concentrer sur des auteurs et des artistes issus de cultures dites périphériques du monde francophone hors de l'hexagone.

Des intentions certes louables débouchèrent sur une nouvelle marginalisation de l'avant-garde de la première moitié du XXe siècle, dans la mesure précisément où celle-ci s'était avant tout développée en Europe plus qu'en Afrique noire, dans le monde arabe ou dans les Antilles. Ce qui constitua une réalité historique incontournable et permit également de définir l'identité artistique du surréalisme devint une forme de manque intellectuel sur lequel il fut possible de jeter un soupçon.

On sait que le surréalisme projeté par André Breton se voulait un mouvement universel et pas seulement français ou même européen. Cette dimension universaliste découlait de la croyance profonde en des valeurs à la fois esthétiques et politiques qui devaient transcender les limites géographiques ainsi que les différences culturelles, de la révolution à l'exploration libre du rêve et de l'inconscient dans l'art et l'écriture.

Il faut bien reconnaître cependant que le point de vue intellectuel d'André Breton défini par ses manifestes reposa essentiellement sur un héritage occidental, celui de Marx et de Freud, bien sûr en premier lieu, mais aussi de Feuerbach, Hegel et Fourier[66]. Breton avait beau décrier à maintes reprises la tradition rationaliste de la philosophie, il ne pouvait pourtant pour appuyer sa démonstration que faire appel à des penseurs qui étaient eux-mêmes en grande majorité issus de cette tradition. L'appel de l'irrationnel découlait par ailleurs chez lui d'une relation privilégiée à une certaine histoire littéraire issue du moyen-âge, celle du merveilleux, et non pas à des croyances ou pratiques magiques appartenant à des cultures extra-européennes, africaines ou amérindiennes[67].

Dans les deux manifestes du surréalisme, celui de 1924 comme celui de 1930, on ne trouve presque aucune allusion à ces cultures: l'irrationnel est envisagé par Breton en ce sens dans sa configuration occidentale. Dans la mesure où Breton conçut le surréalisme comme un mouvement prioritairement poétique, et donc dans une perspective qui était surtout celle de l'écriture littéraire à travers la théorie de l'automatisme, il lui était sans aucun doute difficile de prendre en considération des héritages culturels qui se fondaient en priorité sur l'oralité et sur la poésie parlée. L'automatisme, ainsi, affirmait une politique de la poésie (et pas seulement une esthétique) inscrite dans une certaine histoire de l'Europe, celle qui avait été marquée pour toujours par l'invention de l'imprimerie et avant cela même, par le travail obstiné des scribes à l'époque médiévale[68].

---

[66] ANDRÉ BRETON, *Manifestes du surréalisme*, Paris: Folio/Essais, 2003.

[67] Dans son manifeste de 1924, Breton écrit ainsi: « Tranchons-en. Le merveilleux est toujours beau, n'importe quel merveilleux est beau, il n'y a même que le merveilleux qui soit beau. (24-25). » Il cite alors comme « preuve admirable » de ce merveilleux *Le Moine* de Lewis.

[68] Dans *Le Manifeste du surréalisme* de 1924, Breton définit le surréalisme comme : « L'automatisme psychique par lequel on se propose d'exprimer, soit verbalement soit par écrit, soit de toute autre manière, le fonctionnement réel de la pensée. » (36).

On sait qu'André Breton fut un collectionneur avisé de l'art indigène. Les comparaisons entre l'esthétique surréaliste et celle du primitivisme (ce qu'on appelle aujourd'hui les arts premiers en référence au nouveau musée du quai Branly) n'ont d'ailleurs pas manqué[69]. Pourtant, on notera que ce sont surtout les personnalités dissidentes du surréalisme, comme Antonin Artaud, Henri Michaux, Michel Leiris et Roger Caillois, qui se sont penchées avec la plus grande attention sur les cultures extra-européennes, leur production mythologique et leur imaginaire original[70]. Pour Breton, par contraste, l'autre demeura pendant longtemps une figure distante et quelque peu abstraite.

Le surréalisme se constitua à sa fondation depuis Paris. L'univers proprement géographique ou topographique qui domine dans cette perspective l'œuvre de Breton, mais aussi celles d'Aragon, de Desnos et d'Éluard, est bien associé constamment avec la capitale française, dont les images à la fois intrigantes et familières traversent ainsi le récit de *Nadja*[71]. En ce sens, le surréalisme définit très vite un centre exclusif et par rapport à lui, des pratiques et des enracinements périphériques. C'est ce qui explique alors les conflits qui opposèrent Breton et les surréalistes belges. Il suffit de songer à l'échec du séjour parisien de Magritte dans les années vingt, au cours duquel celui-ci rencontra l'incompréhension de Breton et de ses collègues, ce qui déboucha pour le peintre sur l'exécution de diverses toiles bâclées qui furent rassemblées sous le titre nettement ironique de « période vache.[72] »

La parole n'est donc pas étrangère à une telle perspective, mais elle demeura néanmoins secondaire dans l'histoire même de la poésie surréaliste.

[69] L'un des exemples les plus singuliers et les plus frappants de ce rapport est sans doute celui de *Noire et blanche*, la photographie de Man Ray figurant Kiki de Montparnasse posant aux côtés d'un masque africain de Côte d'Ivoire, et qui date de 1926.

[70] Citons à cet égard *Un Barbare en Asie* et *Un Idéogramme en Chine* d'Henri Michaux, *Les Tarahumaras* d'Antonin Artaud, *L'Afrique ambiguë* de Michel Leiris ou *L'Homme et le sacré* de Roger Caillois.

[71] ANDRÉ BRETON, *Nadja,* Paris: Gallimard, 1964. Citons également dans cette perspective *Le Paysan de Paris* de Louis Aragon, dont le récit repose en grande partie sur une exploration intense de l'espace urbain de la capitale française.

[72] J'ai développé ce caractère difficile des relations initiales entre Magritte et Breton dans le chapitre « Récapitulation » de mon ouvrage *Surmodernités : entre rêve et technique*, Paris : L' Harmattan, collection Ouverture Philosophique, 2003, pp. 127-152.

Dans cette optique, le surréalisme fut universaliste dans ses propositions théoriques mais pas nécessairement dans sa réalité concrète, malgré son opposition sans équivoque au colonialisme et à l'impérialisme français dans le tiers-monde[73]. La question de l'autre culturel demeura ainsi pour lui problématique. À ce sujet, on sait que Breton quitta la France sous l'Occupation pour s'installer pendant plusieurs années à New York.

Les déclarations de l'écrivain après la guerre sur son séjour aux États-Unis furent sans ambiguïté à cet égard : elles exprimèrent une hostilité certaine vis-à-vis de la culture américaine, de ses valeurs et de son mode de vie. Une telle culture, dominée tout particuliérement par le pragmatisme économique et le positivisme scientiste, ne pouvait susciter en effet de sa part que des réactions essentiellement négatives, ce qui n'empêcha pas cependant Breton d'y poursuivre ses activités artistiques, notamment dans sa collaboration étroite avec Marcel Duchamp[74].

Ce dernier point est particulièrement important pour mon propos, puisque je m'efforcerai de considérer ici la position occupée par le surréalisme à la fois dans l'Université et dans les musées américains. Cette position est encore aujourd'hui centrale, et même plus que jamais, pourrait-on dire. Cela devrait quelque peu étonner, dans la mesure précisément où le surréalisme ne fut jamais réellement dominant, en tant que mouvement collectif, dans l'histoire des avant-gardes aux États-Unis. Les mouvements qui marquèrent cette histoire au cours du XXe siècle (surtout dans sa seconde moitié) furent en effet l'expressionnisme abstrait et le Pop Art.

On pourrait aller encore plus loin et affirmer que, dans le cas de la littérature, le plus grand des écrivains surréalistes américains ne fut pas un véritable membre du mouvement, mais un précurseur, je veux parler d'Edgar Poe au XIXe siècle déjà. Son œuvre, marquée par le fantastique et le surnaturel, dans ses contes comme dans ses poèmes (dont l'exemple le plus célèbre est *Le Corbeau*) fut d'abord célébrée

[73] Voir à ce sujet la participation des surréalistes à l'exposition anti-colonialiste de 1931, *La Vérité sur les colonies*, organisée à Paris en collaboration avec le Komintern.

[74] Voir les *Entretiens* d'André Parinaud avec Breton, Paris : Gallimard/Idées, 1969. Breton y évoque en détail son séjour new-yorkais ainsi que sa collaboration avec Duchamp.

et traduite en France par Baudelaire[75]. Plus que Breton, c'est sans doute Magritte qui, parmi les artistes et écrivains surréalistes, lui rendit l'hommage le plus chaleureux, en particulier dans ses articles parus dans les diverses revues du mouvement surréaliste belge[76].

Plutôt que comme un authentique projet commun, l'art surréaliste s'exprima aux États-Unis par des pratiques créatrices individuelles et isolées. Dans ce contexte, il faut citer les noms de Man Ray et de Joseph Cornell, dont les fameuses boîtes définissent un imaginaire personnel de l'objet. La biographie de Man Ray, en particulier, nous montre bien que l'art surréaliste fut outre-Atlantique un domaine assez marginal et relativement peu intégré, puisque l'artiste américain s'exila en France pendant de nombreuses années avant de rentrer dans son pays natal.

Il est donc quelque peu paradoxal de remarquer cette prééminence du surréalisme à la fois dans les études critiques, les enseignements universitaires, les collections permanentes ainsi que les programmes d'exposition. Pour l'Amérique, le surréalisme incarne par définition la culture européenne, c'est-à-dire avant tout un autre culturel qu'il s'agit d'envisager et d'observer à distance.

Il est évident que dans la relation entre le surréalisme et la culture américaine, Marcel Duchamp a joué un rôle historique essentiel, d'abord par ses diverses activités de collectionneur et de commissaire de *La Société Anonyme*, qui permirent l'organisation d'expositions d'envergure consacrées à l'avant-garde européenne dès les années vingt, et ensuite par sa collaboration artistique étroite avec Breton[77]. Là encore, selon une autre articulation paradoxale, on peut dire que c'est le moins surréaliste des artistes associés historiquement au

---

[75] Citons ici en particulier la traduction par Baudelaire des *Aventures d'Arthur Gordon Pym* d'Edgar Allan Poe.

[76] Je renvoie une nouvelle fois ici à mon essai "Récapitulation", qui est consacré à la revue sur carte postale *La Carte d'après nature*, dans laquelle Magritte lui-même, en tant que rédacteur en chef de cette revue, rendit hommage à l'œuvre poétique de Poe. On sait par ailleurs que son tableau *Le Domaine D'Arnheim* fut directement inspiré par l'auteur du *Corbeau.*

[77] De nombreuses œuvres intégrées dans la collection de *La Société Anonyme*, dont *La Machine optique* de Duchamp, font aujourd'hui partie de la collection permanente de la Yale University Art Gallery à New Haven. Une exposition itinérante organisée dans plusieurs musées des États-Unis entre 2006 et 2008, dont la Philips Collection à Washington DC, a par ailleurs permis de redécouvrir les activités de cette association.

surréalisme qui fit avancer la cause du mouvement aux États-Unis à une période où il peinait encore à se faire connaître et reconnaître.

Duchamp, en effet, ne pratiqua jamais la peinture ou le dessin automatiques à la manière d'un André Masson, par exemple, cet automatisme que Breton, dans *Le Surréalisme et la peinture*, avait défini comme l'identité profonde de l'art surréaliste, dans le rejet de tout modèle extérieur au profit d'un modèle intérieur exprimant selon lui une subjectivité radicale et directe[78].

Il ne s'adonna jamais non plus à un art onirique ou hallucinatoire comme le firent Max Ernst ou Dali. Enfin, il ne participa pas aux divers débats idéologiques d'inspiration révolutionnaire qui animèrent longtemps les discours et les œuvres d'un Aragon, d'un Éluard ou d'un Péret. En ce sens, son lien au surréalisme fut tout à fait singulier.

Il est symptomatique à cet égard de constater que Duchamp est l'artiste qui a engendré le plus d'analyses et de commentaires critiques aux États-Unis, et ce depuis plusieurs décennies déjà, parmi tous les artistes d'avant-garde de la première moitié du XXe siècle. Par contraste, des figures telles qu'André Masson ou Max Ernst, pourtant essentielles dans la définition et la construction historique de l'art surréaliste et de son esthétique, sont restées négligées. La relation entre l'Amérique et le surréalisme demeure ainsi ambiguë et contradictoire, car Duchamp, par bien des aspects, nia les dogmes fondamentaux du surréalisme pour mieux le dépasser.

Il faut par ailleurs faire remarquer que les références littéraires majeures d'André Breton, que ce soit dans *Nadja, L'Amour fou* ou dans les manifestes, sont presque toujours des références françaises. Qu'il s'agisse en effet de Nerval, de Baudelaire, de Rimbaud, de Lautréamont ou d'Apollinaire, le fondateur du mouvement surréaliste fut profondément marqué par une certaine histoire de la poésie moderne de son pays.

L'avant-garde littéraire de son époque, dadaïste et surréaliste, fut ainsi peu sensible à l'héritage anglo-saxon en général et américain en particulier dans ce domaine (celui de Walt Whitman, par exemple). Cette imperméabilité souligne en quelque sorte la nature complexe

---

[78] Breton écrit à ce sujet: « La découverte essentielle du surréalisme est, en effet, que, sans intention préconçue, la plume qui court pour écrire, ou le crayon qui court pour dessiner, *file* une substance infiniment précieuse dont tout n'est peut-être pas matière d'échange mais qui, du moins, apparaît chargée de tout ce que le poète ou le peintre recèle alors d'émotionnel. » (*Le Surréalisme et la peinture*, Paris : Gallimard, 1965, p. 92).

des rapports du surréalisme à l'Amérique du Nord et à sa culture si particulière.

Il faut constater que le goût indiscutable de cette culture pour la représentation réaliste, des tableaux d'Edward Hopper au roman noir en passant par les films hollywoodiens, ne la rend pas par nature sensible aux exigences et aux idéaux formels du surréalisme. Dès lors, les ponts qui ont été construits par certains chercheurs issus des universités américaines ont dû être précédés d'incompréhensions culturelles diverses. D'un point de vue strictement politique, il faut également relever que l'adhésion de nombreux artistes et poètes surréalistes au communisme ne semblait pas a priori compatible avec l'identité d'une société vouée au culte du capitalisme et de l'idéologie libérale.

Dans le contexte précis de la pensée contemporaine, il apparaît clairement que le surréalisme doit aujourd'hui être abordé, aux yeux de l'Amérique, du point de vue du discours sur les minorités. Ce discours fut assez marginal chez Breton, même si celui-ci affirma à plusieurs reprises sa solidarité et ses affinités personnelles avec les luttes politiques des peuples du tiers-monde, en particulier les luttes anticoloniales, de l'Afrique du Nord en passant par la Martinique et Haïti[79].

S'il y a bien une culture, cependant, qui occupa une place de choix dans l'imaginaire surréaliste de l'autre, ce fut avant tout la culture latino-américaine, saisie dans sa diversité et sa richesse anthropologique. Cette situation privilégiée est liée tout autant à des circonstances biographiques personnelles de la vie de Breton et des autres poètes surréalistes qu'à des préoccupations intellectuelles et esthétiques communes. On sait, à cet égard, que Breton voyagea au Mexique dans les années trente et y rencontra Trotski et Diego Rivera avec qui il établit des liens amicaux[80]. On sait aussi que Péret vécut pendant de nombreuses années au Brésil et au Mexique.

---

[79] Dans *Prolégomènes à un troisième manifeste du surréalisme ou non*, datant de 1942 et publié dans ses *Manifestes du surréalisme*, *op. cit.*, Breton écrit à propos d'Aimé Césaire : « Il y a mon ami Aimé Césaire, magnétique et noir, qui, en rupture avec toutes les rengaines, éluardienne et autres, écrit les poèmes qu'il nous faut aujourd'hui à la Martinique. » (p. 152).

[80] Sur ce sujet, voir en particulier mon article: "Breton and Trotsky: the Revolutionary Memory of Surrealism", publié dans le numéro spécial de la revue Yale French Studies, *Surrealism and its Others*, Katharine Conley et Pierre

Au-delà de faits particuliers, cependant, le surréalisme développa ce rapport étroit à l'Amérique latine pour des raisons qui étaient à la fois artistiques et politiques[81]. Le mythe de la Révolution d'Octobre, en effet, exerça et continue même aujourd'hui à exercer une influence considérable sur l'identité politique de la gauche sud-américaine, de Sandino à Castro en passant par Hugo Chavez. De tous les peuples du tiers-monde, en effet, ceux d'Amérique latine ont été et sont encore aujourd'hui par tradition et par vocation, pourrait-on dire, les plus fidèles et les plus ardents défenseurs de la cause marxiste, envers et contre tout.

Les artistes et poètes surréalistes français ne pouvaient donc que sympathiser avec des peuples eux aussi passionnés par l'aventure révolutionnaire. En outre, l'attirance profonde de ces cultures pour la sensibilité magique, dans l'expression de leur imaginaire littéraire, devait naturellement mener à un rapprochement avec les surréalistes venus de France[82].

C'est ce lien interculturel essentiel qui est à l'origine de la création récente d'une revue telle que le *Journal of Surrealism in the Americas* (JSA), une nouvelle publication en ligne dédiée à l'étude du surréalisme sur l'ensemble du continent américain et à ses rapports avec le surréalisme européen. Une telle initiative s'avère judicieuse dans le contexte du développement actuel des études interculturelles déterminées surtout par le processus socio-économique, mais aussi culturel, de la mondialisation.

Elle accorde une large place à l'expression du surréalisme en Amérique latine. La proximité géographique de telles cultures, pour les États-Unis, détermine en effet une proximité intellectuelle qui se doit ainsi d'être nourrie par la réflexion critique. Par ailleurs, les problèmes sociaux découlant de l'immigration clandestine issue des pays situés au sud du continent américain, accentuent l'urgence et la

---

Taminiaux eds., Vol. 109, New Haven and London :Yale University Press, 2006, pp. 52-66.

[81] À cet égard, on peut remarquer que Breton consacre plusieurs articles critiques à l'œuvre plastique d'artistes sud-américains dans *Le Surréalisme et la peinture*, des Mexicains Tamayo et Kahlo en passant par le Cubain Lam et le Chilien Matta.

[82] Le meilleur exemple historique de ce rapprochement est sans doute celui du poète et essayiste mexicain Octavio Paz, qui fréquenta les surréalistes français lors de son séjour à Paris et dont l'œuvre exprime de manière continue une dette artistique à l'égard de ce mouvement.

pertinence d'une perspective qui refuse d'ignorer l'apport décisif de ces cultures à la culture nord-américaine contemporaine.

Il suffit de songer dans ce contexte à la création poétique de la communauté chicano (celle des immigrés mexicains de la seconde ou de la troisième génération et naturalisés américains) ou à ses nombreuses activités dans le domaine pictural (celui de l'art mural, en particulier). Ce n'est pas un hasard, à cet égard, si la revue JSA est publiée par l'Université de l'État de l'Arizona, un état du *Southwest* dans lequel la population d'origine hispanique occupe un rôle à la fois démographique, socio-économique et culturel important.

Il s'agit bien en ce sens d'actualiser le surréalisme et de l'adapter aux préoccupations les plus pressantes de la société américaine contemporaine. Pendant longtemps, en effet, on a pu considérer le surréalisme comme un mouvement figé dans une certaine histoire de l'art moderne et voué donc aux analyses pointues mais sans doute un peu trop académiques des critiques traditionnels. L'émergence de nouveaux discours critiques en prise directe sur les réalités de l'Amérique multiculturelle a permis alors d'inscrire le surréalisme dans un contexte historique auquel il ne semblait pas appartenir par nature.

Après tout, celui-ci a été marqué par des événements tels que la Révolution russe d'octobre 1917, les deux guerres mondiales ou même les guerres coloniales d'Algérie et du Maroc. Ces événements ont défini l'histoire occidentale du XXe siècle, mais plus sans doute d'un point de vue européen que d'un point de vue américain, même si les États-Unis s'engagèrent aussi dans les deux conflits mondiaux. L'histoire actuelle, qui est souvent identifiée à une posthistoire, est en fait d'abord celle du conflit des cultures devenu universel et de la mondialisation qui prétend le résoudre.

Le surréalisme, par contraste, naquit dans un monde encore bipolaire, divisé entre les démocraties libérales et le communisme soviétique. Il eut rapidement à se confronter par ailleurs à la montée du fascisme, une idéologie à laquelle il s'opposa de manière radicale. Les enjeux actuels du politique et de l'histoire sont de toute évidence très différents, puisque le fascisme au sens classique ne constitue plus une idéologie dominante de l'Europe et puisque le communisme s'est aussi effondré à l'Est.

Néanmoins, l'immense appel à la liberté individuelle exprimé par les manifestes d'André Breton résonne toujours fortement à travers le monde, et plus particulièrement dans l'Amérique contemporaine. Les valeurs philosophiques et politiques revendiquées par le surréalisme, telles que le refus de tout conformisme et l'opposition à l'ordre bourgeois ou encore l'affirmation des rêves et des désirs enfouis de l'homme, peuvent ainsi être appréhendées au-delà de leur spécificité culturelle.

C'est en cela que le surréalisme demeure aujourd'hui universel, et donc aussi assimilable par la culture américaine. Comme le faisait justement remarquer Magritte lui-même, le surréalisme constituait une attitude de révolte avant d'être une esthétique. Cette urgence de la révolte n'a pas disparu de notre monde, que du contraire. Partout où l'homme est opprimé et humilié par des pouvoirs politiques et des ordres culturels qui l'empêchent de s'exprimer et de réaliser ses rêves, le surréalisme s'affirme comme un mouvement capable de rassembler les hommes et de donner, par l'art et la littérature, un sens à leur vie.

Il est indiscutable que la rhétorique purement révolutionnaire du surréalisme, celle de *La Révolution surréaliste* et du *Surréalisme au service de la Révolution*, pour reprendre les titres des revues les plus importantes du mouvement dans sa phase initiale, doit maintenant être dépassée, puisqu'elle correspondait essentiellement à une période de l'histoire où l'Union Soviétique apparaissait encore comme un modèle politique pour les artistes et intellectuels de gauche. Les travaux contemporains de la nouvelle génération des universitaires américains, de Katharine Conley à Jonathan Eburne en passant par Adam Jolles[83], se concentrent plutôt sur des perspectives héritées du féminisme, du post-colonialisme ou encore des études critiques sur la *Popular Culture*.

Il s'agit de poser la question identitaire, culturelle ou sexuelle, à partir de l'art et de la littérature surréaliste. Ces travaux s'intègrent dans la mouvance générale de ce qu'on appelle aujourd'hui outre-Atlantique les *Cultural Studies*. Le mot : 'culturel', dans une telle

---

[83] Je veux me référer ici plus particulièrement à l'ouvrage de Katharine Conley, *Automatic Woman : The Representation of Woman in Surrealism* (Lincoln : University of Nebraska Press, 1996), à celui de Jonathan Eburne, *Surrealism and the Art of Crime* (Ithaca : Cornell University Press, 2009), ou aux travaux d'Adam Jolles sur les expositions surréalistes. Voir à ce sujet son essai « The Tactile Turn: Envisioning a Post Colonial Aesthetic in France », in *Surrealism and its Others*, *op.cit.*, pp. 17-38. Signalons enfin le numéro spécial de la revue South Central Review (32.1), "Dada, Surrealism and Colonialism", sous la direction de Martine Antle et Katharine Conley, publié au printemps 2015 par John Hopkins University Press.

expression se distingue à la fois du mot : 'politique' et du mot : 'esthétique'. Il correspond à un nouveau relativisme philosophique, qui considère ainsi les discours minoritaires dans leur signification critique et leurs revendications propres.

La question qu'il faudrait alors poser est la suivante: ce discours minoritaire faisait-il déjà partie du projet surréaliste à son origine ou exprime-t-il simplement une projection a posteriori qui permet d'insérer ce mouvement dans une sensibilité contemporaine? Après tout, le surréalisme s'ancra délibérément et essentiellement dans le modernisme, dont il transforma l'identité artistique de façon définitive. Peut-on, en d'autres termes, refaire son histoire et en produire une image inédite, certes, mais qui se détache à bien des égards des réalités de sa fondation?

Le projet ne manque ni d'audace ni d'originalité, en tout cas. Il implique que le surréalisme demeure présent sur la scène américaine contemporaine, qu'il « tient le coup », en quelque sorte, malgré l'assaut de certains critiques qui ont proclamé un peu hâtivement la mort des avant-gardes. On peut même avancer qu'il engendre ainsi de nouveaux réseaux de discussion et de pensée qui s'adaptent à la théorie actuelle et à ses exigences.

Dans ce contexte, il faut également souligner les activités de *l'Assocation for the Study of Dada and Surrealism*, qui existe depuis de nombreuses années et fut en son temps responsable de la publication d'une revue académique d'excellente qualité. Cette association connaît une seconde vie grâce surtout à sa liste Internet. Elle diffuse régulièrement des informations sur des colloques ou des publications relatives au surréalisme[84].

Elle organise elle-même régulièrement des panels ou sessions spéciales à l'occasion de la conférence annuelle de la Modern Language Association of America, qui se tient chaque année au début du mois de janvier dans une ville différente des États-Unis. Celle-ci réunit plusieurs milliers de participants, la plupart des professeurs et des étudiants en littérature, toutes langues confondues.

La notion de réseau inclut l'idée d'échanges continus entre des individus qui sont séparés par une certaine distance géographique mais qui sont en même temps rassemblés par des intérêts et des affinités communs. Elle joue un rôle de plus en plus important dans le

---

[84] Citons encore l'International Society for the Study of Surrealism, qui vient d'être créée et qui organisera une conférence à Bucknell University à l'automne 2018.

monde qui est le nôtre, dominé par l'Internet et les modes de communication instantanés. Elle prolonge par bien des aspects l'idéal communautaire qui fut au cœur du projet surréaliste défini par André Breton.

Une telle notion, en effet, permet de maintenir en vie une forme de communauté alors que le mode de vie dominant de l'homme de notre temps est au contraire déterminé par l'individualisme et l'atomisation sociale. Dans le réseau, le temps et l'espace changent profondément d'identité: ils se rétrécissent et affirment en ce sens une proximité incessante entre les hommes malgré toutes les impositions sociales qui tentent aujourd'hui de la contredire.

Dans cette perspective, l'Université occupe une place de choix. L'activité surréaliste dans l'Amérique contemporaine ne se réduit cependant pas au discours critique. Elle s'incarne également dans de nombreuses expositions et dans les collections des grands musées américains. Il faut à cet égard souligner le succès de l'exposition itinérante Dada de 2006, entre Paris, New York et Washington. Cette exposition portait plutôt mal son nom puisqu'elle incluait les œuvres de plusieurs artistes majeurs liés historiquement au surréalisme, de Max Ernst à Man Ray, sans oublier celles de l'inclassable Marcel Duchamp.

On peut également évoquer l'exposition de la Phillips Collection qui s'est tenue à l'automne 2009 et qui était consacrée aux rapports de Man Ray et de la photographie surréaliste à l'art africain[85]. Il faut aussi citer l'exposition *Miró : The Experience Of Seeing*, au MacNay Museum de San Antonio, au Texas, qui s'est tenue à l'automne 2015 et qui se concentrait sur la dernière période du célèbre artiste catalan, et enfin l'exposition collective *Marvelous Objects*, sur la sculpture et les objets surréalistes, qui fut organisée par le Hirshorn Museum de Washington au début de l'année 2016.

Ainsi, le surréalisme n'arrête-t-il pas de faire courir les foules aux États-Unis. L'exposition de la Phillips Collection est particulièrement symbolique à ce sujet, puisqu'elle se concentrait sur une approche avant tout culturelle du surréalisme. Le même musée a d'ailleurs plus récemment présenté une autre exposition, au printemps 2015, qui était consacrée à Man Ray et à ses œuvres inspirées par des équations et des modèles mathématiques.

[85] Son titre exact était *Man Ray. African Art And The Modernist Lens.*

Cette approche culturelle du surréalisme permet en fin de compte de souligner l'affirmation radicale de la différence inhérente à tout mouvement d'avant-garde et la revendication du droit qui lui est intimement lié. André Breton lui-même conçut le surréalisme en ces termes, mais la différence, selon lui, était surtout définie dans une optique esthétique, celle de l'automatisme et de la démarche poétique. Le surréalisme, en ce sens, imposa une nouvelle politique de la forme à travers le discours de la différence, alors que la plupart des études américaines contemporaines se concentrent elles sur une politique de l'identité.

Pourtant, le problème de l'identité ne fut jamais vraiment absent du surréalisme. Il suffit de songer ici à la question qui ouvre le récit de *Nadja* : « Qui suis-je ? », ce « Qui suis-je ? » que le narrateur liait immédiatement à un « Qui je hante ? » Dans ce récit, la question de la différence est posée ainsi en des termes prioritairement psychiques à travers l'étude du cas clinique de la jeune femme qui donne son nom au livre[86].

Mais cette différence est aussi sociale, car la « folie » de Nadja la confine inévitablement dans les marges de la société. En ce sens, Nadja constitue bien un sujet minoritaire, au sens contemporain du terme, c'est-à-dire un sujet qui appartient à une communauté qui n'est pas suffisamment reconnue par l'ordre dominant dans ses droits et son expression essentiels.

Le mot : 'identité', chez Breton, ne possédait pas la résonance qu'on lui attribue souvent aujourd'hui. La raison en est simple: son livre *Nadja* fut écrit dans la France de l'entre-deux-guerres, une France qui était de toute évidence beaucoup plus homogène, culturellement et ethniquement, qu'elle ne l'est au début du XXIe siècle, au beau milieu de l'Europe et de l'Occident multiculturels. L'autre existait surtout en dehors des frontières de l'hexagone, en Afrique, dans les Antilles ou en Amérique latine et non à l'intérieur de celles-ci.

Le défi qu'affrontent ces études venues des États-Unis est ainsi posé clairement: il s'agit bien de rendre compatible et même de synthétiser les rêves et les idéaux philosophiques de l'avant-garde de

---

[86] Cette interprétation psychique de la différence joua un rôle important dans l'analyse par Breton de l'art brut, telle qu'elle apparaît en particulier dans son essai : « L'art des fous, la clé des champs », publié dans *Le Surréalisme et la peinture*, *op. cit.*, pp. 400-406, et qui date de 1948.

la première moitié du XXe siècle avec une nouvelle forme de modernité qui prétend dépasser les précédentes sans nécessairement les nier. Quels que soient les réseaux produits, alors, la question la plus fondamentale reste dans cette perspective celle de l'art et de la poésie et de leur sens possible dans le monde actuel, l'art et la poésie conçus comme domaines éternels et universels de la création humaine au-delà de toute contingence historique et de tout particularisme culturel.

Paul Nougé ou le langage poétique du hasard

Le surréalisme belge est demeuré l'une des branches les plus actives et les plus créatives du surréalisme tout au long du XXe siècle. J'étudierai ici le rôle du poète Paul Nougé dans son développement. Il est clair que son représentant le plus célèbre est René Magritte, un artiste qui acquit rapidement un statut international prééminent dans le monde de l'art moderne. Je préfère me concentrer alors sur une figure sans doute moins connue, surtout à l'étranger, bien que Nougé soit considéré comme une personnalité de premier plan pour l'histoire du mouvement en Belgique.

Il faut d'abord noter que le surréalisme belge s'est constitué dès son origine comme un mouvement largement interdisciplinaire qui rapprocha constamment la littérature, les arts plastiques et la musique (pensons ici à l'apport du compositeur André Souris). Dans cette perspective, quand on parle d'un poète surréaliste belge, on se réfère aussi inévitablement au domaine de l'art auquel ce poète fut lié d'une façon ou d'une autre. Pour le surréalisme belge, en effet, il n'existait pas de pur poète. Mais il n'existait pas de pur artiste non plus. Le poète était toujours quelque part un homme des images ou des objets et l'artiste un homme des mots.

J'emploierai dès lors dans cet essai le terme de poète pour des raisons qui sont surtout pratiques. Le surréalisme belge, en effet, mit en question la notion même de poésie et sa signification intellectuelle traditionnelle pour la culture occidentale. Mallarmé avait déclenché ce processus de questionnement d'une façon radicale à la fin du XIXe siècle avec son chef-d'œuvre *Un Coup de dés jamais n'abolira le hasard.*

À cet égard, il faut savoir que Mallarmé fut le poète préféré de Magritte, avant même Edgar Poe qu'il admirait pourtant beaucoup[87].

1. Magritte initia dans cette perspective Marcel Broodthaers, une figure-clé de l'art belge des années soixante et soixante-dix, à l'œuvre de Mallarmé, et surtout à *Un*

Le poète d'*Un Coup de dés* insista en particulier sur la composition visuelle et graphique des mots sur la page blanche. Il exprima ainsi l'impossibilité de la poésie pure, soit d'une forme strictement verbale qui devait seulement être lue et non pas regardée.

Paul Nougé explora le domaine visuel dans et en dehors de la poésie. Il écrivit ainsi de nombreux poèmes visuels mais fut aussi simultanément photographe. Sa pratique de la poésie doit alors se concevoir dans le cadre d'une pratique artistique globale. Par bien des aspects, il était autant un artiste qu'un poète surréaliste. L'art d'avant-garde, selon sa perspective, n'était jamais ni simplement la poésie ni simplement la peinture, mais bien toute entreprise qui possédait une dimension créative et qui gommait les distinctions classiques entre les disciplines et les formes.

Nougé, comme la plupart de ses collègues belges, s'opposa à la théorie de l'automatisme construite par Breton dans *Le Manifeste du surréalisme* de 1924. Il se méfiait de la démarche psychanalytique sur laquelle elle reposait. Il ne pensait pas en ce sens que l'inconscient constituait la première source de l'imagination poétique. Mais il crut pourtant comme Breton en la nature révolutionnaire du surréalisme, comme le démontre bien sa signature du *Manifeste du surréalisme révolutionnaire* en 1947.

La question de la révolte occupait sans aucun doute une place importante dans le texte de ce manifeste animé par un esprit frondeur. Celle-ci avait été, selon les signataires, à l'origine du mouvement surréaliste dans son ensemble. Ceux-ci reprochèrent alors à Breton et à ses collègues les plus proches d'avoir trop négligé sa dimension historique qui transformait précisément la révolte en un authentique projet révolutionnaire :

> Le surréalisme a réussi à provoquer une crise de conscience de l'espèce la plus générale et la plus grave. Il a ouvert à la révolte intérieure le champ d'une expérience sans autre limite que celle de l'univers. Il a discipliné cette révolte dans une activité collective. Mais des deux branches de son compas, il n'assurait que celle qu'il avait plantée au cœur de l'individu, laissant tournoyer l'autre au hasard d'une réalité qu'il négligeait de considérer *historiquement*. L'épreuve passionnée des *conditions* faites à la révolte *dans le*

Coup de dés, qui inspira à Broodthaers son livre-objet le plus original. Broodthaers fut aussi sous de nombreux aspects l'héritier de Marcel Duchamp, avec qui il partagea la passion des concepts et des idées sur l'art.

> *monde*, il commettait la faute de ne pas la poursuivre au fur et à mesure que se dessinaient, en dehors de lui, des perspectives vivantes de la révolution, au fur et à mesure que s'établissaient dans les faits les premiers jalons d'une action révolutionnaire, au fur et à mesure que se développait *un mouvement révolutionnaire qui avait des chances d'aboutir*, qui seul marquait l'événement de sa volonté d'aboutir.[88]

Nougé souscrit dès lors à cet élan révolutionnaire renouvelé du surréalisme, à une époque où Breton s'en était détaché au profit soit de l'utopie sociale fouriériste, soit de pratiques ésotériques diverses à caractère pseudo-scientifique. L'insistance sur l'inscription historique de la révolte surréaliste impliquait pour les signataires de ce manifeste l'adhésion sans équivoque au marxisme. Celui-ci semblait alors pour Nougé et ses collègues le seul système d'idées capable de « changer la vie » tout en « transformant le monde ». Par contre, le surréalisme de Breton avait selon eux progressivement abandonné le projet d'une telle synthèse :

> (...) Pour avoir méconnu cette nécessité, il compromettait l'épanouissement d'une *révolte unitive, seule efficace*. Loin d'unifier les deux mots d'ordre : changer la vie-transformer le monde, il en faisait un dilemme d'où les surréalistes ne sortirent qu'individuellement, disloquant la première instance surréaliste.[89]

La date même de ce document, c'est-à-dire 1947, peut à bien des égards expliquer de telles prises de position. Elle correspondait en effet à un temps où l'illusion communiste possédait encore un pouvoir certain auprès de nombreux artistes et écrivains, et pas seulement en Belgique. Nougé et les autres signataires de ce texte insistèrent ainsi sur la nature collective du mouvement surréaliste, et donc par extension, de la révolte envisagée dans sa réalité à la fois artistique et socio-politique.

Ils dénoncèrent alors vigoureusement les dérives philosophiques et les renoncements esthétiques du surréalisme de l'après-guerre, sa commercialisation et sa diffusion sociale et culturelle grandissante : « Loin d'exercer cette vigilance, le surréalisme a tenté de réagir à sa vulgarisation sur les marchés et sur les foires par une surenchère de

[88] *Pas de quartier dans la révolution !*, p. 1.
[89] *Ibid*, p. 1.

désespérance et d'étrangeté, par un ésotérisme de mauvais aloi – un compromis de publicité et de mystère qui achevait de le livrer à ses ennemis.[90] »

Nougé contribua également à plusieurs revues surréalistes belges, parmi lesquelles *Les Lèvres nues*, qui parut dans les années cinquante et inclut les contributions régulières de ses collègues Marcel Mariën et Louis Scutenaire[91], mais aussi des membres les plus importants de l'Internationale Lettriste comme Guy Debord.

Parmi ces publications, on trouve aussi *La Carte d'après nature*, une revue au format singulier puisqu'elle apparut dans les années cinquante comme une série de cartes postales combinant textes écrits et images. Elle inclut en particulier un hommage à Edgar Poe par Magritte ainsi qu'un article de Nougé intitulé: « Récapitulation », qui tenta de synthétiser le projet esthétique du surréalisme belge et de répondre à ses détracteurs, qui étaient encore nombreux en Belgique après la Deuxième Guerre mondiale.

Dans « Récapitulation », Nougé insista notamment sur le fait que le surréalisme belge avait tenté d'accorder une valeur sensiblement égale et une même dignité à toutes les formes de pratiques artistiques, de l'objet trouvé au collage en passant par la photographie. Le poète surréaliste belge, en ce sens, était aussi et presque inévitablement un critique.

La critique constituait un aspect important de son travail, dans la mesure où elle lui permettait de mieux formuler ses idées personnelles sur la littérature et l'art. Les revues s'affirmèrent alors comme le parfait réceptacle de l'expression intellectuelle du surréalisme belge. Magritte fut ainsi lui-même le rédacteur en chef de plusieurs d'entre elles, dont *La Carte d'après nature*. Certaines n'eurent cependant qu'une durée de vie éphémère. Elles témoignaient en outre souvent de la réalisation d'un concept particulier, au-delà de leur simple réalité en tant qu'objets physiques.

Dans une large mesure, la poésie de Paul Nougé fut une poésie de nature expérimentale. Mais elle reflétait aussi à sa manière une forme d'urgence existentielle: l'expérimentation poétique exigeait dans cette perspective la création d'une langue ancrée dans le présent. Elle

---

[90] *Ibid*, p. 2.

[91] Parmi ces contributions, on trouve en particulier une nouvelle de Nougé intitulée : « Hommage à Seurat ou les rayons divergents », *Les Lèvres nues*, 9, novembre 1956, pp. 26-33.

constituait également une métaphore de la relation continue entre la poésie surréaliste belge et le monde physique.

Le mot: 'expérience' apparut dans l'ouvrage principal de Paul Nougé, *L'Expérience continue*, un recueil de poèmes, nouvelles et aphorismes qui sortit en 1966, un an seulement avant la mort de l'auteur[92]. Ce livre, qui rassembla des textes écrits sur plusieurs décennies, refléta le souci de rapprocher la poésie et les arts visuels. Mais le mot: 'expérience' se référait aussi à la formation scientifique de Nougé et à ses activités professionnelles de technicien chimiste travaillant en laboratoire.

Certains des poèmes inclus dans cet ouvrage étaient composés de grandes lettres qui devaient être lues de haut en bas et non de gauche à droite pour constituer de véritables mots ou vers. Cette disposition inhabituelle des pages dans ces poèmes exprimait les préoccupations constantes de Nougé pour des formes originales de lecture[93].

Il est intéressant de noter à cet égard que l'œuvre-somme de Nougé fut célébrée par Francis Ponge, qui, en tant que poète, se voua à l'observation serrée et à la description pointue de la nature et de ses formes[94]. Cette relation apparemment surprenante permit de souligner la quête d'une raison poétique dans l'œuvre de Nougé, c'est-à-dire de la poésie comme mode de connaissance et non pas seulement comme expérience sensible. Sur la quatrième de couverture de *L'Expérience continue,* Ponge décrit ainsi les caractéristiques physiques du poète pour mieux souligner ainsi sa personnalité artistique et intellectuelle originale :

> De Paul Nougé – non seulement la tête la plus forte (longtemps couplée avec Magritte) du surréalisme en Belgique, mais l'une des plus fortes de ce temps – que dirais-je encore ? Sinon (mais c'est toujours, bien sûr, la même chose) qu'on ne saurait mieux la définir – cette tête – que par les propriétés et vertus du quartz lydien, c'est-

---

[92] PAUL NOUGÉ, *L'Expérience continue*, Bruxelles: Les Lèvres nues, 1966. Nous utilisons ici pour nos citations la seconde édition du même ouvrage, Lausanne: L'Âge d'Homme, collection Cistre, 1981.

[93] Certains de ces poèmes visuels composés de grandes lettres ont inspiré mon propre travail artistique, en particulier un ensemble de photographies inclus dans une exposition intitulée *Pictures from home,* qui eut lieu à l'Alliance Française de Washington à l'automne 2004.

[94] Je veux me référer ici à son principal livre de poésie, *Le Parti pris des choses*, Paris: Gallimard, 1942.

à-dire comme une sorte de pierre basaltique, noire, très dure, et dont tout ce qui est du bas or craint la touche.
Tout à fait irremplaçable, on le voit.

Ponge et Nougé partagèrent l'idée d'une poésie quasi objective, ou en tout cas détachée d'un subjectivisme trop envahissant. Ils lièrent également la question de la forme même de la poésie à celle de l'art: *Le Parti pris des choses*, ainsi, peut se lire comme un ensemble de natures mortes devenues poèmes. Enfin, l'approche scientifique de la poésie les attira conjointement: le regard du poète, chez Ponge, peut à cet égard être comparé à celui d'un botaniste ou d'un entomologiste qui observe la nature dans ses moindres détails.

La notion d'expérimentation niait l'idée même de chef-d'œuvre. La poésie de Nougé fixait son attention sur une esthétique particulière de la dissémination dans le langage poétique. Sa poésie était ainsi faite de morceaux et de fragments de discours: il eut régulièrement recours à la technique du collage pour exprimer cette vérité, une technique que Breton avait déjà éclairée dans son premier *Manifeste* afin de souligner l'esthétique aléatoire de la poésie surréaliste.

En outre, certains poèmes de Nougé n'étaient constitués que de quelques mots et imitaient dès lors même inconsciemment la forme concise et minimaliste du haïku. Cette attirance pour une expression épurée n'était pas étrangère à la poésie surréaliste en général, surtout si l'on considère des poèmes de Paul Éluard dans *Capitale de la douleur* comme « Porte ouverte » ou « La rivière ».

On pourrait évoquer à ce sujet le terme d'esquisse ou de croquis poétique, qui font tous deux référence au travail de l'artiste, du peintre ou du dessinateur, soulignant alors les constantes analogies plastiques du travail de Nougé. La forme poétique donne l'impression d'être inachevée, comme en suspens, appelant alors l'imagination du lecteur.

Dans son ouvrage *L'Expérience continue*, Nougé emploie ainsi lui-même ce terme d'esquisse à propos de ses « Équations et formules poétiques » qui jouent en particulier sur diverses consonances et sur des répétitions de certaines syllabes pour établir des rapports étroits entre les mots. Comme il l'écrit :

> Il s'agit donc d'établir des systèmes d'équations de plus en plus complexes par le choix et le rapport des éléments (pour ne pas s'en tenir aux substantifs et à la proportion simple) et ensuite de résoudre ce système en poèmes.

> Dans l'expérience ci-dessus relatée, les rapports premiers sont des rapports matériels (rapports sonores) utilisés et modifiés par la suite selon le *sens* ou *l'effet* des mots engagés. 1928-1929.[95]

Dans un autre texte datant de 1932, il rassembla par ailleurs un ensemble de courts poèmes sur le corps sous le titre: « Ébauche du corps humain »[96], suggérant une sorte d'anatomie poétique. Les métaphores scientifiques n'abandonnèrent jamais la langue de Nougé, comme le montre bien l'affirmation suivante issue du même texte: « NOTRE CORPS nous propose une algèbre qui ne comporte aucune solution.[97] »

La science ouvre sur les potentialités fondamentalement ludiques du langage, plutôt que sur un discours purement analytique. Il s'agit de faire glisser le sens et de ne jamais l'immobiliser dans une forme prédéterminée. Les esquisses poétiques ne constituent qu'une série de propositions ou un faisceau d'hypothèses sans véritable conclusion ni réponse.

En outre, Nougé intitula certains de ces très courts poèmes *Cartes postales*. Pour introduire alors ceux qui figurent dans *L'Expérience continue*, il écrit: « Que l'on veuille imaginer une collection sans malice. Et s'en servir. Ces cartes conviennent à tous, à nos ennemis, à nos amis. On le sait, il n'y a plus d'indifférents.[98] » La carte postale renvoie bien évidemment à un objet quotidien, simple, maniable et surtout de petite taille. La poésie doit se situer à hauteur d'homme, c'est-à-dire être matérielle, concrète et pourtant imaginative. Mais la carte postale implique aussi nécessairement la rencontre des mots et des images. Elle n'est dans son essence qu'une illustration enrichie par un texte bref.

Elle se lit et se regarde ainsi simultanément comme forme visuelle autant que verbale. Ce thème de la carte postale est important pour le mouvement surréaliste, si l'on sait que Breton, en particulier, en faisait la collection. Nougé, cependant, l'associa spécifiquement à l'œuvre poétique saisie dans son immédiateté et sa spontanéité. Mais il souligna par là même la nature fragile du poème et son caractère en quelque sorte éphémère.

---

[95] NOUGÉ, *L'Expérience continue*, Lausanne: L'Âge d'Homme, 1981, p. 189.

[96] NOUGÉ, *Ibid*, p. 321-330.

[97] *Ibid*, p. 326.

[98] *Ibid*, p. 17.

La carte postale pose également la question de l'adresse et du destinataire. En ce sens, elle n'est jamais un simple objet anonyme mais concerne au contraire un sujet particulier à qui elle est envoyée et qui la reçoit. Elle définit dans cette mesure une certaine forme d'intimité du langage au-delà d'une communication instantanée et en apparence anecdotique.

On pourrait évoquer ici l'ironie fondamentale du surréalisme belge à partir de Nougé. Par ironie, il faut entendre la méfiance envers toute vérité prédéterminée. Cet état d'esprit implique également le rejet de systèmes théoriques tels que l'interprétation freudienne des rêves. Par contraste, Breton adhéra avec beaucoup d'enthousiasme à l'héritage intellectuel freudien dans le but d'exprimer sa vision de la poésie et de l'art à travers l'automatisme dans *Le Manifeste du surréalisme* de 1924.

C'est ce qui explique que la poésie de Nougé n'est jamais vraiment onirique, ni encore moins hallucinatoire, au contraire de certaines toiles de son illustre collègue et ami Magritte. Elle se livre à des interrogations spéculatives, sans jamais vraiment imposer des images frappantes ni un monde intérieur issu de l'imaginaire.

Cette ironie constitue un élément commun des divers textes écrits par Paul Nougé, tant dans le domaine de la poésie que dans celui de la nouvelle. Elle impliquait un détachement profond envers ses propres mots. Dans cette optique, il faut souligner que Magritte manifesta lui aussi une distance émotionnelle et une autodérision dans son art. Il suffit de penser ici à sa *période vache*, un ensemble de peintures délibérément bâclées qui furent inspirées par le séjour décevant du peintre à Paris à la fin des années vingt[99].

Pour être un artiste ou un poète authentique, on doit ainsi ressentir un doute devant son propre travail. C'est l'importante leçon que Paul Nougé s'efforça d'enseigner. On pourrait identifier une telle attitude à un scepticisme philosophique. L'origine de cette attitude ironique se trouve dans l'avant-garde de la première moitié du XXe siècle, et plus particulièrement dans l'œuvre de Marcel Duchamp. Dès lors, on peut raisonnablement affirmer que le surréalisme de Paul Nougé était au

---

[99] On peut trouver l'illustration d'une telle attitude dans le livre *Mes Inscriptions* de Louis Scutenaire[99]. Ce livre représente une sorte de confession ironique, une entreprise autobiographique qui met constamment en cause la souveraineté du moi dans l'écriture. Le poète surréaliste parle ainsi de lui-même sans jamais vraiment se prendre au sérieux. Cette perspective ambivalente envers le sujet de l'œuvre reflète le sens profond de la dérision chez son auteur.

moins aussi proche de Duchamp que de Breton. Duchamp démontra en effet par la présentation publique de son urinoir que tout pouvait être une œuvre d'art. Par ce geste original, il révéla son soupçon profond à l'égard de la notion même d'œuvre d'art dans la culture occidentale.

Nougé fut l'auteur d'un court essai intitulé *Notes sur les échecs*, dont la forme éparse et fragmentaire rappelait celle de sa poésie, et dans lequel il fit l'éloge du caractère rationnel de ce jeu et de son exigence mentale, à partir d'une critique des idées d'Edgar Poe sur le même sujet. Il écrivit ainsi : « Les échecs ne tolèrent nulle absence, nul repentir. Le « raté » mental le plus minime entraîne des sanctions immédiates (...) Le jeu d'échecs laisse l'esprit complètement à découvert, sans retraite possible, sans mensonges, sans faux-semblants.[100] »

Ce jeu, selon lui, posait aussi et surtout sans doute la question de la liberté. Celle-ci, alors, n'était accessible qu'à quelques-uns, comme dans la poésie et dans l'art. Il ajouta ainsi :

> Aux échecs, la conquête la plus difficile, sinon essentielle, c'est la liberté.
> Elle n'existe qu'aux extrêmes.
> À la faveur de l'inconscience, de l'ignorance, elle se trouve chez le débutant, elle réapparaît chez les maîtres. Elle disparaît au milieu sous le poids d'une médiocre science, des automatismes et des clichés.
> Vérité qui déborde largement l'échiquier, vérité infiniment plus générale. La poésie, la peinture, la guerre, la révolution.[101]

Ce faisant, il se situa lui-même à l'ombre de Marcel Duchamp, le joueur d'échecs le plus célèbre de l'art moderne. L'ironie, en ce sens, est toujours l'arme d'un artiste ou d'un poète qui ne s'adapte pas aux valeurs et aux règles des institutions établies. Elle affirme alors une position de non-appartenance. Le sujet ironique manque de foi et de croyance absolue, dans la mesure où l'ordre culturel dans lequel il vit ne l'accueille pas réellement.

Nougé assuma pleinement cette marginalité qui était le résultat d'une exigence formelle et philosophique profonde. Breton rappela ainsi dans *Le Second manifeste du surréalisme* ces mots du poète :

---

[100] NOUGÉ, *Notes sur les échecs,* Bruxelles: Les Lèvres nues, 1969, pp. 70-71.
[101] *Ibid,* pp. 75-76.

« *J'aimerais assez que ceux d'entre nous dont le nom commence à marquer un peu, l'effacent.*[102] » Selon la perspective de Breton comme selon celle de Nougé, il s'agissait essentiellement de critiquer la vaine quête de l'approbation du public et du succès par le poète ou l'artiste surréaliste.

La conséquence ultime de l'auto-ironie est l'auto-négation. Nougé accomplit lui-même ce processus sans ambiguïté. Invité en effet à organiser une exposition internationale du surréalisme en 1945, juste après la guerre, Magritte demanda à Nougé de composer une phrase exprimant le rejet clair et net du terme : 'surréalisme'. Celui-ci agréa sans hésitation à cette demande et écrivit ainsi la phrase suivante : « Exégètes, pour y voir clair rayez le mot surréalisme.[103] »

Le véritable artiste d'avant-garde, pour le poète surréaliste belge, ne pouvait être réduit à une simple étiquette ni confiné dans une boîte. En d'autres termes, le surréalisme de Nougé refusa toute définition étriquée qui l'aurait inféodé à une règle formelle unique et stricte. Concrètement, il s'agissait aussi pour le groupe belge dont il faisait partie de maintenir une certaine indépendance vis-à-vis de Breton. Il ne s'affirma pas alors comme une école de pensée ni comme un système esthétique, mais plutôt comme la possibilité unique d'une expérimentation individuelle et collective.

Il emprunta une partie de son inspiration initiale de Dada et du surréalisme tout en échangeant de nombreuses idées par après avec l'Internationale lettriste. Son identité esthétique était essentiellement hétérogène, puisqu'il joua de façon constante avec des formes aussi différentes que la poésie, la nouvelle, le collage ou l'essai critique. Mais c'est précisément cette nature interdisciplinaire qui exprima son attachement indéfectible au projet surréaliste.

Expérimenter avec les mots, les objets et les images impliquait la présence d'une hypothèse originale qui se devait d'être validée au cours du processus créatif. La poésie et l'art, en ce sens, découlaient de la valeur épistémologique du doute. En outre, cela suggérait le sens d'un itinéraire imprévisible et inconnu. Nougé ne put ainsi déterminer à l'avance le point d'arrivée de son écriture poétique. Il dut au contraire errer à travers le langage en permanence.

---

[102]ANDRÉ BRETON, *Manifestes du surréalisme,* Paris: Gallimard, Folio/Essais, 2003, p. 127.

[103] Voir à ce sujet MARCEL MARIËN, "Les pieds dans les pas", in *Apologies de Magritte, 1938-1993*, Bruxelles: Didier Devillez, 1994, pp. 110-112.

Dans un court article intitulé « La Grande question », publié dans *Les Lèvres nues* en 1955, Paul Nougé définit son propre état d'esprit comme de « l'anxiété ». Toute forme, tout mouvement et toute image devaient ainsi être agités par ce sentiment. En l'absence de système métaphysique ou religieux, le poète surréaliste, selon lui, avait à percevoir de façon intense la présence constante du danger autour de lui (« J'ai la sensation du danger, j'ai la notion du danger, j'ai l'idée du danger.[104] »)

Cette situation incertaine et précaire souligna le rôle essentiel joué par le hasard dans la poésie surréaliste. Pour Nougé, le hasard était plus décisif que les rêves dans la construction de son identité esthétique. Il éclairait fortement la dimension ludique de sa propre expression artistique. À cet égard, il nomma certains de ses poèmes visuels inclus dans *L'Expérience continue*: « Le jeu des mots et du hasard »[105]. Comme il l'écrit dans le fragment poétique suivant où il parle du jeu de cartes:

> La table importe peu si vous faites TABLE RASE. Battez, retournez une à une, alignez les cartes. Il arrive que le jeu vous donne CARTE BLANCHE. Mais qu'il en soit pour l'instant à dépendre de vous, prenez garde: LE JEU NE VAUT QUE SELON LA CHANDELLE. Avancez doucement jusqu'à la cinquante-deuxième carte. Battez, reprenez. Si vous abandonnez, vous êtes perdu.[106]

Dans cette optique, les mots sont inscrits sur des cartes à jouer. Ils se mélangent ainsi et se distribuent au gré de la donne. Certaines cartes, cependant, restent vides, comme si ce jeu appelait la présence d'espaces blancs d'inspiration mallarméenne. Il ne s'agit jamais alors de remplir entièrement la page qui est divisée en plusieurs cartes. « Ce sont les lecteurs qui font les poèmes » ou plutôt dans ce cas-ci, qui les bouchent et les complètent, pourrait ainsi dire Nougé en paraphrasant la célèbre formule de Duchamp, « Ce sont les regardeurs qui font les tableaux ». Peu importe, ainsi, que la forme aboutisse ou non, qu'elle ait une fin précise. Ce sentiment de l'inachèvement est encore une fois éminemment duchampien, si l'on songe en particulier à la genèse du *Grand verre*.

---

[104] NOUGÉ, "La Grande question", *Les Lèvres nues*, 5, p. 36.
[105] NOUGÉ, *op. cit*, pp. 267-286.
[106] *Ibid*, p. 271.

Pour reprendre les mots de Breton sur Duchamp dans son essai *Phare de la mariée*, qui évoquait au sujet de ses œuvres un ensemble « d'interventions dans le domaine plastique »[107], les poèmes de Nougé peuvent ainsi apparaître comme des « interventions dans le domaine poétique ». Dans les deux cas, il est question d'insister sur le rejet de la notion même de produit fini (d'objet parfaitement accompli) en art ou en poésie.

Le mot: 'intervention' se distingue ainsi du mot: 'production' ou même du mot: 'création' saisis dans leur sens traditionnel. Mais il doit également être conçu comme différent du mot: 'action'. Dans les poèmes de Nougé, en effet, le rapport du poète au langage est à la fois et contradictoirement actif et passif: il faut d'une certaine manière laisser faire les mots, ou plutôt les laisser être dans leur dérive et déambulation ludique et aléatoire.

L'œuvre de Duchamp, sous bien des aspects, incarna certaines des idées les plus importantes exprimées par Paul Nougé dans son article 'Récapitulation'. Celui-ci y avait souligné en particulier le caractère égalitaire de toutes les pratiques artistiques selon l'esprit même du surréalisme. Il ne s'agissait plus en ce sens d'établir des critères esthétiques fixes selon lesquels la peinture aurait détenu une forme de souveraineté naturelle et indiscutable sur les autres disciplines des beaux-arts.

Les ready-mades de Marcel Duchamp démontrèrent l'inanité d'une hiérarchie académique des pratiques artistiques : tout à coup, en effet, un objet trouvé comme un urinoir ou une roue de bicyclette acquérait une signification et une valeur tout aussi importantes qu'un tableau, qu'une sculpture ou qu'un dessin. Cette volonté de classification et de hiérarchisation des disciplines avait également influencé de nombreux discours philosophiques modernes sur les arts, dont celui de Hegel dans son *Esthétique*.

On peut évoquer alors le relativisme esthétique commun de Nougé et de Duchamp. Il découle d'une conscience profonde de la perte d'unité du monde et de l'art (de la poésie) au XXe siècle. Le poète et l'artiste d'avant-garde sont voués à l'expérience du fragment, que celui-ci s'incarne dans un poème abrupt ou dans un objet de la vie quotidienne. (« Je procède par éclats[108] », écrit ainsi Nougé en 1953).

---

[107] ANDRÉ BRETON, *Le Surréalisme et la peinture*, Paris: Gallimard, 1965, p. 118.
[108] NOUGÉ, *op. cit.*, p. 130.

Le fragment ouvre sur la possibilité du jeu, dans la mesure où ce dernier s'inscrit dans une temporalité éphémère.

En d'autres termes, les collages poétiques de Nougé et les ready-mades de Duchamp échappaient à bien des égards à tout désir de durée. La poésie et l'art devaient se vivre alors dans le présent, ce temps qui est par essence celui de l'événement. « La vie est ce qui arrive », disait Wittgenstein. « La poésie et l'art sont ce qui arrive », pourraient alors poursuivre Nougé et Duchamp selon une sorte de paraphrase involontaire.

Et pourquoi jouer, sinon pour risquer de perdre ? La poésie (la langue) de Nougé ne fait que refléter cette possibilité apparemment négative, mais que l'auteur transforme en rayon de lumière. « Quelle dérision de connaître, si la connaissance n'échappe dans l'instant où l'on veut s'assurer d'elle. Tout est perdu, de ne pouvoir à nouveau risquer de perdre[109] » écrit-il ainsi. Et plus loin : « Un mot suivant l'autre et la main dans la main, assuré enfin de ne point aboutir, l'on existe.[110] »

La question essentielle posée par la poésie d'avant-garde est donc bien celle d'un « gain malgré tout », au-delà des apparences. Gain et perte vont toujours de pair, puisque rien ne demeure vraiment, puisque rien n'est éternel. Le poète sait que son propre langage ne s'accomplira jamais complètement, mais peu importe. Contrairement au cinéma, alors, les mots : *the end* sont étrangers à la poésie et à son développement. Celle-ci ne constitue qu'une affirmation d'existence à tout prix, au même titre que la révolte.

Il s'agit encore pour Nougé de mettre la poésie, selon ses propres termes, « à la portée de toutes les mains ». Il décrit à cet effet dans un autre texte datant de 1935 une « Machine poétique » et les consignes liées à son utilisation :

> La machine se compose d'une boîte rectangulaire contenant une collection de trente-deux objets.
> L'on dispose sur une table vide et normalement éclairée une feuille de papier blanc non ligné.
> L'on retire un objet pris au hasard et le pose délicatement au centre de la feuille.
> L'on interroge l'objet sans idée ni sentiment préconçus pendant le temps nécessaire, variable évidemment selon les individus et les

---

[109] *Ibid.*, p. 168.
[110] *Ibid*, p. 168.

> circonstances qui ont précédé cet exercice. L'interrogation consiste en un examen visuel attentif, en une épreuve tactile allant de l'effleurement à la palpation, et sera complété si nécessaire par une épreuve olfactive.[111]

Si l'on ne peut jamais vraiment dire où et quand finit la poésie, on ne peut non plus dire où et quand elle commence. Elle peut très bien, en ce sens, se situer hors des mots, dans le simple examen d'un objet posé sur une table. Le poète pose des questions du fait même qu'il regarde les choses tout en les touchant. Nougé emploie à cet égard dans ce passage le terme d' « événement ».

L'expression : « Machine poétique » pourrait elle aussi sortir du vocabulaire duchampien, si l'on pense par exemple à la machine célibataire du *Grand verre.* Cette machine contient des rêves et des désirs, en effet, et en ce sens, ouvre sur un imaginaire particulier. Elle ne constitue en aucun cas un simple dispositif objectif. De Nougé à Duchamp, alors : la poésie ou l'art mode d'emploi, potentiellement créés par tout le monde, la poésie ou l'art comme pratiques presque anodines, sorties ainsi de la banalité des actes et des objets de la vie quotidienne.

La révolte, dans cette perspective, est indissociable de la liberté spéculative du poète surréaliste. Une telle liberté participe de l'esprit scientifique, sans que pourtant, la spéculation doive déboucher ici sur une véritable application pratique. Interroger le réel, dès lors, c'est déjà lui répondre ou en tout cas dépasser son caractère profondément trivial.

C'est l'absence de tout préjugé ou préconception qui permet en ce sens au poète d'explorer l'idée même de la poésie et le domaine infini du jeu qui inclut nécessairement celui des émotions («Votre cœur à portée de la main jouez votre cœur », écrit-il au début du *Jeu des mots et du hasard*[112]). Nougé avance ainsi à tâtons dans l'univers du langage poétique. C'est dans sa dimension indécidable et indéterminée que son projet requiert alors aujourd'hui notre attention, au-delà de son inscription incontestable et décisive dans l'histoire du surréalisme belge.

---

[111] *Ibid,* p. 196.
[112] NOUGÉ, *L'Expérience continue, op.cit.*, p. 269.

L'Homme révolté : hier et aujourd'hui

Quel sens pourrions-nous donner aujourd'hui à *l'Homme révolté*[113], le fameux essai philosophique d'Albert Camus qui suscita en son temps de nombreuses controverses et discussions houleuses[114] ? Ce livre fut en effet souvent mal accueilli, dans la mesure où il s'opposait à bien des égards à la pensée politique dominante de l'après-guerre en France. Celle-ci accordait en général une légitimité suprême au marxisme et à ses constructions idéologiques. La guerre froide venait ainsi d'être déclenchée par les États-Unis et leurs principaux alliés occidentaux : elle impliquait une division profonde et radicale entre deux camps, celui de l'Union Soviétique et celui de l'Amérique, et au-delà, entre deux visions du monde qui semblaient irréconciliables.

Pour les intellectuels français les plus importants de l'époque, de Sartre à Merleau-Ponty, aucune pensée politique digne de ce nom ne pouvait faire abstraction de l'idée même de révolution, quelle qu'ait pu être son application concrète dans le système soviétique qui était encore celui de Staline au début des années cinquante. Albert Camus se permit donc d'enfreindre une forme d'interdit ou de tabou en osant mettre en question la validité à la fois intellectuelle et morale d'une telle notion. Son attitude ambiguë devant la guerre d'Algérie participa de la même perspective, dans la mesure où Camus affirma son soutien au peuple algérien tout en s'opposant à la lutte armée du FLN contre l'armée française et son occupation colonialiste.

Une telle position fut presque impossible à soutenir, dans la mesure où elle incluait implicitement l'acceptation de rapports de force entre l'État français et les populations du tiers-monde. Pour Camus, en

[113] J'utiliserai dans le cadre de cet article la version publiée dans le volume des *Essais d'Albert Camus,* Paris: Gallimard, Bibliothèque de la Pléiade, introduction par R. Quilliot, 1977.

[114] La revue *Les Temps modernes* constitua dans ce contexte un forum de discussion essentiel à l'époque de la parution de cet ouvrage.

quelque sorte, les Algériens n'avaient pas droit à leur combat révolutionnaire : la liberté qu'il leur souhaita dans l'absolu ne put être qu'une liberté de principe, certes basée sur des considérations morales, mais indifférente pourtant aux réalités matérielles d'une guerre qui aboutit à l'oppression des peuples colonisés et à la perte de nombreuses vies humaines.

En d'autres termes, ce que Camus avait poursuivi avec obstination dans la résistance à travers son travail de journaliste, c'est-à-dire le combat pour la liberté mené par tous les moyens possibles, y compris la violence contre l'occupant nazi, fut après la guerre et surtout dans les années cinquante, contredit à la fois par la thématique essentielle de *L'Homme révolté* et par son attitude de retrait vis-à-vis du conflit algérien.

Les critiques de Camus, dont Sartre, dénoncèrent ainsi les limites philosophiques d'un humanisme qui ne pouvait saisir que l'homme, dans des circonstances extrêmes et indépendantes de sa volonté, en était conduit à « se salir les mains.[115] » De la Révolution française à la Révolution russe en passant par les révolutions anti-impérialistes et anticolonialistes des années cinquante et soixante, de l'Algérie à Cuba, l'histoire prouva que le changement le plus radical au service du peuple ne pouvait s'accomplir que par l'utilisation de la force, ce que Sartre avait bien exprimé dans son introduction aux *Damnés de la terre* de Franz Fanon[116].

D'autres circonstances particulièrement dramatiques jetèrent une ombre certaine sur le discours de Camus dans *L'Homme révolté*. On peut dans cette optique songer au développement du maccarthysme et de la chasse aux sorcières aux États-Unis, qui exprimèrent à la même époque le caractère politiquement et moralement très discutable d'un anticommunisme forcené. Pour atteindre sa véritable liberté, l'homme devait parfois emprunter des voies radicales, et donc révolutionnaires, dans la mesure où il était souvent confronté à des pouvoirs répressifs qui l'empêchaient de s'exprimer et de penser de manière personnelle, et ce y compris à l'intérieur de sociétés dites démocratiques.

Il est sûr à cet égard que les racines méditerranéennes de Camus influencèrent son anticommunisme et sa méfiance vis-à-vis du projet

---

[115] Je veux évidemment faire allusion ici à la pièce de théâtre de Sartre, *Les Mains sales*, qui constitua une réflexion aboutie sur le sens possible de l'action politique violente.

[116] FRANZ FANON, *Les Damnés de la terre*, Paris: François Maspéro, 1968.

révolutionnaire. Il était en effet originaire d'une culture qui reposait sur des valeurs et des structures sociales traditionnelles ainsi que sur une conception avant tout cyclique du temps. La Révolution fut bien dans l'histoire des idées une notion éminemment européenne, issue d'abord de la philosophie des Lumières et donc de penseurs français et ensuite de Marx et donc du monde germanique.

Elle ne connut pas ainsi le même retentissement dans les cultures arabes, qui étaient des cultures en général peu sensibles à une vision purement linéaire de l'histoire dans le sens hégélien d'un processus irréversible. Le FLN, en ce sens, constitua une exception historique, car il subit à l'origine l'influence idéologique profonde du socialisme et du communisme européens, en particulier français.

Pour Camus, la révolution était en quelque sorte un modèle venu d'ailleurs, c'est-à-dire de la vieille Europe fatiguée d'elle-même et qui rêvait d'un changement social et politique radical précisément parce qu'elle était embourbée dans des rapports de pouvoir et des structures d'autorité étouffants issus de l'Ancien Régime (selon les Lumières) et de la Révolution industrielle (selon Marx). *L'Homme révolté*, alors, s'opposa à une forme typiquement européenne de pensée politique, tout en revendiquant paradoxalement un héritage humaniste lui aussi européen.

Plus de soixante ans après sa parution, une relecture de cet ouvrage s'impose dans la mesure où l'Europe a mis fin à ses propres rêves de révolution en renversant les derniers pouvoirs communistes à l'Est. On pourrait même aller plus loin et dire que l'Europe, aujourd'hui, est sans doute le moins révolutionnaire de tous les continents, si l'on compare par exemple la situation politique générale des démocraties du vieux continent (leur stagnation profonde) avec des phénomènes contemporains comme le printemps arabe ou encore l'insurrection zapatiste au Mexique. L'idéal moderne d'un changement radical issu du peuple, en effet, est aujourd'hui marginalisé et mis en veilleuse par l'instauration d'un nouveau modèle européen libéral imposé par les exigences du capitalisme mondialisé et dont l'Union européenne représente en grande partie les intérêts.

Faut-il en déduire cependant que les populations européennes souffrant actuellement de la crise ne rêvent pas de nouvelles formes d'économie et d'organisation sociale ? Évidemment que non. Ce qui s'est effacé dans les développements politiques de ces deux dernières décennies, c'est l'idée que la révolution détiendrait le monopole de la légitimité politique de gauche. On sait que Camus opposa à la rigidité idéologique de celle-ci une thématique fiévreuse de la révolte, plus attentive à l'expression de la subjectivité et mieux capable, selon lui, d'incarner le besoin éternel et universel de liberté de l'homme.

Il s'agit d'une action indépendante de toute idéologie stricte, qui s'inscrit ainsi mieux dans l'esprit de notre temps. Pourtant, elle représente une position critique face à la société occidentale et à ses valeurs, celles du profit et de la réussite individuelle. Le thème de la révolte chez Camus était marqué par une sensibilité néo-humaniste, c'est-à-dire par le besoin de réhabiliter l'humain au cœur du politique, après les grands totalitarismes du XXe siècle et la Seconde Guerre mondiale. L'existentialisme, ainsi, était bien un humanisme, pour reprendre la formule de Sartre, mais chez Camus, par contraste, cet humanisme impliquait nécessairement une conception éthique du politique et le refus de toute logique selon laquelle la fin pouvait justifier les moyens, une logique que défendit par exemple Merleau-Ponty dans *Humanisme et terreur*[117].

Il s'insérait dans une période caractérisée par d'intenses conflits idéologiques, non seulement entre l'Europe occidentale et les États-Unis, d'une part, et l'Europe de l'Est, d'autre part, entre le modèle politique de la démocratie libérale et celui du communisme, mais aussi entre diverses visions de l'intellectuel engagé et de gauche. Le courant dominant de l'immédiat après-guerre soutenait et imposait en effet la perspective révolutionnaire de l'Union Soviétique. Dans ce contexte historique très particulier, Camus faisait figure de franc-tireur.

La fin supposée des idéologies à l'aube du XXIe siècle, c'est-à-dire le déclin irrésistible de leur légitimité politique, pourtant, ne doit pas signifier la fin du combat de l'homme contre les injustices qui l'entourent constamment. Elle ne peut servir de prétexte à la passivité et à l'indifférence. En ce sens, la figure emblématique de l'écrivain engagé qu'incarnèrent Camus et Sartre n'appartient pas seulement au passé.

Il est évident qu'elle doit s'adapter aujourd'hui aux exigences d'un ordre culturel dans lequel les médias de grande diffusion jouent un rôle bien plus grand que dans les années cinquante. Néanmoins, elle demeure d'actualité dans la mesure où les carences politiques des pouvoirs publics, en particulier dans leur incapacité à représenter les

[117] MAURICE MERLEAU-PONTY, *Humanisme et terreur*, Paris: Gallimard, Collection Idées, introduction de Claude Lefort, 1980.

volontés et les désirs profonds du peuple français, ont aujourd'hui atteint un nouveau seuil. L'engagement, ainsi, doit toujours se penser comme une réaction nette et sans équivoque contre toutes les formes de domination quelles qu'elles soient.

L'homme révolté fut mal interprété en son temps comme une critique générale des idées de gauche en France. Or, le modèle qui y est présenté est éminemment méditerranéen (la pensée de midi et son humanisme solaire) et donc à bien des égards issu du berceau de la démocratie occidentale, c'est-à-dire la Grèce, dans sa recherche d'une mesure et d'une raison autant morale que politique face à l'insensé de l'histoire du XXe siècle. Il est ainsi parfaitement compatible avec des positions progressistes.

Ce besoin de raison et de mesure ne caractérisa certes pas la figure de l'intellectuel de gauche engagé en France des années trente aux années cinquante. La montée du fascisme dans les années trente, en effet, suscita des réactions épidermiques et aboutit à l'expérience du gouvernement du Front populaire, d'une part, et à l'affirmation des liens de nombreux écrivains et artistes à la politique de l'Union Soviétique en plein cœur pourtant de la répression stalinienne, d'autre part.

Cette époque dans laquelle Camus exprima ses idées déboucha ainsi sur une radicalisation sans précédent de la vie et de la pensée politique, selon un esprit du « tout ou rien » qui comportait une dimension autodestructrice ou sacrificielle. L'idéal révolutionnaire rendit bien compte de ce phénomène généralisé, dans des temps de ténèbres où l'homme était condamné, au-delà de tout compromis, à choisir son camp sans ambiguïté.

Dès lors, l'intellectuel de gauche engagé opta souvent dans ces années troublées pour des formes d'idéologie profondément anti-démocratiques, c'est-à-dire très éloignées du modèle rationnel et cohérent qui avait justement été celui de la Grèce antique et de l'espace méditerranéen par extension. Cela peut s'expliquer par le fait qu'il eut à affronter l'image d'une démocratie décadente et stérile, celle de la Troisième République dans ses derniers soubresauts. Jamais dans l'histoire française moderne, le modèle démocratique et son parti pris de rationalité politique ne fut-il alors autant discuté et rejeté par un groupe d'hommes et de femmes qui n'avaient pourtant que le mot : 'liberté' à la bouche. La République française était devenue dysfonctionnelle et incapable de constituer un front commun devant la menace fasciste internationale.

En outre, la grave crise économique issue du krach de Wall Street qui secoua l'Europe (et donc la France) à cette époque avait pu être interprétée par ceux-ci comme la conséquence directe d'un type de société où la démocratie n'avait pu que justifier et soutenir les pires excès du capitalisme. Les années trente engendrèrent alors une crise d'autorité qui fut avant tout celle des institutions de la République, et donc de pouvoirs représentatifs de la démocratie française. C'est cette crise d'autorité que méditèrent en particulier les membres du Collège de Sociologie dont Georges Bataille et Roger Caillois[118].

La période de la Libération, paradoxalement, ne mit pas fin à ce soupçon porté par les intellectuels de gauche sur la démocratie libérale moderne. Car elle déboucha vite sur l'affirmation agressive d'une politique impérialiste et colonialiste de la part des mêmes états démocratiques qui avaient quelques années auparavant lutté contre le nazisme et triomphé de lui, en particulier les États-Unis et la France, de la guerre de Corée à la guerre d'Indochine.

C'est sans doute dans cette obstination à ne considérer que le mal radical issu soit du fascisme soit du communisme (ou alors celle de la Révolution française dans l'histoire plus ancienne) que la pensée de Camus démontra ses limites. Car elle ne put rendre compte de la démesure politique des républiques modernes, démesure issue le plus souvent de leur projet hégémonique dans le tiers-monde et ailleurs, et qui conduisit elle aussi à la mort planifiée d'un grand nombre d'innocents. À cet égard, l'Amérique ne fut pas seulement le pays qui libéra l'Europe en faisant débarquer ses soldats sur les plages de Normandie : il fut aussi le premier (et le dernier) état moderne à avoir utilisé la bombe atomique sur des populations civiles à Hiroshima et à Nagasaki.

Pour le Camus de *L'Homme révolté*, le mal radical s'incarnait dans la Révolution (le fascisme européen, après tout, se prétendit lui aussi révolutionnaire), comme il s'incarnait chez Hannah Arendt dans les grands totalitarismes du XXe siècle[119]. Or, le XXe siècle est justement le siècle qui nous a montré que le mal le plus profond pouvait naître malgré tout de la raison la plus équilibrée. Ainsi le marxisme constitua-t-il une pensée fondamentalement rationaliste et matérialiste

---

[118] Voir à ce sujet DENIS HOLLIER (*dir.*). *Le Collège de Sociologie*, Paris: Gallimard, 1979.

[119] Voir à ce sujet HANNAH ARENDT, *Les Origines du totalitarisme suivi de Eichmann à Jérusalem*, préface de Pierre Bouretz, Paris: Gallimard, "Quarto", 2002.

ancrée dans la tradition occidentale des Lumières, ce qui n'empêcha pas certains leaders de s'en inspirer (et de le manipuler) pour produire des systèmes politiques éminemment répressifs et meurtriers.

Par ailleurs, la démesure absolue et sans antécédent du nazisme reposa en grande partie sur le pouvoir de la science et de la technique modernes. On sait à cet égard le rôle important que jouèrent les médecins nazis dans les diverses expérimentations pratiquées sur les prisonniers des camps de concentration. On sait également que des scientifiques allemands de premier plan, de Werner Heisenberg à Werner Von Braun, apportèrent par leurs connaissances uniques une contribution essentielle à l'édification de l'impressionnant arsenal de guerre (et donc à la machine de mort à grande échelle) du régime.

Quant à l'idéologie coloniale, il est bien évident qu'elle fut essentiellement en Europe le produit des démocraties britanniques et françaises. À cet égard, ce sont surtout les gens de gauche inspirés par les nouvelles idées socialistes qui, au XIXe siècle, sous la Troisième République, célébrèrent avec le plus de vigueur et d'enthousiasme le projet colonial au nom d'un universalisme soutenu par les valeurs de progrès social et de liberté individuelle. La raison humaniste engendra paradoxalement en ce sens l'une des pires formes de domination et d'oppression de la modernité.

La révolte porte moins de violence en elle que la révolution. Elle n'est donc pas nihiliste, au sens où elle échappe à la volonté de puissance. Camus s'oppose ici à l'héritage philosophique nietzschéen, mais aussi à celui de Sade, plus directement révolutionnaire. Elle se distingue en outre de la tradition romantique que perpétuaient encore, selon Camus, des poètes tels que Rimbaud et Lautréamont, en particulier dans leur exaltation du mal et du crime. Elle n'est pas non plus soumise à une autorité ni à un parti.

Elle implique une attitude de résistance face à la société et à ses lois ainsi qu'un rejet moral profond de « l'horreur tranquille du monde ». Sa valeur-clé est la liberté individuelle, mais pas celle que l'idéologie néolibérale dominante prône aujourd'hui, soit la liberté issue du pouvoir de l'argent, du commerce et du libre-échange. Il s'agit de défendre au contraire une liberté conçue en termes éthiques et spirituels plutôt qu'économiques et matériels.

En outre, le temps de la révolte est différent de celui des grandes révolutions du XXe siècle. Par opposition au communisme, en particulier, il ne souligne pas le pouvoir transcendant de l'histoire et l'accomplissement de son processus. Il surgit plutôt dans le « ici et maintenant », dans le présent pur de l'action politique. C'est la raison pour laquelle il est plus proche du flux naturel de l'existence humaine. Les images prédéterminées d'un avenir parfait et d'un devenir de l'homme à l'intérieur d'une communauté idéale étaient en quelque sorte des illusions produites par les idéologies révolutionnaires. La révolte, dès lors, correspond mieux à une époque post-historique comme la nôtre. Elle implique ainsi le sentiment d'une urgence et cherche à saisir le présent sous sa forme la plus éphémère et la plus instable.

La révolte constitue en ce sens une attitude de transgression et de contradiction plus que de véritable destruction. Elle découle d'une prise de conscience nécessaire du mal dans le monde. Elle renvoie en outre à un sujet fragmenté malgré son désir d'unité. Cette crise d'identité s'est reflétée aux États-Unis dans un mouvement de révolte comme le mouvement *Occupy*, auquel ont participé de nombreuses victimes du krach financier de 2008. Elle est d'abord le résultat d'un ordre socio-économique global qui provoque des processus arbitraires d'indifférenciation et de perte de repères autant professionnels que personnels.

Ce qu'un tel mouvement a prouvé également, c'est qu'une révolte individuelle contre les revers du destin finit toujours par se constituer en communauté, dans la mesure où d'autres hommes et d'autres femmes partagent la même expérience douloureuse. Comme l'écrit Camus : « Dans l'épreuve quotidienne qui est la nôtre, la révolte joue le même rôle que le « Cogito » dans l'ordre de la pensée. Elle est la première évidence. Mais cette évidence tire l'individu de sa solitude. Elle est un lieu commun qui fonde sur tous les hommes sa première valeur. Je me révolte, donc nous sommes.[120] »

La révolte, par opposition à la révolution (qu'elle soit jacobine ou bolchevique), n'est pas homogène d'un point de vue idéologique : elle s'accorde encore une fois mieux à une époque privée de véritable centre et d'unité politique. En ce sens, elle respecte un principe fondamental de diversité qui s'est retrouvé dans le mouvement *Occupy*, auquel ont participé des citoyens de tous les âges et de toutes les conditions qui ne représentaient ni un seul parti ni une seule organisation politique.

Cette diversité garantit alors une indépendance d'esprit qui fut si chère à Camus et à sa pensée morale. Elle s'inscrit par ailleurs dans

---

[120] ALBERT CAMUS, *L'Homme révolté*, Bibliothèque de la Pléiade, p. 432.

une agora qui est profondément issue de l'héritage grec, c'est-à-dire dans une utilisation de l'espace public à des fins politiques qui donne à entendre une parole commune.

En outre, la révolte n'est pas à proprement parler utile : elle ne sert pas un but prioritairement pratique mais possède au contraire une nécessité de nature philosophique et existentielle. Elle est ainsi surtout d'ordre métaphysique, comme le soulignait bien Camus : « La révolte métaphysique est le mouvement par lequel un homme se dresse contre sa condition et la création tout entière. Elle est métaphysique parce qu'elle conteste les fins de l'homme et la création.[121] »

Camus cite dans cette optique la révolte de l'esclave contre ses maîtres : « L'esclave rebelle affirme qu'il y a quelque chose en lui qui n'accepte pas la manière dont son maître le traite.[122] » On peut assister aujourd'hui, dans notre univers mondialisé, à de telles révoltes. Les maîtres de notre temps, en effet, ce sont en particulier les spéculateurs financiers de Wall Street auxquels de nombreux citoyens américains se sont opposés à travers le mouvement *Occupy*. Celui-ci n'est pas purement circonstanciel : il signifie au contraire le refus universel et éternel de la domination. Dans un monde de plus en plus soumis au vertige inégalitaire, tout être humain peut en effet ressentir un jour le besoin de se dresser contre les pouvoirs qui représentent les 1% au sommet de l'échelle sociale.

Ce qui a changé, entre le monde dans lequel vivait Camus et le monde actuel, entre les années cinquante et le début du XXIe siècle, c'est la nature du mal radical auquel l'homme révolté s'oppose. Celui-ci n'est plus ni le communisme ni le fascisme (le nazisme), comme dans la pensée de l'écrivain existentialiste, mais le fondamentalisme islamiste, d'une part, et le fondamentalisme capitaliste, d'autre part. Le communisme et le nazisme étaient au XXe siècle des produits intellectuels et politiques de l'Europe. Par contraste, les nouveaux totalitarismes proviennent soit de l'Orient, soit d'une vision du monde transnationale et globale qui implique la disparition des frontières et la négation des spécificités culturelles et sociales.

La pensée de Camus, malgré sa forte critique des idéologies européennes de son temps, s'inscrivait néanmoins dans une histoire des idées profondément liée au vieux continent, une histoire qui allait selon lui de Lucrèce et Épicure à Scheler et Rousseau. En ce sens, elle

---

[121] *Ibid*, p. 435.
[122] *Ibid*, p. 435.

se serait sans doute acharnée de la même manière, aujourd'hui, contre ces nouvelles menaces visant directement les valeurs humanistes de l'Europe et de l'Occident en général. La révolte, ainsi, constitue toujours une réaction fondamentale contre le totalitarisme, au nom d'un idéal indestructible de liberté intellectuelle et morale.

Ces totalitarismes actuels, par opposition aux grands fléaux du siècle dernier, ne s'incarnent plus cependant dans des états hautement hiérarchisés et concentrés : ils participent par contraste de pouvoirs supra-politiques, soit culturels et religieux, soit financiers. La terreur et le malheur qu'ils engendrent sont dès lors plus difficiles à saisir et surtout à combattre, en raison de leur caractère fondamentalement disséminé.

La critique qu'il faut adresser à Camus, alors, ce n'est pas d'avoir démonté les mythes révolutionnaires de son époque, comme le croyait Sartre, car sur ce point et selon l'expression consacrée, l'histoire lui a donné raison. Les failles de son discours apparurent ailleurs, plus particulièrement dans les quelques pages consacrées au surréalisme, dont le ton fut parfois outrancier.

Il commença ainsi par évoquer avec une certaine hésitation, étant donné « le fond et la noblesse de son exigence[123] », la dictature présumée d'André Breton : « Son mouvement a mis en principes l'établissement d'une autorité impitoyable et d'une dictature, le fanatisme politique, le refus de la libre discussion et la nécessité de la peine de mort.[124] » Quels que fussent les dérapages idéologiques de Breton et de ses collègues (et ceux-ci furent incontestables), ils n'envoyèrent pourtant personne au bûcher. Breton, ainsi, malgré son intransigeance philosophique, ne fut ni un Robespierre ni un Saint-Just, ni encore moins un Staline ou un Beria.

En outre, il exagéra le nihilisme esthétique du surréalisme, quand il écrivit : « Dès ses origines, le surréalisme, évangile du désordre, s'est trouvé dans l'obligation de créer un ordre. Mais il n'a d'abord songé qu'à détruire, par la poésie d'abord sur le plan de l'imprécation, par des marteaux matériels ensuite. Le procès du monde réel est devenu logiquement le procès de la création.[125] »

Ce procès de la création ne fut jamais, chez Breton et les poètes surréalistes, de Desnos à Soupault, qu'un procès de la création

[123] *Ibid*, p. 503.
[124] *Ibid*, p. 503.
[125] *Ibid*, p. 501.

strictement réaliste dans la culture occidentale. Il constitua bien ainsi un véritable projet artistique, à la fois littéraire et plastique, soutenu par l'invention de formes nouvelles et originales. On peut penser que les idées de Camus sur le surréalisme furent à cet égard influencées par René Char, ce poète à la parole à la fois raisonnée et lyrique qui fut au départ proche des surréalistes avant de se séparer d'eux et qui, à l'époque de *L'Homme révolté*, était déjà devenu un ami personnel d'Albert Camus.

Pourtant, Camus eut raison quand il constata l'incompatibilité profonde du marxisme et du surréalisme, car le marxisme exigeait la soumission de l'irrationnel à la rationalité révolutionnaire, alors que pour les surréalistes, la révolution elle-même était irrationnelle (« Les surréalistes s'étaient levés pour défendre l'irrationnel jusqu'à la mort »[126]). Elle était un mythe absolu, une expérience prioritairement poétique avant d'être politique (« La vie véritable comme l'amour », pour reprendre les mots d'Éluard cités par Camus). Le surréalisme exigea une unité fondamentale du monde alors que les marxistes revendiquèrent eux une totalité.

Camus reconnut ensuite que le surréalisme ne fut pas action, mais « ascèse et expérience spirituelle[127] » et « une impossible sagesse[128] » avant d'être une force de transgression et de « sommation morale », pour reprendre l'expression de Georges Bataille sur les origines du mouvement. Cette sagesse fut celle d'une quête de l'au-delà dans le rêve et la poésie, en contradiction avec la raison qui, « passée à l'action, fait déferler ses armées sur le monde.[129] »

Malgré quelques tensions et incompréhensions, des convergences entre l'existentialisme et le surréalisme sont donc malgré tout possibles, car tous deux furent animés par l'urgence de la révolte à une époque de négation profonde des valeurs spirituelles qu'ils recherchaient, bien qu'ils choisirent des formes très différentes pour l'exprimer. L'existentialisme se détourna en effet de l'imaginaire au nom d'un soupçon intellectuel qui était motivé par l'exigence d'un engagement incessant dans le monde. Le culte surréaliste du rêve et des images inconscientes constitua pour Camus une forme d'esquive

[126] *Ibid*, p. 505.
[127] *Ibid,* p. 505.
[128] I*bid*, p. 507.
[129] *Ibid*, p. 507.

et de retrait par rapport aux exigences morales de l'écrivain, ce que Sartre avait dénoncé dans sa critique de l'imaginaire surréaliste.

Le rêve, cependant, loin d'une échappée gratuite hors du monde, était pour les surréalistes le meilleur moyen de le retrouver tout en le transcendant par l'œuvre du langage littéraire et poétique. Il s'agissait d'atteindre un point suprême, « un certain point de l'esprit d'où la vie et la mort, le réel et l'imaginaire, le passé et le futur cessent d'être perçus contradictoirement. », pour reprendre les mots mêmes de Breton cités par Camus[130]. La révolte, en ce sens, détenait à tout moment une raison d'être: elle exprimait une vérité éternelle, au-delà des circonstances particulières de l'existence humaine.

Les surréalistes ne virent pas de contradiction entre la révolte et la révolution. La première était ainsi pour eux la condition nécessaire de la seconde. La révolte comportait une dimension plus esthétique que politique, certes, dans la mesure où pour Breton, dans le manifeste de 1924 en particulier, elle impliquait un rejet du rationalisme de la tradition culturelle et intellectuelle occidentale. La révolte s'incarnait surtout dans la figure du poète voué aux images issues du rêve et au culte du surnaturel. Breton considéra ainsi surtout la dimension formelle de la révolte, son ancrage dans les vers et les visions poétiques. Il ne pouvait y avoir de révolte, en ce sens, sans expression débridée de l'imaginaire.

Un autre poète surréaliste, Benjamin Péret, fortement engagé aux côtés de Trotski, critiqua d'ailleurs chez Camus son opposition systématique entre révolte et révolution qui aboutissait inévitablement au dénigrement de cette dernière. Dans son article « Camus : le révolté du dimanche », datant de mai 1952, il mit en question les connaissances de l'écrivain existentialiste en matière de marxisme, connaissances qui selon lui étaient surtout issues de la lecture de la *Sociologie du communisme* de Jules Monnerot. Il refusa en particulier l'idée douteuse d'un « fatalisme marxiste » et utilisa l'exemple de la réponse directe du peuple espagnol au coup d'état de Franco le 19 juillet 1936 pour démontrer que la révolte constituait bien la condition nécessaire et historique de la révolution. Le peuple affirma dans ces circonstances précises son opposition à la fois au complot militaire et au gouvernement républicain qui avait été incapable de le déjouer :

---

130 *Ibid,* p. 506.

> Leur victoire a aussitôt et automatiquement transformé cette révolte en révolution, mais cette dernière a découvert instinctivement une forme que n'avaient recommandée ni les marxistes ni les anarchistes, si bien que tous les groupements politiques et syndicaux se trouvèrent, le lendemain de l'éviction du capitalisme, désemparés par la nouveauté du fait et incapables d'en comprendre la portée.[131]

Péret montre bien que les défauts d'organisation de ce mouvement incapable d'imposer dans la foulée une direction centrale profitèrent aux staliniens qui avaient vu d'un mauvais œil le surgissement de cet élan révolutionnaire. Pour Péret, cependant, ce moment important de la guerre civile espagnole éclaira la quasi-simultanéité irrésistible de la révolte et de la révolution. Il se référa également au gouvernement du Front populaire, à la même époque en France, pour étayer ses thèses. Une telle référence lui permit par ailleurs de critiquer avec force les hommes politiques de gauche de l'époque, y compris les dirigeants communistes, qui avaient tenté d'enrayer le mouvement ouvrier de nature insurrectionnelle :

> Qui avait, en juin 1936, donné le mot d'ordre d'occupation des usines ? Personne. C'est si vrai que Blum, aussi bien que Thorez n'ont rien eu de plus pressé, tout en soutenant le mouvement en paroles, que de le saboter en apportant la « mesure » réclamée par Camus pour la révolte, empêchant celle-ci de se transformer en révolution. Est-ce le but que se propose Camus ? Il ne le semble pas. Il a simplement voulu jouer, jongler avec la révolte, l'anarchie et le marxisme, mais c'est un jeu où l'on se brûle.[132]

Péret accusa ainsi Camus de ne pas assez prendre au sérieux la notion de révolte du point de vue politique. *L'Homme révolté*, selon lui, aboutissait à un échec philosophique, et son constat négatif, assez ironiquement, n'était pas très éloigné de celui de Sartre. Pour Péret, en effet, la lutte des classes constituait la dimension essentielle des rapports sociaux dans le monde capitaliste moderne : l'interprétation de la révolte par Camus tournait incontestablement le dos à cette vérité fondamentale.

---

[131] BENJAMIN PÉRET, *Le Déshonneur des poètes, suivi de Camus, le Révolté du dimanche, Sur Léon Trotsky, Poèmes. Avec G. Munis Les Syndicats contre la Révolution.* Préface de Jean-Jacques Lebel. Paris: Acratie, 2014, p. 120.
[132] PÉRET, *Ibid,* p. 121.

La fameuse déclaration incendiaire de Breton, selon laquelle l'acte surréaliste par excellence consistait à tirer au hasard sur la foule dans la rue, traduisait l'idée d'une violence nécessaire et en apparence gratuite. Mais celle-ci ne faisait que répondre à la violence inhérente à l'ordre social. Elle était en quelque sorte la réaction inévitable à l'aliénation et à l'oppression engendrées par le monde moderne et le capitalisme. Pour Breton, comme pour Péret, le poète surréaliste était condamné à la révolte par la réalité la plus crue de l'existence : son geste destructeur ne comportait ainsi aucune portée métaphysique.

La révolte surréaliste constituait incontestablement le seuil de l'action révolutionnaire. Révolte et révolution allaient de pair, dans la mesure où dans sa phase initiale en tout cas, le surréalisme idéalisa la Révolution russe de 1917 et projeta une perspective romantique sur celle-ci. Mais la notion de révolte conçue par les surréalistes était elle-même profondément issue du romantisme du XIXe siècle : l'idéologie bolchévique reflétait dès lors pour eux un même esprit critique face au matérialisme bourgeois.

Les surréalistes n'oublièrent jamais la dimension esthétique de l'idéal révolutionnaire. Le changement radical, en effet, ne pouvait s'incarner que dans des formes et des œuvres d'art. Il suffit de songer aux titres de revues comme *Le Surréalisme au service de la révolution* et *La Révolution surréaliste*. Camus, par contraste, négligea cette dimension essentielle et ne considéra alors qu'un certain réalisme révolutionnaire de nature pratique et même cynique. Il se contenta dans cette perspective d'une interprétation idéologique du mot : 'révolution', interprétation à laquelle de toute évidence les surréalistes ne pouvaient souscrire.

L'idéologie débouchait ainsi pour Camus sur le nihilisme, c'est-à-dire sur la négation absolue de toute vérité philosophique. Les surréalistes, de leur côté, virent dans la révolution un mouvement de transcendance vers l'unité et donc la possibilité de dépasser le néant de la condition humaine. Cette transcendance était à la fois esthétique et politique. Les deux forces les plus importantes de leur projet devaient dès lors être synthétisées dans un processus éminemment collectif mais qui, néanmoins, devait permettre de libérer et d'affirmer l'expression de la subjectivité. Camus, lui, fut obnubilé par ce qu'il croyait être l'objectivité révolutionnaire, soit par un modèle qui s'opposait à l'individu et à son désir d'émancipation radicalement existentiel.

La révolte surréaliste imposa le rapport nécessaire entre poésie et politique. L'existentialisme, lui, jeta un doute sur la capacité de la première à véhiculer un discours politique cohérent, ce qui apparut clairement dans les écrits de Sartre sur l'imaginaire surréaliste (mais aussi sur Baudelaire). Ce rapport était bien de nature éthique, mais il n'était pas par contre inspiré par l'humanisme occidental. Car cet humanisme issu du monde grec avait toujours privilégié la rationalité comme mode de connaissance de la réalité et avait, ce faisant, accordé une valeur souveraine à la science et à la philosophie plutôt qu'à la poésie.

Avec le recul du temps, la révolte surréaliste semble plus proche de nous que la révolte camusienne, précisément parce que l'époque actuelle, celle du XXIe siècle et de la mondialisation, se montre particulièrement sceptique à l'égard de toute posture et raison humanistes. Il ne nous reste sans doute plus comme politique et comme morale commune que celle des formes et des images : c'était déjà ce que disait Breton en 1924 quelques années seulement après le carnage de la Première Guerre mondiale qui avait particulièrement ébranlé les écrivains et les artistes d'avant-garde (on le sait depuis Dada) dans leur foi en l'homme.

« Le rationalisme est-il encore possible après les combats de tranchées de 14 ? » se demanda Breton, lui qui avait personnellement vécu ces événements meurtriers. Après un tel événement, mais aussi, plus près de nous, après le onze septembre et l'État islamique, le soupçon surréaliste posé sur une telle approche philosophique est en effet plus pertinent que jamais. Toute prétention à la rationalité (et à sa supériorité morale) semble aujourd'hui quelque peu factice face au chaos global qui nous entoure.

Il ne reste plus à l'artiste et au poète qu'à affirmer une autre forme d'irrationnel non pas destructrice mais imaginative. « La poésie est-elle encore possible après Auschwitz ? » se demandait Adorno. La réponse surréaliste à cette question du penseur marxiste aurait été un oui franc et net. La poésie, en effet, n'était pas seulement possible après l'Holocauste : elle était bel et bien devenue urgente et surtout indispensable. Le surréalisme fut d'ailleurs aussi un existentialisme (« la vie *à perdre haleine* » disait Breton). Mais il inscrivit la question souveraine de l'existence au cœur du langage poétique et des visions : c'est seulement au cœur de ceux-ci, en effet, que l'homme pouvait trouver selon lui la liberté, et non pas dans le monde de l'action concrète ni de la pensée. Ce langage et ces visions s'affirmèrent alors au-delà des idées et de la seule réalité comme contradiction irréfutable des ténèbres éternelles du monde.

Les Lèvres nues : Le surréalisme avec le situationnisme

La revue *Les Lèvres nues* comporta à l'origine douze numéros et parut essentiellement entre 1954 et 1958[133]. Elle témoigna de la grande vitalité du mouvement surréaliste dans la période de l'après-guerre en Belgique. On a coutume de penser à cet égard que le surréalisme connut son apogée dans les années vingt et trente et que les décennies ultérieures marquèrent en quelque sorte son déclin inévitable. Rien n'est moins vrai, notamment dans le cas de l'activité surréaliste belge. Celle-ci se poursuivit intensément précisément parce qu'elle reposait sur la parution de revues qui se caractérisaient par leur dimension hétérogène et la diversité de leurs collaborateurs.

Les revues, en ce sens, constituèrent des formes ouvertes, propices à la fois à la création littéraire spontanée et au discours critique. Elles détenaient en particulier des avantages matériels, dont un coût de production relativement bas et une diffusion rapide, même si elles tiraient en général à un petit nombre d'exemplaires. Dans ce contexte, le cas des *Lèvres nues* est d'autant plus intéressant qu'il représente la rencontre du surréalisme et du situationnisme. On trouve en effet parmi les principales signatures de ses différents numéros les noms des surréalistes belges Marcel Mariën, Paul Nougé, André Souris et Louis Scutenaire, mais aussi parallèlement celui de Guy Debord.

Les années cinquante donnèrent naissance à diverses avant-gardes issues en quelque sorte du surréalisme mais se définissant pourtant en contradiction par rapport à lui. Ce fut le cas du situationnisme. Le surréalisme, ainsi, se trouva fortement contesté et mis en question par des penseurs et des artistes plus jeunes que ses membres fondateurs, dont Breton.

---

[133] Ce nom fut aussi celui d'une maison d'édition qui publia les ouvrages des principaux collaborateurs de la revue.

Une nouvelle génération d'auteurs radicaux souligna alors les déficiences du surréalisme non seulement dans le domaine esthétique, avec sa fixation sur l'automatisme poétique, mais aussi dans la sphère politique. Il fallait selon eux reformuler le concept de révolution dans le contexte d'une société capitaliste en plein essor, celle des trente Glorieuses et de la croissance économique.

Ce sont les surréalistes belges qui accueillirent alors les premiers, et ce de façon un peu surprenante, les réflexions de Debord sur le détournement et la théorie de la dérive. Par contraste avec le mouvement français dirigé par André Breton, le mouvement belge était essentiellement acéphale. Il n'obéissait à l'autorité d'aucun chef de file proprement dit, ce qui le rendait à bien des égards plus souple et plus ouvert à des influences extérieures.

Quelques années avant la parution du premier numéro de la revue, en 1947 déjà, le groupe surréaliste belge avait appuyé dans sa grande majorité *Le Manifeste du surréalisme révolutionnaire*. Ce manifeste insistait sur le besoin de poursuivre un projet politique radical à l'ombre de Marx et du communisme, alors que Breton semblait emprunter au même moment la voie de l'utopie fouriériste. Il indiquait ainsi l'existence d'une brèche qui avait commencé à séparer les surréalistes belges de Breton et de son influence parfois pesante.

On peut comprendre, dans cette perspective, pourquoi des poètes et artistes tels que Nougé et Mariën, qui avaient accordé leur soutien à ce manifeste, furent réceptifs au discours de Debord et ce, de façon précoce. Ils partageaient avec ce dernier, en quelque sorte, le désir d'une prise de distance par rapport à l'héritage écrasant de Breton. Une telle collaboration permettait ainsi d'éloigner la menace de l'académisme et de l'embourgeoisement qui avait d'une certaine manière atteint le surréalisme après la Deuxième Guerre mondiale. Elle reflétait un renouvellement philosophique du projet surréaliste dans sa confrontation nécessaire au monde contemporain, celui de la société de consommation et de la guerre froide.

Par cette rencontre inattendue entre le surréalisme belge et le situationnisme (même si celui-ci ne naquit officiellement qu'en 1957), il s'agissait bien d'actualiser le surréalisme, au-delà d'une perspective idéologique classique qui l'avait, dans les années vingt et trente, lié à l'événement de la Révolution d'Octobre en Union Soviétique.

La revue *Les Lèvres nues* se voulait ancrée dans le présent et le concret d'une époque. Elle refusait selon cette optique de figer le surréalisme dans un temps révolutionnaire appartenant au passé.

Après tout, cette revue parut pour la première fois un an seulement après la mort de Staline : elle dut dès lors prendre en considération la fin d'un certain modèle politique (et d'un certain pouvoir) afin de mieux préparer l'avenir et d'affirmer son propre projet de changement radical.

On peut dire que la pensée de Guy Debord fut issue de la fin du stalinisme, dans la mesure où elle rompit avec la doctrine marxiste classique pour chercher une voie originale plus libertaire et moins rigide. En d'autres termes, Debord fut sans doute le premier penseur de gauche réellement postmarxiste en France, à une époque dominée par l'engagement politique sartrien.

« Staline est mort, vive la révolution ! », clamèrent alors ensemble les surréalistes belges et Debord à travers l'expérience des *Lèvres nues*. Il s'agissait surtout selon eux de concevoir des perspectives et propositions utopiques à l'intérieur de la société post-industrielle. Une telle nécessité découlait du sentiment commun de l'échec profond du socialisme en Union Soviétique, déformé par la propagande et les dogmes aveugles.

Le texte sans doute le plus accompli et le plus riche publié dans la revue est à cet égard celui de Marcel Mariën dans le numéro de septembre 1958. Il s'intitule *Théorie de la Révolution mondiale immédiate* et constitue un essai d'une centaine de pages qui définit et analyse un modèle révolutionnaire original basé sur un temps nouveau du politique, celui de l'instant, et non plus celui de l'histoire, comme dans la perspective hégélienne et marxiste. Le mot : 'mondial' est lui aussi significatif, car il souligne bien la dimension universelle du surréalisme.

« Le socialisme n'existe encore nulle part sur terre : il n'en est qu'au stade de l'espérance », écrit ainsi Mariën[134]. L'auteur condamne dans son projet la propriété privée et ne renie donc pas en ce sens les principes fondamentaux du marxisme. Mais il dépasse alors ceux-ci dans une sensibilité plus ludique et spéculative qui s'éloigne de la simple réalité matérielle et des déterminations purement économiques de la vie humaine. Le monde moderne est maintenant livré au pouvoir grandissant de la publicité et des médias de masse (la télévision vient en effet de naître) : Mariën ne peut que reconnaître cette situation nouvelle et revendiquer dans cette perspective l'expression de son

[134] *Les Lèvres nues*, no 10 à 12, septembre 1958, p. 40.

message révolutionnaire par des moyens qui sont essentiellement publicitaires.

Il envisage également la création de ce qu'il appelle un « Club des loisirs », c'est-à-dire une organisation mondiale du temps libre à une époque où celui-ci occupe une place de plus en plus grande dans la vie des gens. Il se rapproche ainsi de Debord et du situationnisme, dans la mesure où celui-ci considéra avec une grande attention le rôle décisif joué par les loisirs dans l'organisation sociale et culturelle du capitalisme avancé. Pour les situationnistes, il fallait en ce sens libérer le temps libre, selon une formule apparemment paradoxale.

Mariën fait ici directement référence à Blanqui, qui crut en une révolution spontanée de type insurrectionnel. Celle-ci résulte d'un surgissement des masses, soit d'une pulsion collective débridée et soudaine qui mène au renversement brusque et inattendu de l'ordre socio-politique. Une telle vérité pouvait s'appliquer à la Révolution russe d'octobre 1917 :

> Si le révolutionnaire, c'est-à-dire l'homme qui dirige le cours tumultueux de la révolution, est essentiel à celle-ci, toute sa science, toute son adresse n'en sont pas moins vouées à un échec certain s'il ne peut compter sur la participation active de larges couches de la population. Les circonstances de ce concours des masses relèvent, suivant le marxisme, de leur spontanéité. Brusquement-et revoici le proverbe sur l'eau qui bouillonne et fait sauter le couvercle- les masses, après une plus ou moins longue fermentation, sortent enfin de leur misérable ornière, se rassemblent et s'agitent, et se ruent à l'assaut du ciel. Le marxiste, qui n'ignore pas la nécessité primordiale de cette spontanéité, se trouve donc en quelque sorte réduit à attendre que ce phénomène se manifeste à la faveur d'événements plus ou moins exceptionnels, et tout particulièrement à la suite du délabrement général de la société au terme d'une guerre longue et sanglante. Ainsi naquirent, on le sait, les révolutions russe et chinoise.[135]

La révolution authentique est par essence surréaliste puisqu'elle jaillit dans une expression instantanée et non préméditée. Elle est en quelque sorte automatique. Le modèle révolutionnaire de Mariën exige un ici et maintenant, une réalisation sans délai. Ce processus de renversement total doit selon lui s'accomplir au terme d'une année, et

[135] *Les Lèvres nues*, *Ibid*, p. 43-44.

pas plus. Il est tributaire, selon ses propres mots, « d'une action intense et rapide ».

Le discours politique de Mariën s'inscrivait délibérément dans le présent. Mais le situationnisme de Debord exigeait lui aussi une inscription de l'homme et de son imaginaire dans le présent. Le terrain privilégié des détournements et autres dérives était bien celui de la vie quotidienne. Celle-ci, dans les années cinquante, devint ainsi un véritable concept philosophique, comme en témoignent les travaux originaux d'Henri Lefebvre qui inspirèrent Debord et ses disciples.

Le surréalisme ne pouvait alors que saisir ce concept, dans la mesure où Breton fit de la vie quotidienne, dans *Nadja* en particulier, le lieu essentiel d'une création onirique et d'une production d'images inconscientes[136]. Mariën fut aussi dans cette perspective un artiste qui conçut des objets insolites associés pourtant à la vie concrète de tous les jours.

Les articles des *Lèvres nues* reflètent la volonté de dépasser le mouvement soi-disant irrésistible de l'histoire pour affirmer une vie urgente et sans attente. La vie quotidienne ne constituait pas encore un terrain miné par l'idéologie : elle ouvrait ainsi des perspectives nouvelles dans son rapport étroit à l'éphémère. Au-delà de la ligne droite de l'histoire, Mariën et ses collègues épousaient les sinuosités du monde de l'instant.

Cette insistance sur le court terme et sur des formes d'actions sporadiques annonça à bien des égards la contre-culture des années soixante. Le surréalisme des *Lèvres nues,* dans cette optique, opéra la jonction entre le surréalisme originel des années vingt et trente, celui qui fut surtout défini par Breton, et les mouvements d'avant-garde des années soixante et soixante-dix, comme Fluxus par exemple.

Le modèle révolutionnaire construit par Mariën équivalait en effet à un happening politique avant la lettre, dans son insistance sur l'improvisation et son caractère soudain. Le marxisme demeurait cependant pour lui une référence théorique et politique de base, dans la mesure où la gauche occidentale n'avait pas encore affirmé à l'époque ses rêves et ses désirs libertaires, ni en Belgique ni dans d'autres pays. Ceux-ci ne s'exprimèrent que plus tard, autour de Mai 68 en particulier.

Des pages entières des *Lèvres nues* furent ainsi couvertes de détournements publicitaires, dont les fameux « Pour une mort plus

---

[136] ANDRÉ BRETON, *Nadja*, Paris: Gallimard, 1990.

rapide », légende associée ironiquement à l'image d'une bouteille de Coca-Cola, ou le « Ne soyez plus victime de Ford », qui superpose un crâne de mort à l'image d'une voiture de cette marque. Le numéro de mai 1956 inclut en outre un court texte de Debord et Gil Wolman intitulé *Mode d'emploi du détournement*. Ceux-ci écrivirent que :

> Dans son ensemble, l'héritage littéraire et artistique de l'humanité doit être utilisé à des fins de propagande partisane. Il s'agit, bien entendu, de passer au-delà de toute idée de scandale. La négation de la conception bourgeoise du génie et de l'art ayant largement fait son temps, les moustaches de la Joconde ne présentent aucun caractère plus intéressant que la première version de cette peinture. Il faut maintenant suivre ce processus jusqu'à la négation de la négation.[137]

Ils distinguèrent également entre le détournement *mineur* et le détournement *abusif*, le premier ayant pour objet une phrase sans importance ni signification profondes (coupure de presse ou slogan publicitaire) alors que le second s'exerce sur une déclaration ou une proposition chargée de sens, celles de leaders révolutionnaires ou d'artistes majeurs, par exemple. Pour les auteurs, le détournement apparaissait comme un puissant instrument culturel au service d'une lutte des classes bien comprise.

Ils soulignèrent également le rôle essentiel joué par le cinéma dans ce type de stratégie et dans l'élaboration de formes radicalement critiques de représentation en général (« C'est évidemment dans le cadre cinématographique que le détournement peut atteindre à sa plus grande efficacité, et sans doute, pour ceux que la chose préoccupe.[138] »)

L'article en question fut d'ailleurs lui-même illustré par un détournement pictural, soit un portrait de Lénine dont le front était dans ce cas couvert par la représentation d'un nu féminin. C'est en outre dans le numéro 7 de la revue datant de décembre 1955 que parut le scénario inédit d'*Hurlements en faveur de Sade*, l'anti-film sans image de Debord achevé le 17 juin 1952.

Debord et Wolman affirmèrent nettement ici la dimension politique de leurs actions de parasitage culturel. Mais ils révélèrent aussi leur volonté de rupture par rapport à un certain esprit de scandale des

---

[137] *Les Lèvres nues*, no 8, mai 1956, p. 2.
[138] *Les Lèvres nues*, *Ibid*, p. 6.

avant-gardes de la première moitié du XXe siècle, celui de Duchamp, en particulier. (On pourrait également considérer Dada dans ce contexte). Le détournement, en ce sens, mimait une forme de mort de ces avant-gardes (dont le surréalisme originel), ou en tout cas le caractère dépassé de leur discours critique, marqué par un besoin de transgression et de contradiction à la fois esthétique et morale.

Il s'inscrivait clairement dans une époque nouvelle qui voyait le développement sans précédent de la société de consommation. La sphère de l'art, qui fut encore celle des avant-gardes malgré leur revendication du non-art ou de l'anti-art à la Duchamp, était tout à coup remplacée par la sphère de la culture au sens large. Celle-ci mêlait maintenant les beaux-arts traditionnels (peinture, sculpture, dessin) aux nouveaux médias et langages de masse, de la publicité à la télévision en passant par les magazines et la mode. Les *Lèvres nues* témoignèrent alors d'une évolution profonde et irréversible. Pourtant, les collaborateurs de la revue ne se contentèrent pas de déplorer ni d'accepter avec fatalisme ce processus. Ils s'efforcèrent de perturber et de déconstruire ce nouvel ordre symbolique qui allait rapidement devenir universel.

Le surréalisme, en ce sens, dut se confronter dans les années cinquante à des modes de représentation qui lui étaient largement étrangers. L'art surréaliste, après tout, de Max Ernst à Magritte, fut encore dominé par la peinture et par les disciplines artistiques classiques, malgré son emploi du collage et son recours aux objets trouvés. La culture de masse maintenant dominante envahissait tout le champ social de la représentation. L'adhésion de Mariën et Nougé au détournement situationniste traduisit en ce sens la nécessité d'une adaptation au monde capitaliste de l'après-guerre tout en impliquant un mouvement de résistance et d'opposition radicale vis-à-vis de celui-ci.

Le problème essentiel de la culture de masse est précisément celui de la confusion culturelle. Elle débouche ainsi sur un mélange incessant des signes et des images et précipite une perte d'identité de la représentation. Le détournement témoigna à sa manière et avec une ironie extrême de cette situation négative. La seule façon de lutter efficacement contre une telle confusion et dissolution du sens fut bien d'affirmer alors coûte que coûte la dimension politique des formes.

Cette politique des formes s'opposait clairement au mythe de l'art révolutionnaire. Ce mythe avait ainsi accompagné l'histoire du surréalisme dans le prolongement de la Révolution russe et avait en particulier nourri une certaine conception de sa poésie, d'Éluard à Aragon. Le détournement, par contraste, se situait au-delà de l'art et même contre lui. Il ne prétendait pas en ce sens faire l'histoire, mais se contentait simplement de refaire le présent.

Cette société en pleine mutation des années cinquante imposa par ailleurs un mode de vie essentiellement urbain, tant en Belgique qu'en France. L'homme avait soudain perdu le rapport à la nature : son environnement quotidien s'inscrivait en effet dans les limites particulières d'une ville et était à bien des égards aliénant. Les situationnistes inventèrent dans ce contexte le concept de dérive afin de lui permettre de retrouver malgré une telle évolution un espace de liberté personnelle.

Il s'agissait de penser la ville, comme l'avait déjà compris Henri Lefebvre, dans la mesure où celle-ci reflétait l'essor d'un certain système économique, celui du capitalisme libéral, et répondait à ses exigences strictes[139]. Les collaborateurs des *Lèvres nues*, en ce sens, durent affronter une forme de rationalisation sociale à grande échelle dont le monde urbain constituait l'image privilégiée. Le parti pris d'irrationalité propre au surréalisme eut son rôle à jouer dans cette contestation de l'ordre établi, car il incluait notamment l'éloge du jeu et de la gratuité face à une société régie par le travail et les besoins de la production.

À cet égard, le numéro de novembre 1956 comportait un article de Debord intitulé : « Théorie de la dérive[140] ». Cette notion ne faisait de toute évidence pas partie du vocabulaire marxiste. La philosophie marxiste, en effet, reposait encore sur la valeur sacrée du travail et avait donc peu pris en considération les phénomènes de disjonction ou de rupture vis-à-vis de celui-ci. La phrase : « Arbeit macht frei », inscrite à l'entrée des camps de concentration nazis, n'était-elle pas d'ailleurs ironiquement inspirée de Marx ? La dérive impliquait par contraste l'idée d'un relâchement de la tension sociale, ce qu'on appellerait aujourd'hui le stress. Elle renvoyait à un autre temps de la vie humaine, moins précipité ou haché.

Son enjeu principal était moins le pouvoir du hasard dans les activités humaines (Debord se méfiait particulièrement de son emploi idéologique « toujours réactionnaire », selon les termes de cet article)

---

[139] Voir à ce sujet HENRI LEFEBVRE, *Critique de la vie quotidienne*, Paris: L'Arche, 1958.

[140] *Les Lèvres nues*, no. 9, pp 6-10.

que la conscience aiguë du rapport de celui-ci à un environnement personnel nécessitant une redéfinition constante. Cet environnement répondait pour les situationnistes d'une exigence de « psycho-géographie ». L'espace urbain devait dans cette optique être conçu dans sa mobilité et sa fluidité, et non selon une identité statique prédéterminée par les contingences matérielles.

L'absence de but dans les déambulations et les pérégrinations humaines était moins subversive, dans son essence, que poétique. Elle reflétait un culte de l'errance qui avait déjà trouvé sa place dans l'imaginaire du romantisme, au XIXe siècle, et que le surréalisme, au début du XXe siècle, n'avait fait que reprendre à son compte et selon ses propres normes esthétiques. Avec le recul du temps et à travers le regard d'un homme du XXIe siècle, il faut admettre que les théories situationnistes ont perdu aujourd'hui une partie de leur puissance critique.

Le nom de Debord lui-même est ainsi utilisé à tort et à travers dans certains médias branchés ou chics dont le propos général et les visées sont diamétralement opposés à celles de l'auteur de *La Société du spectacle*. C'est Debord chez les bobos, quand ce n'est pas chez les *people*. On pourrait également parler, pour employer le jargon de la critique littéraire, de « mise en abyme », soit de *La Société du spectacle* à l'intérieur (je n'oserais dire au cœur) de la société du spectacle.

Les situationnistes crurent fermement en la possibilité de discours et de pratiques culturels irrécupérables, c'est-à-dire non assimilables par la société capitaliste et par son système tout-puissant de consommation immédiate reposant sur des réseaux de diffusion et de distribution conventionnels et établis. Tel était le credo principal qui fondait les principes du détournement et de la dérive. Ils se placèrent en outre délibérément en marge des institutions traditionnelles de l'art et de la culture officielle (musées, grandes maisons d'édition et universités).

Leur projet reposa en quelque sorte sur une illusion d'intégrité qui était alors parfaitement légitime, mais qui se trouve désamorcée de nos jours par un ordre global des images capable à tout moment de neutraliser les pratiques les plus antagonistes et les plus radicales en les absorbant dans son propre mode de fonctionnement culturel. C'est ce qu'on appelle la récupération ou le recyclage. Elle soumet la dissidence à des règles symboliques qui lui sont étrangères et qui finissent par l'étouffer, sans que l'ordre régnant doive pourtant la détruire physiquement, comme ce fut souvent le cas dans les grands totalitarismes du XXe siècle.

Les années cinquante étaient encore des années de croyance en l'influence culturelle décisive de pensées alternatives et irréductibles. *Les Lèvres nues* rendent très bien compte de cette vision des choses. L'ère de la mondialisation, elle, a accompli un immense processus de réduction qui permet de confondre le pouvoir et son ennemi même le plus farouche. Dans ce processus, le sens profond de la contradiction disparaît ou est au mieux caricaturé.

C'est la raison pour laquelle la revue *Les Lèvres nues* offrit la promesse d'une contre-culture qui était aussi une contre-politique. Elle constituait ainsi une revue *underground*, ou souterraine, surtout dans une société belge bourgeoise et frileuse où le Parti communiste et l'extrême-gauche en général n'avaient jamais bénéficié d'une grande popularité, même au sortir de la Seconde Guerre mondiale.

Elle frappe par son aspect modeste et sa facture artisanale. On est loin des magazines culturels sur papier glacé qui foisonnent dans le monde contemporain. Elle ressemble presque à une publication de lycéens, avec son nombre de pages généralement limité. L'avant-garde, ainsi, celle du surréalisme et du situationnisme conjugués, se cantonna du point de vue strictement matériel dans une position de retrait qui constitua paradoxalement sa force politique et la meilleure garantie de sa probité intellectuelle.

Les années cinquante donnèrent naissance à une mise en question intense de la notion d'avant-garde, tant en littérature qu'en art. Ces avant-gardes s'étaient surtout constituées autour du premier conflit mondial, de Dada au surréalisme. Elles avaient par ailleurs connu une période d'activité et de développement intense dans l'entre-deux-guerres. Après la Libération, cependant, elles eurent tendance à être moins présentes sur la scène littéraire et artistique des divers pays européens dont elles étaient avant tout originaires.

Cette nouvelle ère, marquée d'abord par l'apparition d'une culture de masse, fut surtout préoccupée par le bien-être matériel des hommes et par la croissance économique. Par ailleurs, le surréalisme s'était constitué une identité politique à partir du modèle supposé de la Révolution russe. La mort de Staline et l'aveu des crimes du stalinisme par Kroutchev lui-même accentuèrent le sentiment d'une inadéquation de la pensée surréaliste à la réalité contemporaine.

Certes, un mouvement comme Cobra émergea-t-il dans le nord de l'Europe dès 1949, mais sa durée officielle fut éphémère, puisqu'il finit en 1952. Les écrits et la pensée de Debord et de ses collègues prirent dès lors place dans un vide qu'il fallait d'une certaine manière combler sans pour autant l'ignorer. La société de consommation reposa sur le culte de l'individualisme bourgeois. À l'intérieur d'un tel contexte socio-culturel, l'identité communautaire liée aux avant-gardes devenait plus difficile à affirmer.

Le situationnisme, qui fut déjà présent en tant que philosophie dans *Les Lèvres nues* avant sa fondation proprement dite, se fit le miroir d'un vide ou d'un affaiblissement des avant-gardes en tant qu'agents d'idées révolutionnaires. Il fallait proposer alors de nouvelles formes de changement radical : pour Debord, les avant-gardes avaient péché soit par un excès d'esthétisme (ce qui était particulièrement clair dans le discours critique de Breton), soit par une attitude nihiliste impuissante à transformer le cours de la réalité (ce qui avait été le cas, selon Debord toujours, pour Dada).

Le situationnisme tenta de dépasser simultanément le formalisme quelque peu gratuit du surréalisme des années vingt et trente et l'anarchisme quelque peu juvénile de Dada à ses débuts. « Les avant-gardes sont mortes, vive les avant-gardes ! » proclama-t-il ainsi pour paraphraser une formule citée plus haut à propos de Staline et de la révolution. La dimension essentiellement politique de ces avant-gardes devait être repensée en fonction d'une culture basée sur la distraction perpétuelle de l'homme par l'homme (qui rimait bien évidemment et assez paradoxalement avec la domination perpétuelle de l'homme par l'homme).

La plus grande mythologie produite par ce capitalisme des années cinquante fut celle de la liberté culturelle accessible à tous. « Vous êtes libres de vous amuser et de vous divertir » fut son mot d'ordre le plus frappant. Ni le fascisme, ni le communisme, ni même des formes antérieures de capitalisme (le capitalisme de la Révolution industrielle au XIXe siècle en particulier) n'offrirent par contraste de telles possibilités, puisqu'ils avaient surtout mis l'accent sur la valeur du travail comme ciment de la communauté.

Le spectacle était alors le symbole le plus profond et le plus vivace d'une telle illusion de bonheur. La mystification de l'homme par l'idéologie (que ce soit dans le fascisme ou le communisme) fut alors remplacée par la mystification de l'homme par le mode de vie libéral lié à l'extension apparemment infinie des loisirs à l'intérieur de l'espace social.

Dans cette perspective, l'art et la poésie passèrent au second plan des préoccupations de Debord, contrairement à ce qui s'était passé auparavant avec Dada et le surréalisme. *Les Lèvres nues* furent ainsi moins le réceptacle de l'expression picturale et poétique que d'autres revues surréalistes françaises ou belges. Cette négligence de la question esthétique (ou en tout cas son absorption par le concept de spectacle) constitue aujourd'hui encore la caractéristique la plus troublante du situationnisme : il détonna de cette manière non seulement par rapport aux avant-gardes originelles déjà citées, mais aussi par rapport à des avant-gardes contemporaines ou postérieures, de Cobra à Fluxus.

Debord, ainsi, crut en la mort de l'art sous le poids écrasant du spectacle, puisque celui-ci devait selon lui occuper tout le champ de la culture. Les membres de Fluxus ressentirent certes une même fin, mais cela ne les empêcha pas de continuer à être des artistes et donc à faire de l'art malgré tout.

La société de consommation démocratique et capitaliste de l'après-guerre, tout comme l'Allemagne nazie, avait ainsi édifié un Lebensborn, soit un espace utopique dans lequel tous les hommes devaient rencontrer le bonheur parfait à condition de se soumettre à ses lois. Cet espace, comme dans le modèle fasciste, reposait sur l'homogénéité des comportements et la standardisation des désirs.

Le situationnisme, dans sa perspective politique, s'attaqua avant tout à l'impératif de conformité sociale et culturelle contenu dans ce développement socio-économique effréné. Il s'agissait de dénoncer une utopie négative incapable de reconnaître les différences et les discours critiques, et de la remplacer par une autre utopie, celle des détournements et de la dérive.

En ce sens, le situationnisme demeura fidèle à l'esprit des avant-gardes originelles. Son engagement politique prenait place en effet dans un espace qui n'était pas seulement l'espace concret de la vie quotidienne, mais aussi l'espace du jeu. Il est bien évident qu'à la même époque, l'engagement politique sartrien, si dominant sur la scène française, fut par opposition complètement dépourvu d'une telle qualité ludique et utopique. Debord et ses disciples crurent ainsi en la vertu transgressive du jeu, comme l'affirmaient sans la moindre ambiguïté les articles des *Lèvres nues.*

Avec le recul du temps, une telle croyance semble quelque peu naïve. Le XXIe siècle est en effet avant tout défini culturellement par les nouvelles technologies. Celles-ci n'existaient pas encore du temps des *Lèvres nues*. L'une des conséquences les plus profondes de ces technologies est précisément d'avoir généralisé et vulgarisé la notion même de jeu : la pulsion ludique de l'homme est ainsi en grande partie déterminée dans le monde actuel par leur logique et leur mode de fonctionnement.

À travers l'usage permanent du Smartphone et de l'ordinateur portable, en effet, l'homme peut littéralement « faire joujou » à tout moment avec les événements, les images et les mots. Le jeu, en quelque sorte, est devenu la loi et non plus sa contradiction : on pourrait évoquer alors une forme de ludisme entièrement rationalisé par l'économie mondiale de l'information et de la communication instantanées.

Le jeu situationniste renvoyait à la possibilité de l'errance et donc d'un temps suspendu, à la fois lent et personnalisé. Le pouvoir absolu de la technologie a imposé au contraire une précipitation toujours plus grande de la vie et de son rythme, selon une idéologie de la vitesse particulièrement aliénante. Car celle-ci reflète de toute évidence des impératifs capitalistes de production et de rentabilité incessantes. Le jeu global, en ce sens, ne constitue que la caricature et la distorsion systématiques du jeu situationniste.

Celui-ci était encore issu du sentiment de la rareté. Il s'agissait en effet de déjouer les mythes d'abondance produits par la société de consommation. Les détournements constituaient ainsi des pratiques sporadiques dont les responsables, c'est-à-dire les membres du mouvement situationniste triés sur le volet, étaient par définition peu nombreux. Le jeu, en ce sens, traduisait une activité minoritaire à l'intérieur de l'ordre culturel.

Cette illusion culturelle du trop-plein (de la surproduction à la surconsommation) était à bien des égards sans antécédent dans les années de l'après-guerre. Elle succédait à une période de pénurie, de rationnement et de privations diverses, celle de l'Occupation. C'est sans doute dans la publicité que cette expression symbolique de l'abondance atteignait sa forme la plus aboutie. L'homme était tout à coup confronté à la représentation d'une somme incalculable d'objets qui dépassait clairement l'étendue de ses besoins. Il est dès lors logique que les stratégies critiques situationnistes prissent avant tout pour cible le domaine devenu envahissant de l'image et du slogan publicitaires. Il s'agissait en effet de remettre en question le principe d'une satisfaction perpétuelle des nombreux désirs d'appropriation matérielle de l'homme dans la société moderne.

Les détournements révélèrent avec une plus grande acuité le contenu d'une telle mystification que n'importe quelle leçon de sociologie universitaire. Plus d'un demi-siècle après la parution des articles des *Lèvres nues*, l'évolution sociale et politique négative de la France ne peut que confirmer la validité de ces pratiques et leur lucidité, dans la mesure où elle souligne les manques d'un modèle libéral incapable d'apporter à tous les citoyens le bonheur et la satiété qui leur avaient été originellement promis.

Le jeu situationniste n'obéissait pas à une logique de la masse et de la quantité : au contraire, il la niait avec force. Les articles et textes des *Lèvres nues* rendent en ce sens compte d'un projet avant-gardiste ancré dans une époque particulière : c'est ce qui constitue leur intérêt historique mais aussi leur dimension presque nostalgique. Une forme de paradis perdu se donne en effet à voir à travers ces pages : celui d'un monde ouvert au hasard et à l'attente conjugués.

Savoir-vivre, savoir-lire, savoir-écrire

Dans son ouvrage *Traité de savoir-vivre à l'usage des jeunes générations*[141], le penseur situationniste Raoul Vaneigem exprima une critique sans fard de la société moderne, rivée au consumérisme et à la production infinie de biens matériels. Ce livre parut la même année que *La Société du spectacle* de Guy Debord, soit en 1967. Il répercuta de nombreuses idées de son illustre confrère, en insistant en particulier sur les faux-semblants d'un modèle social et culturel qui était censé apporter à tous le bien-être et le confort.

Selon les propos de Vaneigem, la civilisation technicienne avait inventé l'idéologie du bonheur et de la liberté. Divers philosophes s'étaient déjà penchés dans les siècles précédents sur cette question du bonheur, en particulier Rousseau, que l'auteur cite d'ailleurs dans la première partie de son livre. Mais ces grands esprits, dans lesquels on peut sans aucun doute inclure Fourier, n'avaient pensé le bonheur et la liberté qu'à partir de l'observation et du constat de la souffrance universelle. L'exemple illustre du *Candide* de Voltaire est également révélateur de cette démarche.

Avec la société capitaliste moderne, née pourtant des ruines de la Seconde Guerre mondiale, une nouvelle vision du monde apparaît : cette vision nie la réalité même de la souffrance humaine. Celle-ci ne se donne plus à voir que comme spectacle, c'est-à-dire comme somme d'images lointaines et distantes appartenant uniquement aux autres. Comme l'écrit Vaneigem : « Peut-être est-ce aux fins d'éviter qu'un universel désir de périr ne s'empare des hommes qu'un véritable spectacle s'organise autour des misères et des douleurs particulières. Une sorte de philanthropie d'utilité publique pousse chacun à se réconforter de ses propres infirmités au spectacle de celles des autres[142]. »

---

[141] Paris: Gallimard, 1967.
[142] VANEIGEM, *Ibid*, p. 45.

Il faut faire remarquer à cet égard que les grands totalitarismes du XXe siècle, eux aussi, proposèrent une nouvelle idéologie du bonheur et de la liberté, que ce soit dans le communisme ou dans le fascisme. Leur attrait considérable sur les masses découla précisément de leur capacité à engendrer des mythologies aisément accessibles et intelligibles du bien-être individuel et collectif et de la satisfaction perpétuelle et complète des besoins humains. Il s'agissait d'inventer des idéaux communautaires dans lesquels chacun devait pouvoir trouver son accomplissement personnel et l'assouvissement de ses propres désirs.

Les démocraties libérales modernes, dans cette mesure, utilisèrent le modèle capitaliste pour mieux affirmer la souveraineté politique d'un bonheur programmé et prédéterminé. Il est évident que ce modèle était d'essence matérielle et pratique. L'idéologie du bonheur ne pouvait en ce sens se contenter d'une définition simplement morale ou existentielle.

Les situationnistes dénoncèrent les illusions d'une telle idéologie sans pour autant nier l'importance du bonheur dans la vie humaine. Après tout, les totalitarismes qui s'étaient efforcés d'échafauder des représentations idéales d'un bonheur parfait finirent paradoxalement par engendrer le malheur à l'échelle planétaire, dans la destruction, la guerre, l'oppression et le génocide. Une telle contradiction s'avéra insoutenable et surtout injustifiable. Selon Vaneigem, le pouvoir conduit toujours d'une façon ou d'une autre à la mort : la question essentielle posée par la pensée consiste alors à chercher le bien-être de l'homme en dehors du pouvoir et de sa sphère d'influence.

Les années soixante, celles de la contre-culture et des divers mouvements pacifistes et libertaires, proposèrent ainsi une nouvelle définition du politique : celui-ci devait s'affirmer en opposition à tout cadre institutionnel traditionnel. L'idéal révolutionnaire communiste, tellement dominant dans la pensée de gauche du XXe siècle en France, s'était construit à l'intérieur de structures conventionnelles et préétablies, celles du Parti et de sa hiérarchie. Des modes de pensée radicaux comme le situationnisme, alors, ne rejetèrent pas l'idée de révolution en tant que telle, mais plutôt son incarnation artificielle dans des rapports de pouvoir incompatibles avec ses principes et ses valeurs proclamés.

Face au Parti et aux formes institutionnelles rigides issues de la Révolution russe et de ses héritiers idéologiques, les situationnistes soulignèrent le rôle joué par la vie quotidienne dans l'élaboration de nouveaux modes de vie et de pensée alternatifs[143]. Le quotidien existait en quelque sorte au-delà de l'Histoire avec un grand H et de ses mirages. « Ce sera maintenant ou jamais », écrit ainsi de manière laconique mais néanmoins frappante Vaneigem à la fin de son chapitre sur la souffrance. Les années soixante, dans cette optique, se firent l'écho d'un rejet profond de toute forme d'avenir radieux et de futurologie vaguement prophétique.

La révolution, en ce sens, commençait nécessairement par la sensibilité aiguë à un autre temps du politique et de la pensée. Ce temps était celui de l'urgence, soit d'un projet sans délai possible. Mais la contre-culture de la même époque qui accompagna de telles démarches affirma en parallèle le besoin irréductible d'une expression culturelle et artistique immédiate et saisie dans l'instant.

Dans son itinéraire personnel, Vaneigem a souvent souligné sa dette à l'égard du surréalisme. Il fut ainsi l'auteur d'une monographie sur le poète surréaliste belge Louis Scutenaire. De la même manière, Debord, malgré des conflits philosophiques profonds avec Breton et ses collègues, demeura proche de l'esprit du surréalisme dans sa célébration permanente du jeu et de la dérive, un autre mot pour l'errance et l'opposition à un monde rationaliste dominé par le travail et la production. Il suffit dans ce contexte de rappeler sa collaboration à la revue *Les Lèvres nues* dans les années cinquante[144].

Il faut savoir en outre que Vaneigem naquit en 1934 dans la petite ville hennuyère de Lessines, en Wallonie, et que cette petite ville somme toute peu connue fut aussi le lieu de naissance du plus célèbre des artistes surréalistes belges, je veux évidemment parler de René Magritte. On pourrait parler d'une simple coïncidence, un mot particulièrement lourd de sens pour le surréalisme, mais on pourrait également se demander si un tel partage d'origine n'influença pas sous une forme ou une autre le parcours intellectuel et littéraire de Raoul Vaneigem.

Par opposition aux surréalistes, les situationnistes développèrent leur critique radicale du monde moderne dans une société qui était entièrement soumise au règne de la réification et au pouvoir absolu des objets définis par leur seule valeur d'échange. La société de consommation effrénée issue des Trente Glorieuses et du mythe de la

---

143 La traduction en anglais de l'ouvrage de Raoul Vaneigem s'intitule ainsi *The Revolution of Everyday Life.*

144 Cette revue fut dirigée par l'écrivain et peintre surréaliste belge Marcel Mariën.

croissance ininterrompue engendra alors un modèle prétendument égalitaire qui n'en était qu'à un stade embryonnaire dans les années d'avant-guerre.

Elle refléta le triomphe de l'idéologie libérale, qui aujourd'hui encore et plus que jamais, détermine les modes de vie de la plupart des hommes et des femmes en France en particulier et en Occident en général. Comme l'écrit ainsi Vaneigem : « Dans l'économie dominée par les impératifs de production du capitalisme de libre-échange, la richesse confère à elle seule la puissance et les honneurs.[145] » Peu importe, alors, que ce libre-échange prenne place à l'intérieur du système en apparence socialiste de l'État-Providence, dans la mesure où il consacre une certaine vision de l'homme entièrement soumis aux impératifs de possession et d'acquisition.

Il faut donc proposer une nouvelle pensée de l'échange, ce mot dont le sens profond est déformé par l'évolution accélérée du monde moderne. L'échange, dans cette perspective, n'est authentiquement libre que s'il s'affranchit de ces contraintes strictement économiques. Vaneigem cite à cet égard une conception féodale ou pré-moderne de l'échange, plus axée sur le plaisir du don jusque dans sa gratuité et son caractère désintéressé.

Or, c'est bien avant tout dans l'art et aussi dans la littérature que s'exprime une conception originale et authentique de l'échange. Les situationnistes prolongèrent l'esprit du surréalisme dans leur attention aux formes d'échanges non pas déterminées par le gain et son appât mais bien par l'attrait et le vertige de la perte. En outre, ils lièrent inévitablement la question du politique à celle de la poésie, dans la mesure où seuls des langages profondément subjectifs et nourris par l'imaginaire pouvaient servir un projet radical.

Dans son ouvrage *Traité de savoir-vivre à l'usage des jeunes générations*, Vaneigem constate ainsi la récupération de l'art par le monde du marché et ses valeurs. La créativité doit se plier aux normes de la rentabilité. La vie quotidienne, dans cette perspective, consacre l'esthétique du vide et du néant. L'auteur dénonce ainsi les illusions des happenings et autres manifestations instantanées, si fréquentes dans les années soixante. Le spectateur du vide, alors, devient un pseudo-acteur, un participant à ce même vide : « Pour les artistes, au

---

[145] VANEIGEM, *op.cit,*, p. 71.

sens strict du terme, la voie de la récupération absolue est toute tracée.[146] »

Ainsi éclaire-t-il une dimension essentielle de l'ordre libéral de notre époque, soit sa capacité à dissoudre dans son propre système de représentation symbolique les formes d'expression en apparence les plus subversives ou transgressives. Il suffit de noter à cet égard combien les revendications à l'amour libre et à la liberté sexuelle des soixante-huitards ont été largement appropriées depuis par l'ordre symbolique du capital, dans la publicité, le cinéma populaire et la pornographie.

Face à un monde de distractions perpétuelles qui éloignent sans cesse l'homme de son identité et de ses rêves les plus intimes, il faut retrouver un savoir-vivre qui pousse l'homme à agir et non plus à simplement recevoir passivement un ensemble préconçu de signes et d'objets. Ce savoir-vivre original passe dès lors nécessairement par les mots, c'est-à-dire également par un *savoir-lire* et par un *savoir-écrire*.

Les surréalistes avaient tenté de réconcilier l'art et la vie. Mais selon Vaneigem, cette intention louable s'était progressivement diluée dans un tissu de compromis avec l'ordre culturel dominant. « Les surréalistes, certains du moins, avaient compris que le seul dépassement valable de l'art était dans le vécu : une œuvre qu'aucune idéologie ne récupère dans la cohérence de son mensonge. On sait à quel abandon les a menés docilement leur complaisance envers le spectacle culturel.[147] »

Ce dont le discours critique de Vaneigem témoigne, c'est de la crise des avant-gardes dans la culture française des années soixante. Celles-ci ont perdu en ce sens une grande partie de leur pouvoir de négation. Elles se sont adaptées malgré elles à la loi de la culture de masse contre laquelle elles s'étaient pourtant érigées initialement. Dada et le surréalisme ont été ainsi remplacés avant tout sur la scène de l'art par le Pop Art, c'est-à-dire par la forme la plus évidente d'art commercial et publicitaire au service de la société libérale. Quant à la littérature, même de qualité, elle s'est de plus en plus intégrée dans des réseaux mercantiles classiques de grande diffusion.

C'est en cela que cet ouvrage nous parle aujourd'hui, au-delà d'une critique de la société du spectacle déjà maintes fois formulée et commentée. La pensée doit en quelque sorte faire table rase du passé,

---

[146] VANEIGEM, *Ibid*, p. 117.
[147] VANEIGEM, p. 117.

y compris du passé des avant-gardes pour affirmer son autorité et sa raison d'être philosophique. Les mythes de l'avant-garde avaient été élaborés pendant et au lendemain de la Première Guerre mondiale, dans un contexte historique très différent de celui des années soixante.

Ils avaient été nourris par les visions apocalyptiques de la Grande Guerre et donc par un certain nihilisme, évident dans le projet esthétique de Dada. L'époque dans laquelle vit Vaneigem, par contre, commence progressivement à effacer de sa mémoire le spectre de la guerre et de l'extermination. Elle se veut hédoniste et est persuadée que l'homme peut, malgré les conflits et les épreuves qui marquent son existence, trouver le paradis sur terre.

Cette crise des avant-gardes, c'est avant tout celle de la poésie comme mode souverain d'expression verbale et de création littéraire. Les surréalistes, et en particulier Breton, avaient mis la poésie sur un piédestal, lui accordant un pouvoir de révélation magique autant qu'une puissance politique révolutionnaire. De même, les dadaïstes (dont Schwitters) avaient exploré les possibilités sonores de la poésie pour mieux éclairer sa qualité ludique. Les années soixante, par contraste, virent dans la culture française l'avènement du Nouveau Roman, soit de nouvelles formes littéraires essentiellement narratives.

Il est évident que pour Vaneigem, ce déclin de la poésie doit être combattu avec une vigueur toute particulière. La célébration de la spontanéité, alors, apparaît comme la meilleure façon de remédier à une telle situation :

> La spontanéité est le mode d'être de la création individuelle. Elle est son premier jaillissement, encore immaculé ; ni corrompu à la source, ni menacé de récupération. Si la créativité est la chose du monde la mieux partagée, la spontanéité, au contraire, semble relever d'un privilège. Seuls la détiennent ceux qu'une longue résistance au pouvoir a chargés de la conscience de leur propre valeur d'individu : le plus grand nombre des hommes dans les moments révolutionnaires, et plus qu'on ne croit, dans un temps où la révolution se construit tous les jours. Partout où la lueur de créativité subsiste, la spontanéité garde ses chances.[148]

Vaneigem établit ici la dimension fondamentalement politique de cette spontanéité, au-delà de sa seule identité esthétique. L'homme

[148] VANEIGEM, p. 200.

spontané est un homme porté vers le changement radical et total, en quelque sorte. Dans cet ordre d'idées, Vaneigem cite d'ailleurs une déclaration de Tristan Tzara datant de 1919 : « L'artiste nouveau proteste, il ne peint plus, mais crée directement.[149] » La spontanéité déjà revendiquée par Dada au début du XXe siècle, cependant, est une conquête plus qu'un donné, pour reprendre les mots mêmes de Vaneigem. Elle doit dans cette optique découler d'une reconstruction de l'inconscient délivré de l'abstraction aliénante et de la récupération spectaculaire.

Encore une fois, l'ombre du surréalisme se profile dans de tels propos. On sait en effet que Breton exalta l'expression directe de l'inconscient dans sa théorie de l'écriture automatique. Pourtant, Vaneigem n'évoque guère par comparaison le monde des rêves, mais bien la primauté de l'expérience vécue. « Pour moi la spontanéité constitue une expérience immédiate, une conscience du vécu, de ce vécu cerné de toutes parts, menacé d'interdits et cependant non encore aliéné, non encore réduit à l'inauthentique.[150] » Il s'agit bien de ressentir la force du présent au plus profond de soi-même, ce présent qui devient plus riche quand il se soumet à la loi de l'improvisation. Vaneigem se réfère ainsi au jazz et au plaisir procuré par son écoute.

On peut trouver dans ces pages de Vaneigem une attirance marquée pour une certaine forme de primitivisme, notamment pour « la pensée et l'art sauvages » venus d'Afrique et issus de cultures qui n'ont jamais absenté la spontanéité ni dans leur expression artistique ni dans leur vie quotidienne. La civilisation technique, elle, a étouffé cette qualité humaine essentielle sous l'emprise de la raison et du scientisme. Il faut donc retourner à des formes sociales pré-techniques et pré-modernes, essentiellement tribales, pour pouvoir atteindre la plénitude extatique découlant d'une telle immédiateté.

Qu'est-ce que la poésie, alors, pour Vaneigem ? Elle est selon ses mots « L'organisation de la spontanéité créative, l'exploitation du qualitatif selon les lois intrinsèques de cohérence.[151] » Elle implique un jaillissement naturel irrépressible. En outre, elle est intrinsèquement politique. Comme il l'écrit : « La poésie, c'est aussi la théorie radicale digérée par les actes ; le couronnement de la

---

[149] VANEIGEM, p. 200.
[150] VANEIGEM, p. 201.
[151] VANEIGEM, p. 206.

tactique et de la stratégie révolutionnaire ; l'apogée du grand jeu sur la vie quotidienne.[152] »

Breton est à nouveau présent dans ces lignes : la revendication du « grand jeu » ne fait aucun doute à ce sujet. La poésie véritable, pour Vaneigem, échappe à l'impératif consumériste. Elle est partout, y compris et même surtout en dehors de la poésie proprement dite, celle qui reste cloisonnée dans des anthologies et dans des manuels scolaires poussiéreux. Elle est en ce sens hors-lieu et simultanément caractérisée par son ubiquité. « La vraie poésie se moque de la poésie. Mallarmé, en quête du Livre, ne désire rien tant qu'abolir le poème, et comment abolir un poème, sinon en le réalisant ?[153] »

Toute la question est celle de la rencontre nécessaire de la poésie et de la vie, à une époque où les poètes ont tendance en France à se réfugier dans l'abstraction et dans l'obscurité formaliste :

> La poésie est toujours quelque part. Vient-elle à déserter les arts, on voit mieux qu'elle réside avant tout dans les gestes, dans un style de vie, dans une recherche de ce style. Partout réprimée, cette poésie-là fleurit partout. Brutalement refoulée, elle reparaît dans la violence. Elle consacre les émeutes, épouse la révolte, anime les grandes fêtes sociales avant que les bureaucrates l'assignent à résidence dans la culture hagiographique.[154]

C'est la vertu profondément insurrectionnelle de la poésie dont Vaneigem se revendique ici. Partout où la communauté se dresse contre les pouvoirs et les institutions établis, celle-ci s'affirme sans ambiguïté. On ne peut que penser dans cette mesure à Rimbaud et à ses révoltes logiques. Un an à peine après la parution du *Traité de savoir-vivre à l'usage des jeunes générations*, les étudiants en colère de Mai 68 se référèrent de manière répétée au même Rimbaud en inscrivant sa célèbre formule sur les murs des universités : « La vie est ailleurs ». Pour Vaneigem, par contre, c'est bien la poésie qui est fondamentalement ailleurs. (Mais comment vraiment séparer les deux selon sa démarche ?).

Certaines formes actuelles de poésie populaire prolongent en quelque sorte l'esprit critique de Vaneigem dans une perspective qui est celle d'une relation constante entre la parole poétique et l'agora.

---

[152] *Ibid,* p. 206.
[153] *Ibid*, p. 209.
[154] *Ibid*, p. 209.

La poésie, ainsi, doit sortir de l'espace restreint et conventionnel du livre et des bibliothèques pour descendre dans la rue. Le Slam, en particulier, se scande d'abord dans les cafés et reflète une culture essentiellement autodidacte, puisqu'il fut inventé par un ouvrier de Chicago. La vision radicale de la poésie proposée par Vaneigem met précisément en question la supériorité traditionnelle des mots écrits sur l'oralité.

Une telle perspective implique alors le retour à certaines formes d'expression primitive qui échappent au cadre de l'Université et du savoir académique. Celles-ci, dans la culture occidentale, existaient déjà au moyen-âge, à l'époque de François Villon et des troubadours. La poésie, ainsi, ne peut relever d'un langage prédéterminé : elle doit épouser l'identité aléatoire de la vie même. Car un tel langage appris et domestiqué empêche l'irruption d'une parole réellement politique, celle qui conteste et s'oppose aux pouvoirs en place.

J'ai conçu dans cette optique la notion d'« agoralité[155] ». Celle-ci implique nécessairement l'intégration de la poésie orale dans l'espace démocratique de la place publique. Une telle conception de l'oralité se détache en ce sens de son interprétation classique dans les sociétés tribales et indigènes, dans la mesure où elle insiste avant tout sur le discours de contradiction politique lié à l'oralité. Ici, l'oralité ne renvoie pas au monde de l'origine et des ancêtres, mais exprime par contraste une rupture avec la tradition culturelle et mythologique de la communauté.

Le surréalisme, pourtant inscrit en tant que mouvement d'avant-garde dans la modernité poétique, ne mit pas fin à cette souveraineté de l'écriture sur l'expression orale. Sa sauvagerie proclamée dans le cadre de l'automatisme demeura en ce sens encore pétrie de culture savante (celle de la psychanalyse freudienne, en particulier). C'est pourquoi le surréalisme de Breton échoua à affirmer une véritable spontanéité du langage poétique. Le discours de Vaneigem sur ce sujet exige alors son dépassement (et même celui d'autres avant-gardes, dont la poésie cubiste).

La contre-culture des années soixante fut en effet marquée non seulement par le développement de la Beat Generation mais aussi par l'explosion subite d'une musique rock qui utilisa souvent des formes originales de langage dans une optique radicalement expressionniste.

---

[155] Elle figure dans mon ouvrage *L'Ellipse et le cercle: art, poésie, politique*, Paris: Les Impliqués, 2016.

Il ne faudrait pas, en ce sens, se contenter d'évoquer un savoir-écrire et un savoir-lire, mais considérer également avec attention un savoir-dire ancré dans l'imaginaire populaire de la jeunesse d'alors.

Il faut bien reconnaître, par ailleurs, que l'évolution esthétique de la poésie française contemporaine depuis les années soixante (et donc à bien des égards postérieure au surréalisme) s'est faite dans un sens très différent de celui qui est revendiqué dans l'ouvrage de Raoul Vaneigem. Cette poésie a en effet le plus souvent emprunté soit la voie du formalisme et des maniérismes intellectuels (c'est la voie choisie par Bonnefoy et Deguy), soit celle d'un ludisme à contraintes dans l'esprit de l'Oulipo. Dans les deux cas, le lien essentiel entre poésie et politique a été délibérément rompu.

Le discours poétique, à bien des égards, s'est alors replié sur lui-même, comme si la société dans laquelle il prenait place n'existait pas pour lui. Cette absence du monde commun s'est accompagnée également d'un certain dessèchement de la voix poétique, qui a perdu l'intensité lyrique qui l'avait longtemps caractérisée, de Baudelaire à Éluard. Or, ces deux dimensions conjuguées du politique et du lyrique avaient précisément constitué la force du surréalisme, et son urgence dans des temps très sombres. La poésie, en ce sens, se cantonna après lui dans un territoire qui n'était ni celui de la vraie vie extérieure, ni celui de la vraie vie intérieure.

Une telle évolution négative ne se retrouva pas dans d'autres cultures, et certainement pas dans la poésie latino-américaine, de Neruda à Paz et Vallejo. Celle-ci synthétisa en effet brillamment une subjectivité exubérante et l'engagement exalté dans la communauté. En outre, elle n'oublia jamais l'enracinement de la parole poétique dans un univers magique constitué essentiellement de mythes et de croyances surnaturelles.

Raoul Vaneigem ne pourrait certainement pas souscrire à une vision rationaliste de la poésie telle qu'elle s'est développée dans ces démarches formalistes. Il est né en effet dans une terre du Hainaut occidental marquée par toute une histoire de la sorcellerie et des superstitions. Cette terre, « le Pays des Collines » et plus précisément sa ville natale de Lessines, célèbre en effet encore aujourd'hui avec fierté un héritage culturel de l'irrationnel inscrit dans le monde paysan. Près de Lessines, la petite localité d'Ellezelles abrite ainsi un musée de la sorcellerie et de l'imaginaire populaire particulièrement instructif. Cet imaginaire est de nature profondément poétique, dans la mesure où il implique avant tout une réinvention libre et débridée du monde.

« La poésie hors de la poésie » répondait à « la politique hors de la politique » des étudiants de Mai 68. Ceux-ci avaient en effet rejeté le modèle étouffant de la politique institutionnalisée, gaulliste ou communiste, au profit de mouvements marginaux et groupuscules d'extrême-gauche. « La poésie hors de la poésie » signifiait par ailleurs que le langage le plus créatif et le plus original devait sortir du champ strict de la littérature, puisque celle-ci obéissait encore dans sa majorité à des lois régies par l'académisme ou le commerce.

Manifestement, la conception de Vaneigem insistait beaucoup sur la signification à la fois culturelle et éthique de la fête pour l'homme révolté ou dissident. Les années soixante mirent en avant cette notion, que ce soit au niveau de la culture populaire (les grands festivals rock, par exemple) des sciences humaines (la philosophie d'un Marcuse, entre autres) ou encore du théâtre d'avant-garde (celui du Living Theatre de Julian Beck et Judith Malina, en particulier). La fête, dès lors, exprimait la dimension poétique souvent refoulée ou étouffée de la communauté. Elle impliquait nécessairement un surgissement spontané et un désir de transgression partagé par un grand nombre de personnes.

Les étudiants de Mai 68, en outre, concentrèrent une grande partie de leur critique sur le système d'éducation. Ils le considéraient comme désuet et poussiéreux, alors que celui-ci avait inscrit la poésie au programme des écoles depuis très longtemps. Mais il s'agissait d'une interprétation de la poésie dans le style corseté des anthologies traditionnelles telles que *Le Lagarde et Michard*. Elle reposait avant tout sur la simple mémorisation de vers, un exercice particulièrement fastidieux et rébarbatif pour les jeunes lycéens. Il s'agissait en ce sens pour les contestataires de libérer la poésie de son carcan pédagogique habituel.

La fête s'opposait clairement au spectacle défini par Debord. Celui-ci incarnait les valeurs du capitalisme et de la bourgeoisie, alors que la fête, elle, devait représenter un élan collectif du peuple, de la jeunesse et des classes défavorisées. Bien évidemment, la poésie ne s'intégrait pas non plus dans la société du spectacle, déjà dominée à cette époque par la communication médiatique et télévisuelle. C'est pourquoi elle pouvait se confondre à sa manière avec l'esprit festif, même si elle semblait par définition plus secrète et moins éclatante ou démonstrative.

Il faut reconnaître ici que la contre-culture des années soixante s'exprima avant tout dans les arts de la scène comme le théâtre et la musique (non seulement le rock mais aussi le free jazz). La poésie passa pour elle quelque peu au second plan, précisément parce que les mouvements libertaires de l'époque privilégiaient les questions de nature communautaire. « Communauté, j'écris ton nom », auraient pu alors dire les participants à Mai 68 en guise de poème.

La poésie était par essence un art de la subjectivité et de l'individualité sensible. Elle ne semblait pas détenir le même pouvoir d'expression publique que le théâtre ou la musique. Mai 68 impliqua dans cette perspective une véritable mise en scène du politique, à la fois échevelée et joyeuse. En outre, la performance théâtrale ou musicale célébrait une philosophie de l'instant et de sa jouissance qui était elle aussi essentielle pour les étudiants en rupture de ban de l'époque. Elle avait également recours en partie à l'improvisation, une technique que la poésie écrite, aussi moderne fut-elle, ne pratiquait pas ou peu.

Dans les années soixante, les arts du spectacle constituèrent en ce sens le meilleur mode de résistance à la société du spectacle. En d'autres termes, le spectacle n'était pas le spectacle. C'est la raison pour laquelle l'engagement politique devait emprunter leur apparence en se répandant dans la rue et dans l'espace public en général.

« La poésie est ailleurs », aurait pu ainsi affirmer Vaneigem pour paraphraser une phrase du poète communard prisée par les soixante-huitards. Ou plutôt, pour être plus juste : « La poésie est *l*'ailleurs ». Elle renvoyait à un inévitable retour du refoulé, à l'intérieur d'un ordre social et culturel reposant essentiellement sur la répression des instincts. C'est la raison pour laquelle certaines formes de violence verbale pouvaient contenir selon lui une dimension poétique non négligeable. Le pouvoir gaulliste avait dans cette perspective imposé un rapport normatif au langage : il fallait dès lors renverser celui-ci par tous les moyens possibles, de l'action politique à la parole issue de l'imaginaire.

Dans le passage cité plus haut, Vaneigem évoque par ailleurs le pouvoir de la bureaucratie dans la société française moderne. Le capitalisme qui s'était développé pendant les Trente Glorieuses était en effet de nature étatique, dans la mesure où il se fondait sur une machine administrative lourde et coercitive. Le langage de ce type de pouvoir était de toute évidence antipoétique, car basé sur une vision purement rationaliste et fonctionnaliste de la société. Il ne pouvait en conséquence que réprimer l'imagination de l'homme et son don de vision.

La culture « hagiographique » qu'il déplorait était bien marquée par un héritage judéo-chrétien. De Gaulle avait lui-même représenté l'héritage catholique conservateur de la France moderne, au-delà des principes révolutionnaires de la République. Toute poésie radicale, en ce sens, devait contredire un tel poids à la fois politique, culturel et moral.

Que reste-t-il à notre époque des revendications estudiantines des années soixante dans la société française ? Quel pourrait être en outre leur impact dans un monde global qui, dans sa soumission servile aux règles économiques, sociales et culturelles du capitalisme, a tourné le dos aux rêves un peu fous et nettement utopiques de cette génération ? La dystopie contemporaine, qui se nourrit de scepticisme et même de cynisme envers toute forme de pensée révolutionnaire en Occident, semble bien contredire les réflexions de Vaneigem.

L'effondrement manifeste de la gauche authentique dans la France contemporaine, à partir du déclin irrésistible et prévisible du Parti communiste mais aussi du socialisme populaire originel hérité de la SFIO, celui de Jean Jaurès, au profit d'un socialisme surtout libéral et bourgeois, a en quelque sorte enterré les illusions éphémères de Mai 68. Jamais sans doute dans l'histoire de la France moderne, en effet, cette gauche authentique n'a-t-elle été autant marginalisée, alors que paradoxalement, elle était plus vivante dans les années trente, sous le Front populaire, dans des temps pourtant dominés par la montée du fascisme.

La mort de la gauche radicale donne l'impression de constituer en ce sens une trahison de la pensée situationniste qui s'est développée alors. Pourtant, le combat continue malgré tout, en dehors des circuits médiatiques et des instances traditionnelles de pouvoir infestés par les compromissions idéologiques.

La gauche véritable, ainsi, ne peut plus exister que hors État et hors institutions. C'était ce qu'avaient déjà exprimé conjointement les situationnistes et les étudiants en révolte dans les années soixante. Il n'y avait pas de place pour elle, en effet, ni dans l'État gaulliste ni dans les partis classiques et établis de l'époque, même de gauche.

Ce n'est plus le monde politique proprement dit, en ce sens, qui peut accueillir les utopies du passé comme du présent. Il s'agit d'un constat irréfutable issu du règne d'une vision purement pragmatique et gestionnaire du politique dans les social-démocraties occidentales d'aujourd'hui. Par contre, ces utopies peuvent encore s'infiltrer dans la sphère culturelle.

Ainsi, certains espaces demeurent qui semblent ouverts à la dérive, pour reprendre un terme situationniste. Ces espaces surtout artistiques se construisent notamment à partir de l'élaboration d'une langue libre : il s'agit dans cette optique de tenter de parler autrement, envers et contre tout, un projet que les jeunes de Mai 68 avaient également conçu à leur manière.

La « révolution » d'alors fut surtout une révolution culturelle (une terminologie qui renvoyait certes dans les années soixante au maoïsme à la mode, mais pas uniquement). Elle imposa d'abord en effet de nouveaux comportements collectifs de nature transgressive et de nouveaux lieux d'expression artistique. En cela, les écrits et la pensée de Vaneigem peuvent encore résonner aujourd'hui, en dépit d' un désenchantement généralisé et d'un mouvement de repli social et idéologique profond.

Quand l'homme comprend en effet que sa liberté commence par la liberté de ses mots, l'espoir d'un changement culturel et social existe bel et bien malgré tout. Vaneigem, en fin de compte, ne nous dit que cela dans son *Traité de savoir-vivre à l'usage des jeunes générations*, selon une perspective encore inspirée par le surréalisme, même si elle emprunte simultanément un parcours somme toute inusité. L'échec culturel (mais celui-ci comportait inévitablement une dimension proprement politique) le plus grave des grandes révolutions du XXe siècle, en particulier la Révolution russe de 1917, fut précisément de n'avoir pas su inventer ni concevoir un authentique langage nouveau pour le peuple.

L'idéologie rigide dicta les formes préméditées et immuables de l'expression orale et écrite. Le langage révolutionnaire officiel, en ce sens, finit par ressembler dans son absence d'imagination et son caractère répétitif au langage bourgeois qu'il avait pourtant prétendu renverser.

Ce n'est pas un hasard, alors, si Vaneigem privilégie la forme de la lettre ouverte dans ses écrits (des vivants aux lycéens et aux enfants). Car il s'agit d'une forme libre qui permet de s'adresser directement à un groupe spécifique. La lettre ouverte dépasse en effet les contraintes de l'essai critique classique ainsi que celles du langage strictement idéologique.

Elle implique ainsi une plus grande personnalisation des mots, c'est-à-dire qu'elle rejette sans équivoque l'objectivation du langage critique et politique traditionnel, même révolutionnaire. Dans ceux-ci, en effet, le lecteur (ou destinataire) du texte demeure en grande partie inconnu et à distance. En outre, son temps est bien celui de l'instant, puisqu'elle s'écrit dans l'urgence du présent et exige simultanément une réception sans retard.

En conclusion, la pensée de Raoul Vaneigem se plaça très tôt sur le terrain des luttes humaines les plus pressantes. La poésie, dans ce contexte, devait témoigner d'un combat éternel de l'homme pour sa dignité et son intégrité intellectuelle. Elle est bien ainsi le signe d'une tension existentielle, au-delà de sa détermination politique et de sa signification publique et collective.

Un demi-siècle plus tard, de telles interrogations continuent à résonner en nous et à nous indiquer une voie à suivre, dans la mesure où d'autres conflits nous bousculent aujourd'hui et nous poussent à rechercher en notre imaginaire un sens que le monde dans son état actuel ne nous permet que trop rarement d'appréhender et de voir. Quand la lutte de l'homme contre l'homme devient plus intense, la poésie comme lutte de l'homme pour l'homme acquiert en effet une importance nouvelle.

De la liberté d'expression au vide : le situationnisme et après

La notion de liberté d'expression est fondamentale pour l'exercice de la démocratie. Pourtant, elle demeure plutôt vague dans le contexte de la société française contemporaine. Où commence-t-elle et où s'arrête-t-elle en effet ? Chacun la revendique aujourd'hui comme son bien propre, alors qu'elle ressort de la communauté et de ses valeurs. C'est l'individu inaliénable, ainsi, qui se réclame d'elle et s'en empare comme d'un bouclier face aux multiples forces extérieures qui tentent de la restreindre.

L'homme est libre d'abord et avant tout parce qu'il peut parler librement. On sait que dans l'histoire de la France moderne, cette liberté fut surtout contestée par des régimes non-démocratiques et dictatoriaux, de Napoléon III à Vichy. Pourtant, la République elle-même, malgré ses prétentions, peut engendrer certaines atteintes à la liberté d'expression.

Pendant la guerre d'Algérie par exemple, le gouvernement français pratiqua systématiquement la censure et musela de nombreux discours opposés à la guerre, notamment sur le sujet délicat de la torture pratiquée par l'armée française contre les indépendantistes algériens. C'est ce qui motiva en particulier l'interdiction de *La Question*[156], le récit autobiographique poignant d'Henri Alleg qui fut commenté en son temps par Sartre.

On pourrait en outre remonter plus loin dans le temps et évoquer le contexte de la Première Guerre mondiale, pendant laquelle le même État français fut soucieux de contrôler les divers reportages sur les opérations militaires dans le but de préserver le moral des troupes. C'est cette attitude qui fut à l'origine en particulier de la création du journal satyrique *Le Canard enchaîné*, dont le nom même reflétait le

[156] Paris: Minuit, 1961.

besoin irrépressible de liberté d'expression pour des journalistes progressistes qui avaient été profondément réprimés dans leur langue par les impératifs stratégiques et politiques de l'État.

La lutte contre la censure a toujours constitué une préoccupation importante des penseurs et artistes radicaux, eux qui en ont souvent été les victimes. On peut penser ainsi à la prohibition de l'œuvre du Marquis de Sade, longtemps considérée comme sulfureuse et dérangeante pour des raisons morales, et qui incarna à sa manière un idéal révolutionnaire sans concession. Il est souvent difficile de distinguer, dans cette perspective, ce qui dans le phénomène de la censure ressort du domaine strictement moral et ce qui appartient au domaine politique. En d'autres termes, on pourrait dire que la censure définit toujours une certaine politique de la morale mais aussi une certaine morale du politique.

Le XXIe siècle, celui de la mondialisation, engendre de nouveaux problèmes et de nouvelles approches relatifs à la liberté d'expression. Dans son ouvrage *Rien n'est sacré, tout peut se dire*[157], le penseur social Raoul Vaneigem considère et soutient ainsi une liberté sans entrave qui permettrait à chacun de s'exprimer à tout moment et en toute circonstance selon son désir. Il envisage en ce sens une liberté illimitée.

Une telle vision est manifestement inséparable de l'esprit des avant-gardes littéraires, artistiques et socio-politiques du XXe siècle, du surréalisme au situationnisme dont l'auteur est l'héritier. Pour le surréalisme, la liberté de l'homme était avant tout liée à l'invention poétique et à l'exercice débridé de l'imaginaire. Elle constituait dès lors un parti pris esthétique.

Il s'agissait en particulier pour Breton d'affirmer cette liberté comme jaillissement de l'inconscient dans l'écriture automatique. Les situationnistes, quant à eux, définirent la liberté d'expression comme la possibilité de parasiter de manière répétée les codes culturels de la société de consommation, avant tout grâce à des pratiques ludiques et aléatoires telles que le détournement.

Vaneigem s'inspire de manière implicite de ces deux démarches historiques pour élaborer son propre concept de liberté d'expression. Pourtant, il est obligé de prendre en compte les réalités du XXIe siècle, celles d'un monde global où de nombreuses menaces pèsent maintenant sur celle-ci. Il s'agit d'un paradoxe, dans la mesure où

---

[157] Paris: La Découverte, 2003.

l'une des caractéristiques les plus apparentes de la mondialisation est précisément celle de la démocratisation à grande échelle de la planète, aujourd'hui majoritairement affranchie des totalitarismes du passé, du communisme au fascisme. Ainsi, reconnaître la présence de diverses atteintes à la liberté d'expression dans notre monde dit démocratique, c'est précisément affirmer les illusions d'une telle démocratisation planétaire.

En ce sens, la liberté d'expression n'est jamais garantie, dans la mesure où des forces et des pouvoirs divers tentent de la juguler au nom de considérations surtout économiques et financières. L'auteur montre ainsi qu'il ne peut y avoir de véritable liberté d'expression aussi longtemps que ce monde est régi par les lois capitalistes sacro-saintes de l'argent et du profit.

Dans cette optique, une telle notion ne peut s'aborder seulement dans son identité formelle issue des principes fondateurs de la République. Cette identité formelle est abstraite et artificielle, dans la mesure où elle ne tient pas compte des nombreuses contingences historiques et matérielles qui modifient les caractéristiques les plus importantes de la liberté d'expression.

Un moment-clé dans son affirmation par la communauté (et non pas simplement par l'État ou par la constitution) fut de toute évidence le mouvement de Mai 68. Les étudiants contestataires de l'époque montrèrent par leurs actions que la Cinquième République, en dépit de ses principes démocratiques et égalitaires, contenait de nombreuses contradictions.

Ils soulignèrent ainsi en particulier la dimension rétrograde d'un système d'éducation et d'un ordre culturel dominant qui, selon eux, ne pouvaient permettre aux jeunes épris de liberté de s'épanouir. Le régime gaulliste avait en quelque sorte imposé des canons rigides à l'expression individuelle : il s'agissait alors de mettre en question ses bases institutionnelles (dont l'Université) pour renverser idéalement un pouvoir politique qui ne tolérait pas réellement le partage de cette liberté.

Un tel projet demeura inachevé : il n'aboutit pas à l'abolition des institutions contre lesquelles les jeunes de l'époque s'étaient dressés. Pourtant, il eut le mérite de mettre en valeur la résonance à la fois politique et existentielle de la question de la liberté d'expression. Mai 68 déjoua en ce sens les rigueurs formelles de cette notion issue des origines mêmes de la République.

Elle l'incarna au contraire dans la réalité de l'espace public, celui de l'agora, une réalité à la fois spontanée et organisée. Cet événement revendiqua ainsi l'urgence d'une prise de parole, pour reprendre la belle formule de Michel de Certeau[158]. La parole devait se prendre et même se conquérir, précisément parce qu'elle appartenait encore à un pouvoir aliénant et quelque part répressif. Face à la parole de l'autre, il fallait alors projeter l'image nécessaire de la parole de tous.

Il est clair que la pensée de Raoul Vaneigem est inspirée en grande partie par l'esprit de cette époque. Il ne faut pas oublier, en effet, qu'il publia son *Traité de savoir-vivre à l'usage des jeunes générations*[159] quelques mois seulement avant la révolte des étudiants en France. L'idée d'une liberté d'expression radicale et illimitée fit certainement sens dans ces circonstances, mais il faut bien avouer qu'elle ne peut plus être envisagée de la même manière aujourd'hui, à l'intérieur d'un monde dit global. Car ce monde qui est maintenant le nôtre repose sur des modes de communication très différents de ceux qui étaient en vigueur dans les années soixante.

Aujourd'hui, l'Internet domine très largement l'espace social de la communication, un médium qui n'existait évidemment pas il y a près d'un demi-siècle. Il impose d'abord une nouvelle vision des relations humaines et surtout de l'expression individuelle et collective. Il définit ainsi des formes d'écriture et de langage originales et sans antécédent. On sait que l'Internet a joué récemment un rôle essentiel dans l'affirmation politique du printemps arabe, ou encore dans celle des dissidences chinoises et cubaines (ce ne sont là que des exemples parmi d'autres).

Malheureusement, ce qui constitue un instrument précieux au service de la liberté à travers le monde est aussi simultanément le terrain de projets idéologiques dangereux et même le plus souvent destructeurs. L'internet permet dans cette perspective de propager de nombreux discours de haine et de mépris, qu'ils soient racistes ou homophobes. Faut-il alors considérer cette situation comme le signe d'une diversité d'opinion saine et salutaire pour la démocratie, ou comme la preuve d'authentiques dérives totalitaires à l'intérieur même de nos sociétés ? Vaneigem penche nettement pour la première proposition.

---

[158] MICHEL DE CERTEAU, *La Prise de parole, pour une nouvelle culture*, Paris: Desclée de Brouwer, 1968.

[159] Paris: Gallimard, 1967.

Pourtant, il ne cite jamais directement le rôle joué par les nouvelles technologies dans cette évolution de la communication. C'est là que sa pensée échoue à saisir véritablement tous les problèmes actuels de la liberté d'expression. Dans la lignée de Mai 68, la revendication d'une forme radicale de cette liberté apparaît alors comme surtout utopique. Il considère dans cette optique la légitimité du port du voile par les jeunes filles musulmanes dans les écoles publiques. Ainsi s'oppose-t-il aux idées largement répandues dans la gauche française, idées pétries de laïcité et fidèles aux valeurs fondamentales de la République.

Le concept de liberté d'expression défendu par Vaneigem semble plus proche d'une sensibilité anglo-saxonne. Il est symptomatique, à cet égard, que Vaneigem cite les opinions sur ce sujet épineux de l'American Civil Liberties Union ou encore certains jugements de la Cour Suprême. « On ne combat pas et on ne décourage pas la bêtise et l'ignominie en leur interdisant de s'exprimer : la meilleure critique d'un état de fait déplorable consiste à créer la situation qui y remédie.[160] »

Le mal, dans cette optique, ne doit jamais demeurer indicible. Il doit être transparent, et c'est au nom de cette transparence que la liberté d'expression peut se réaliser pleinement. L'auteur considère en outre que l'interdit « aiguillonne la transgression[161] », selon le modèle bien connu du fruit défendu. Il offre des munitions supplémentaires aux groupes et aux individus porteurs d'un message haineux.

Tout laisser dire, tout laisser faire, tout laisser voir. Telle serait la formule caractéristique de sa pensée. Il est bien évident qu'il s'agit ici d'une posture de type libertaire qui se méfie par nature de toute forme d'ingérence extérieure dans le langage et dans l'action de l'homme. Mais ce que Vaneigem oublie, c'est que cet ordre en apparence moral de la transparence est précisément celui de la société du spectacle auquel pourtant il s'oppose dans le prolongement du situationnisme et de Guy Debord[162].

L'injonction de la transparence, dans cette mesure, est bel et bien suspecte. Elle l'est d'un point de vue politique, car la transparence, dans notre monde, fait trop souvent le jeu de pouvoirs aux moyens

---

[160] VANEIGEM, *Rien n'est sacré, tout peut se dire*, *op. cit.*, p. 37.

[161] *Ibid*, p. 39.

[162] Voir à ce sujet GUY DEBORD, *La Société du spectacle*, Paris: Gallimard, 1992.

énormes qui ne cessent d'exercer leur domination par ce mode de représentation privilégié.

La liberté d'expression authentique ne serait-elle pas plutôt celle qui permet à l'homme de préserver un espace secret, loin des images factices de la culture médiatique et de la communication instantanée de style publicitaire ? Après tout, l'État islamique lui-même manipule de manière répétée ce principe de la liberté d'expression soutenu par l'Internet et les médias globaux en diffusant partout dans le monde des images insoutenables d'exécution et de décapitation de ses victimes.

L'exhibition sans honte du mal radical le fait-elle en quelque sorte disparaître, ou même l'atténue-t-elle simplement ? Il est permis d'en douter. La question de la liberté d'expression ne peut aujourd'hui être dissociée en effet de celle de la représentation et surtout, des formes pour le moins contestables que celle-ci emprunte pour des raisons à la fois idéologiques et commerciales.

La liberté d'expression constitue un bien inaliénable et essentiel de l'homme, mais elle ne doit pas devenir l'alibi du plus fort pour imposer son propre ordre symbolique et sa propre vision du monde. Le problème réside dans le fait que cette liberté est trop souvent utilisée par le système capitaliste tout-puissant dans le but de justifier l'exploitation constante de l'autre. Tout laisser faire, tout laisser dire, tout laisser voir signifie alors se soumettre à tout (à toute image, à tout discours) et tout accepter au nom d'un principe pseudo-égalitaire qui laisse la voie ouverte aux pires lâchetés et aux pires abdications.

Car ce dont la société contemporaine souffre en particulier, c'est précisément d'un relativisme qui confond en permanence les valeurs, les idées et les comportements. Le « tout est dans tout » et le « tout est la même chose » ne peuvent s'appliquer au domaine du politique sous peine de définir une fausse démocratie de l'irresponsabilité et de l'indifférence. Les révolutions constituèrent ainsi à leur origine des contradictions radicales de l'oppression et de l'injustice : on ne peut, sous prétexte de relire l'histoire (une préoccupation qui est certes valide), les assimiler dans leur essence à l'ennemi contre qui elles se dressent.

Des sites Internet et des réseaux sociaux divers véhiculent ainsi aujourd'hui le message implacable et meurtrier de la Jihad. Ils sont à la base d'une présence continue de la violence et de sa justification dans l'espace de la communication globale. La pensée de la liberté d'expression doit impérativement tenir compte d'une telle situation préoccupante.

Car elle implique un processus quasi irrépressible de banalisation du mal à travers un ordre de la représentation soi-disant ouvert et souple. Il n'est pas sûr, en ce sens, pour reprendre les mots mêmes de l'auteur, que « les pensées haineuses périssent de leur propre venin.[163] » Elles ne périssent en effet que grâce aux nombreux combats et aux efforts infatigables des hommes de bonne volonté unis par et dans une cause commune.

Le mal radical, dès lors, n'est jamais relatif. Il ne constitue pas un simple surgissement éphémère, mais bien une dimension éternelle de notre monde. Le serpent, malheureusement, ne se mord pas la queue. Et le ver qui est dans le fruit n'en sort pas par lui-même non plus. La représentation incessante de la violence et de l'abjection dans de nombreux films et émissions de télévision ne guérit pas du mal, bien au contraire. Il le rend anodin, anonyme, sans qualité, et l'intègre en fin de compte parfaitement dans notre réalité quotidienne et dans notre horizon socio-culturel.

La question du relativisme abordée plus haut renvoie dans cette optique à celle de la tolérance, ce dogme élastique de la démocratie libérale contemporaine. Celle-ci implique très souvent l'étouffement de toute velléité de révolte et d'insurrection : elle débouche dans de nombreux cas sur la passivité et l'apathie. Il faut affirmer par contradiction l'existence de l'intolérable autour de nous, un devoir qui est à la fois éthique et politique.

Le discours sur la liberté d'expression s'élabore alors aujourd'hui à partir d'un vide idéologique typique de notre époque. C'est ce qui distingue nettement Vaneigem de Guy Debord, dont il fut proche dans les années soixante du temps de son adhésion au situationnisme.

Car la critique par Debord de la société du spectacle prit place à l'intérieur d'une société française dominée par des idéologies de gauche encore très puissantes, dont bien sûr le communisme. Le spectacle, en ce sens, n'effaçait ni ne niait l'idéologie. Il s'affirmait au contraire comme une idéologie supplémentaire, aussi forte et influente que les modèles politiques choisis par la gauche française de l'après-guerre.

En outre, ces mêmes années furent marquées par l'affirmation du gaullisme, qui constitua sans aucun doute la principale idéologie conservatrice de la France des Trente Glorieuses. Par opposition, la pensée de Vaneigem est issue d'un monde dans lequel les grands

---

[163] VANEIGEM, *Ibid*, p. 40.

systèmes d'idées se sont progressivement effondrés. Il ne reste plus alors à l'homme qu'à méditer une liberté assez vague, dégagée de tout ancrage politique véritable et surtout de tout projet collectif à long terme.

La tolérance devient dans ce contexte un thème récurrent. Il n'y a sans doute même plus rien à libérer au sens strict du terme. Elle implique le respect général de la diversité et par conséquent une vision consensuelle du politique au-delà de la liberté d'expression, une notion presque classique qui était encore le reflet d'un monde profondément défini par les conflits idéologiques, celui du XVIIIe siècle prérévolutionnaire agité par la pensée des philosophes des Lumières et celui aussi de la guerre froide dans la seconde moitié du XXe siècle.

Les autres essais récents de Vaneigem rendent d'ailleurs compte de ce vide très contemporain, dont notamment *Pour l'Abolition de la société marchande, pour une société vivante* [164]. La tyrannie marchande consacre le vide en le transformant en objet de jouissance et en simple produit de consommation instantanée. « La société vivante », dans cette optique, ne peut voir le jour que si l'homme se détache radicalement des impératifs de l'ordre global de la marchandise.

On l'aura compris : le credo du « tout peut se dire » ne reflète plus aujourd'hui un état d'esprit révolutionnaire ou même subversif, contrairement à ce qu'avaient cru les diverses avant-gardes du XXe siècle ou les étudiants de Mai 68. Il constitue au contraire et paradoxalement l'apanage du système libéral dominant. En outre, Debord put construire sa pensée à l'intérieur d'une société française où les utopies avaient encore droit de cité.

Qu'on songe à l'utopie fouriériste célébrée par Breton dans son *Ode à Charles Fourier* juste après la guerre et reprise ensuite par d'autres surréalistes de la génération postérieure[165]. Le situationnisme originel comportait d'ailleurs une importante dimension utopique, dans la mesure où il demeurait à bien des égards marqué par la sensibilité surréaliste du jeu et de l'errance.

Cette pulsion utopique culmina dans le mouvement de Mai 68 et dans l'esprit libertaire des années soixante en général. Le livre *La*

---

[164] Paris: Rivages, 2002.

[165] ANDRÉ BRETON, *Ode à Charles Fourier*, Paris: Librairie Klincksieck, 1961, introduction de Jean Gaulmier.

Société du spectacle rendit compte d'un vide symbolique : cependant, celui-ci n'empêcha pas l'expression des rêves de la communauté dans l'espace public. Cette utopie constituait la forme la plus lumineuse et la plus imaginative de l'esprit de révolte.

Au XXIe siècle, l'utopie est devenue un mot presque tabou. Elle est souvent associée à une forme de naïveté ou d'incohérence philosophique, quand elle n'est pas simplement considérée comme une preuve de régression ou de nostalgie pathologique. En d'autres termes, le situationnisme ne mit pas fin à la prédominance du rêve et à la nécessité existentielle de son incarnation dans le monde moderne. Mais il conçut celui-ci dans une perspective plus sociale et culturelle que strictement poétique ou esthétique, comme ce fut clairement le cas dans le surréalisme d'André Breton.

La dystopie contemporaine montre que la question de l'idéologie est indissociable de celle du rêve et de l'utopie, ce que les *Manifestes du surréalisme* de Breton avaient parfaitement démontré dans les années vingt en insistant alors sur la perspective révolutionnaire du mouvement.

C'est dans ce vide de l'utopie que s'engouffrent ainsi les diverses extrêmes-droites nationalistes et populistes, non seulement en France mais en Occident en général. La seule utopie qui demeure, en ce sens, est une utopie noire, conçue comme l'illusoire bouée de sauvetage des masses déstabilisées par la mondialisation et les cruelles réalités d'un capitalisme sans frontières.

Mais ce vide permet aussi l'émergence du djihadisme pour des jeunes des banlieues à qui l'avenir n'offre aucune promesse véritable, ni professionnelle ni personnelle. La violence terroriste constitue par excellence la preuve d'un vide du projet politique, puisqu'elle attaque la notion même de démocratie en France et en Occident. Or, ni les avant-gardes de la première moitié du XXe siècle ni les soixante-huitards, par opposition, n'eurent pour but de renverser complètement la République.

Ils revendiquèrent au contraire une démocratie plus étendue et plus complète dans leur parti-pris de transgression et de dépassement des normes morales et culturelles de la société. Ils étaient bien, dans cette logique, à la fois antitotalitaires et libertaires. L'utopie inscrite dans l'idéologie révolutionnaire, dès lors, exigeait le renforcement de la liberté et non sa négation.

L'effondrement contemporain du socialisme originel (celui de la SFIO) et du communisme en France montre bien que les grands systèmes d'idées politiques progressistes du XXe siècle ont été laminés et remplacés par un relativisme sans conscience critique profonde ni dimension imaginaire. L'utopie idéologique impliquait précisément le pouvoir de l'imagination dans le politique, ce que les jeunes de 68 révélèrent dans la célèbre formule : « L'imagination au pouvoir » (ou avant eux les surréalistes dans le terme même de « révolution surréaliste »). Il ne nous reste donc plus que la réalité crue du politique, une forme de pragmatisme désenchanté qui renvoie à une simple gestion au quotidien des événements et des situations sans projection dans un avenir devenu presque inconcevable.

Ce vide de la gauche française (mais aussi européenne) actuelle, c'est celui d'une acceptation résignée du règne global du capitalisme financier. La pensée de Vaneigem tente de contredire ce modèle, et c'est là son grand mérite. Il ne s'agit pas de composer avec l'ennemi selon une attitude teintée de lâcheté, de compromis médiocres et de soumission, mais de s'opposer à lui malgré tout par la philosophie et le langage.

Car ce qui nous reste de plus précieux, c'est le pouvoir du langage et de l'écriture. C'est dans celui-ci que s'infiltre encore malgré tout et en dépit d'un certain esprit du temps l'ombre des utopies. Ce langage doit en quelque sorte demeurer irréductible. Il rejette avant tout la rhétorique grossière des démagogues et des manipulateurs d'idées qui fleurissent aujourd'hui dans la culture médiatique. Cette attention au langage dans son inscription utopique et radicale trouve certainement son origine dans le surréalisme et dans Dada déjà avant lui, c'est-à-dire dans des mouvements d'avant-garde qui imposèrent l'expression poétique comme forme dominante de la liberté artistique, existentielle et politique.

En d'autres termes, la question de la liberté d'expression est éminemment poétique. Cela, les étudiants de Mai 68 l'avaient aussi souligné dans leurs références à Rimbaud, le poète communard. Toute perspective qui négligerait cette caractéristique fondamentale ne pourrait qu'échouer dans son projet. C'est précisément sur ce point que le relativisme et le culte apparent de la diversité tellement présents de nos jours manquent de consistance intellectuelle, dans la mesure où ils ne parviennent que trop rarement à saisir l'identité imaginaire du langage socio-politique.

Les surréalistes et les situationnistes vécurent à une époque où la technologie était soit inexistante, soit à l'état purement embryonnaire (Breton écrivit ainsi son premier manifeste à la main). Ils ne durent donc pas affronter les diverses contraintes d'un langage instantané et superficiellement spontané, comme celui des courriers électroniques et des médias sociaux. Il est évident que ceux-ci rendent la possibilité même d'un surgissement du langage poétique dans la vie quotidienne particulièrement problématique.

Le langage doit ainsi tout communiquer tout de suite : un tel impératif de communication et de vitesse sans cesse croissante de l'expression ne peut que s'opposer aux besoins propres de la poésie, qui sont ceux de l'errance perpétuelle au cœur des mots qui fut tant vantée par Breton dans son éloge du pas. Il s'agit aussi d'un devoir de transparence dans le langage issu de considérations prioritairement matérielles et socio-économiques.

Toute réflexion sur la liberté d'expression contemporaine se doit alors de critiquer cet ordre de la transparence et de prendre en compte ses effets très corrosifs sur l'imaginaire individuel et collectif. Le surréalisme nous montra bien que la liberté de parole n'avait de sens qu'en relation avec une sensibilité aiguë au mystère et au merveilleux.

La technologie omniprésente de notre époque laisse peu de place à celle-ci : elle affirme le pouvoir d'une langue le plus souvent sans ambiguïté ni obscurité, au nom de la loi de sa diffusion globale dans le temps présent. Le vide, dans cette perspective, concerne également l'espace hanté (un terme qui fait clairement ici référence à Breton) de la poésie.

Pour reprendre le titre exact du livre de Vaneigem, rien n'est sacré, tout peut se dire. La technologie contemporaine désacralise ainsi le langage, devenu alors un simple outil de communication rapide et triviale. La conception surréaliste de la poésie, par contraste, avait exprimé une sorte de religiosité profane dans le rapport de l'homme aux mots. Tel était l'esprit le plus profond du premier manifeste de Breton en 1924.

Il faudrait ainsi retourner à cet esprit singulier afin de mieux saisir la puissance créatrice de la liberté d'expression authentique. C'était aussi ce que signifiait à sa manière Walter Benjamin quand il évoquait la perte de valeur de culte de l'œuvre d'art dans le monde moderne, et donc un vide manifeste du sacré, dans son essai *L'Œuvre d'art à l'ère de sa reproduction technique.*

La question essentielle dans ce contexte est bien celle du temps de l'expression verbale. Ce temps doit échapper aux règles étroites du spectacle global qui découlent de la souveraineté des dispositifs technologiques dans l'espace de la culture. Il doit demeurer adéquat aux rythmes biologiques de l'homme, au lieu de forcer celui-ci à une existence précipitée. Une nouvelle éthique du temps de la parole doit alors être revendiquée afin de souligner la fondamentale suspension du temps social qu'exige le langage poétique.

Cette nécessité d'une suspension du temps social avait déjà été mise en valeur par les situationnistes dans le concept de dérive. Mais celui-ci s'inscrivait dans la société française des années cinquante et soixante : il faudrait dans cette perspective proposer aujourd'hui une nouvelle interprétation de la dérive adaptée aux contingences du XXIe siècle mondialisé.

La liberté d'expression, dans une optique contemporaine, doit impliquer alors la possibilité de glissements et même de dérapages hors du temps haché de la production et de la communication purement ponctuelle qui domine notre époque. Il s'agit moins, en ce sens, de pouvoir tout dire que de pouvoir dire ce qu'on veut au moment choisi afin de permettre, au sens strict du terme, un arrêt sur la parole.

La dérive reflétait d'ailleurs une exigence de vide (de temps morts) au cœur de la vie quotidienne. Pour le situationnisme, le vide poétique contenu dans la dérive s'opposait au vide du spectacle et de son ordre symbolique. Il débouchait en particulier sur l'adéquation idéale de l'homme à l'espace urbain. C'est cette positivité du vide que la pensée de la liberté d'expression devrait alors retrouver pour mieux accomplir son projet radical.

La désormais classique critique du spectacle doit maintenant emprunter d'autres formes que celles qui avaient été conçues dans les années soixante. Le spectacle constitue aujourd'hui en effet l'une des armes privilégiées des pires ennemis de la liberté et de la démocratie en Occident, ce que même Debord n'aurait pu imaginer. Celui-ci ne fut en effet à l'origine qu'une excroissance de la démocratie libérale de l'après-guerre, basée sur ce qu'on appelait alors « la civilisation des loisirs ».

Les vidéos de l'État islamique postées sur Internet incarnent ainsi une obscénité pure qui repose sur la technologie globale. Elles ne devraient pas se voir comme des jeux guerriers pour adolescents qui s'ennuient. La reconnaissance de l'intolérable constitue en ce sens le premier pas de l'homme en direction de sa résistance obligée au mal radical.

Au nom de la liberté d'expression, Vaneigem refuse en outre d'interdire la publication d'un ouvrage comme *Mein Kampf* ou les textes des négationnistes. Il prétend qu'empêcher la diffusion de ces derniers ferait de leurs auteurs des victimes de la censure qui pourraient dès lors attirer la sympathie du public. « L'anathème érige en martyr le défenseur d'une cause perdue, l'auréole de la vérité couronne sans peine un mensonge jugé digne de sacrifice et étayé par un discrédit unanime.[166] »

Il est difficile de concevoir, cependant, que les hommes et les femmes un peu sensés puissent accorder un tel statut à un charlatan comme Faurisson. En outre, la domination culturelle du relativisme dans le monde d'aujourd'hui transformerait sans doute ces textes en de simples objets de consommation et par là même dignes d'attention sinon de respect. La liberté d'expression, dans cette perspective, engendrerait des situations particulièrement incongrues, du style *Mein Kampf* comme livre de plage ou les négationnistes comme lecture au bord d'une piscine du Club Med.

La société américaine contemporaine présente ainsi une image frappante du caractère profondément ambigu, sinon hypocrite, de la liberté d'expression. D'une part, en effet, elle régule sévèrement les dérapages racistes et sexistes de la langue à la fois orale et écrite sous l'influence du *politically correct*, mais d'autre part, elle permet à des *hate groups* (dont ceux proches idéologiquement de l'extrême-droite actuellement au pouvoir) de répandre à volonté leur propagande sur Internet au nom du fameux premier amendement de la constitution. C'est ce qu'on pourrait appeler « la haine au bout des doigts », car disponible à tout instant sur l'écran de l'ordinateur et accessible par un simple geste de pression sur les touches de celui-ci.

On ne peut trouver de contradiction plus insurmontable que celle-là. Du discours haineux, en effet, on passe vite soit au fascisme institué (celui du gouvernement américain d'aujourd'hui) soit à l'utilisation des armes à feu et au meurtre, comme le prouvent les innombrables tueries aléatoires qui se produisent actuellement aux États-Unis et dont les auteurs sont eux-mêmes souvent influencés par ce type de propagande.

À cet égard, l'auteur cite en exergue la fameuse affirmation de Voltaire : « Je ne suis pas d'accord avec ce que vous dites, mais je me battrai pour que vous puissiez le dire librement ». Il rappelle ainsi le rôle essentiel joué par les philosophes des Lumières dans la réflexion moderne sur la liberté d'expression et son lien à la pensée politique de

---

[166] *Ibid*, p. 48.

la démocratie. Mais cette phrase de Voltaire souligne en outre la dimension fortement contractuelle d'une telle liberté. Celle-ci n'a de sens, en effet, que si chacun démontre en permanence un respect minimal de la parole d'autrui, en dépit des différences d'opinion et des conflits inévitables.

Or, on le sait bien maintenant depuis les attentats de Charlie Hebdo, du Bataclan et de la Promenade des Anglais, les djihadistes ont précisément comme objectif principal d'éliminer toute forme de liberté d'expression dans nos sociétés. Accepter au nom de cette dernière les propos incendiaires et belliqueux d'imams radicaux qui professent actuellement dans diverses mosquées de l'hexagone, c'est s'engager dès lors dans un processus d'autodestruction pratiquement irréversible. On imagine mal Voltaire, s'il vivait encore aujourd'hui, se battre ainsi de toutes ses forces pour la tolérance envers de tels fanatismes religieux.

Que peut bien signifier par ailleurs la liberté d'expression, si des millions d'hommes et de femmes vivent en réalité dans la pauvreté ou connaissent le chômage, l'exploitation socio-économique et le sous-emploi ? Dans nos sociétés occidentales contemporaines, la liberté d'expression constitue le plus souvent une sorte de baume qui permet alors de mieux supporter les nombreux assauts et épreuves de la mondialisation sauvage.

Je n'ai pas de travail, mais je suis pourtant libre de faire joujou sur Facebook, je suis l'esclave d'une compagnie, mais je peux néanmoins fréquenter tous les sites possibles et imaginables sur Internet. La liberté d'expression surtout formelle de la République a été remplacée aujourd'hui par la liberté d'expression issue essentiellement de la technologie et conçue comme un simple passe-temps, un moyen de distraction perpétuelle vaguement ludique au service d'une sociabilité superficielle.

Rien n'est sacré, tout peut se dire. Selon une telle perspective, cependant, la liberté d'expression est elle-même la dernière forme du sacré, ce qu'il faut préserver à tout prix en la plaçant sur un piédestal. Il faudrait se soucier plus des errements contemporains de cette liberté sans pour autant nier sa nécessité et sa signification profondes.

De tels errements reflètent un nihilisme certain, typique de notre époque déboussolée : il ne s'agit plus, en ce sens, de laisser parler l'homme, mais d'empêcher l'autre de parler au nom d'une seule parole considérée comme souveraine et indiscutable. La question de la liberté d'expression renvoie ainsi toujours à celle du mal et à la possibilité de conjurer celui-ci, ce que Vaneigem appelle justement dans la conclusion de son bref essai « l'empire de l'inhumanité.[167] »

La véritable liberté n'est pas alors de pouvoir tout dire, car ce « tout dire » équivaut trop souvent à un « n'importe quoi », mais bien de pouvoir dire l'essentiel, soit d'affirmer une parole qui se révolte sans équivoque possible contre la violence et le nihilisme ambiants. Ceux-ci constituent en effet les symptômes les plus frappants du vide politique actuel : ils résultent d'un système de compétition incessante qui engendre l'exclusion et pousse l'homme à des actes destructeurs insensés en l'absence d'un projet cohérent de développement culturel et social.

---

[167] VANEIGEM, *ibid*, p. 119.

Le Poète révolté dans la culture contemporaine : un héritage surréaliste

Mon livre *Le Refus*[168] est en partie influencé par l'esprit de révolte du surréalisme à sa fondation. C'est l'histoire d'un jeune poète qui tente désespérément d'attirer l'attention d'un éditeur dans le but de faire publier sa poésie qui est finalement refusée. Il le rencontre dans son bureau et le poursuit à plusieurs reprises. Les deux personnages entrent rapidement en conflit et affirment leurs différences d'opinion sur l'identité sociale et culturelle de la littérature par des échanges verbaux parfois orageux. Cette œuvre prend la forme d'une pièce de théâtre semblable à un huis clos avec le bureau de l'éditeur comme scène unique.

À travers des personnages de fiction, je m'efforce également de développer et d'analyser des questions qui sont pertinentes pour la compréhension de la culture contemporaine. Plus précisément, je m'intéresse à l'exploration du processus d'édition et à la façon dont il a été profondément modifié ces dernières décennies par un ordre culturel de plus en plus commercialisé.

Dans son essai critique *L'Œuvre d'art à l'ère de sa reproduction technique*[169], Walter Benjamin avait remarqué dès les années trente, au moment de la montée du fascisme et des idéologies totalitaires, la perte d'aura de l'œuvre d'art découlant de l'industrialisation de sa production et de sa diffusion. Il médita cette évolution négative du point de vue d'un humaniste qui ne pouvait que contempler avec déploration le déclin du pouvoir magique et spirituel de l'art à une époque où la loi de la masse commençait à prévaloir sur l'individu et sa subjectivité.

---

[168] L'Harmattan, Paris: 2011. 118 pp.

[169] In *Illuminations*, traduit par Harry Zohn, avec une introduction d'Hannah Arendt, New York: Harcourt and Brace, 1969.

Son analyse était encore enracinée dans un cadre théorique postmarxiste. Benjamin avait été en effet un ami d'Adorno avec qui il partageait de nombreuses idées. Il est important de noter à cet égard que les essais de critique littéraire écrits par Benjamin accordèrent une attention toute particulière à la poésie, comme le démontre bien son célèbre essai sur Baudelaire intitulé *Le Flâneur*. La figure de Baudelaire était en effet essentielle pour l'expression du conflit entre le poète moderne et la société capitaliste, dans le contexte de l'accroissement du pouvoir de la bourgeoisie au XIXe siècle.

Néanmoins, l'essai de Benjamin sur l'œuvre d'art prit plus en compte les médias modernes tels que le cinéma ou la photographie que la littérature. La question de la reproduction était dominante dans ces deux langages artistiques et visuels. Ils furent tous deux exploités dans les années trente par des leaders politiques et des idéologies totalitaires dans le but de communiquer leur message aux masses et de les endoctriner. C'est ce que Benjamin appela « l'esthétisation du politique », un phénomène frappant dans le cas de l'Allemagne nazie, avec sa confusion permanente et insistante entre la sphère du politique et celle de l'art.

Le contexte historique dans lequel Benjamin écrivit son essai était très différent de notre environnement contemporain, caractérisé par la mondialisation et les nouvelles technologies. Cependant, on peut remarquer des similarités entre les deux époques. Aujourd'hui, en effet, le processus de reproduction analysé par Benjamin a atteint des niveaux sans précédent. Il dépasse largement tout ce qui s'était produit auparavant, puisque l'Internet permet une production continue d'images immédiatement accessibles dans le monde entier.

Un tel phénomène modifie également notre relation aux textes et à leur lecture. Les livres électroniques font maintenant partie de notre horizon culturel. La possibilité de télécharger ces livres pour un prix modique ou même gratuitement nous offre ainsi un type de liberté matérielle et personnelle que Benjamin n'aurait jamais pu imaginer.

Ce qui est en jeu aujourd'hui dans cette évolution très rapide et irrésistible, c'est l'ubiquité du texte littéraire ainsi que son infinie prolifération à l'intérieur de n'importe quel espace social et intime. La question qu'il faudrait alors poser est la suivante: un objet peut-il préserver son identité en étant partout en même temps? En d'autres termes, possède-t-il encore son propre espace unique et singulier quand il est sans cesse déplacé et exhibé sous l'action toute-puissante des dispositifs et réseaux technologiques?

Dans *Le Refus*, le poète confesse à cet égard sa nostalgie d'une époque révolue, celle du moyen-âge, quand les textes n'étaient encore la propriété que de quelques esprits éclairés, la plupart des moines, qui les transcrivaient et les illustraient méticuleusement sous la forme de manuscrits rares. L'invention de l'imprimerie par Gutenberg au XVe siècle provoqua alors un changement révolutionnaire dans la réception des textes par l'humanité. Tout à coup, en effet, les textes cessèrent d'être le privilège de quelques-uns seulement: ils devinrent plus accessibles et leur circulation s'accrut progressivement.

Cette ubiquité des textes est liée à un concept démocratique de la littérature, qui est basé sur la croyance que n'importe qui peut acquérir des livres et les lire (les consommer, faudrait-il dire plutôt), quel que soit son statut social ou son niveau d'éducation. Mon œuvre *Le Refus* tend à remettre en cause cette affirmation. Elle s'efforce de démontrer en effet que, sous la surface des choses, de nouvelles stratégies engendrent aujourd'hui des différences subtiles entre les gens et façonnent alors un ordre culturel inégalitaire et souvent injuste qui gouverne à la fois le processus de l'écriture et celui de la lecture.

Ces stratégies sont issues avant tout de la domination planétaire du capitalisme global et de l'économie de marché. Ce système exerce son influence sur tous les aspects de la vie sans exception, y compris l'art et la littérature. Il exerce une pression de plus en plus forte sur les éditeurs et les écrivains et les oblige à prendre en considération la valeur de profit de leur travail avant même de s'attacher à sa valeur artistique véritable. Le monde de l'édition et le monde de la littérature en général reflètent ainsi l'évolution des sociétés contemporaines vers une rationalisation à grande échelle et une définition prioritairement pratique des activités humaines.

Le poète du *Refus* s'oppose sans équivoque à une telle logique qui est toute-puissante à notre époque. Il rêve ainsi d'une culture qui célébrerait le pouvoir créatif de l'imagination. Il incarne dès lors à bien des égards une figure postromantique, une sorte de poète maudit qui ne peut trouver sa voie et exprimer sa personnalité dans un monde prioritairement concerné par la gratification matérielle potentielle que la littérature peut fournir.

Par contraste, l'éditeur représente les besoins et les exigences du système capitaliste. Le manuscrit du poète n'est pas adapté à celles-ci, dans la mesure où il ne possède pas d'attrait commercial. L'éditeur conçoit son travail comme faisant partie du monde des affaires ou de l'industrie. Les livres et les textes sont pour lui de simples objets qui doivent se conformer à la loi sacro-sainte de l'offre et de la demande, sans égard pour leurs qualités littéraires. L'opposition philosophique entre les deux personnages principaux de cette pièce est donc on ne peut plus claire: elle reflète ainsi sous bien des aspects l'opposition éternelle et universelle entre l'utopie et la réalité, entre les rêves et le monde des faits.

On peut dès lors parler de l'expression d'une politique radicale de la littérature, et en particulier de la poésie, dans *Le Refus*. Le poète résiste en effet avec force à l'identité mécanique de la production artistique: il souhaite retourner à la valeur de culte du livre, selon l'expression même de Benjamin dans son essai. Cette valeur était liée dans sa pensée à une ère préindustrielle où l'artisan jouait encore un rôle important dans l'expression collective des communautés. Avec le déclin profond de telles pratiques, les cultures sont de plus en plus définies par la rationalité économique et la suprématie indiscutable de l'individualisme.

La division du travail intense qui caractérise l'ordre global actuel implique également que chaque producteur et travailleur, ce qui inclut le poète et l'écrivain, doit se spécialiser dans un domaine étroit pour survivre socialement et culturellement. Cette loi s'applique aussi à l'éditeur, pour qui la poésie existe en dehors de son domaine de compétence. En ce sens, le poète et l'éditeur ne peuvent s'entendre, puisqu'ils détiennent une perspective très différente sur leur propre travail.

Pour l'éditeur, en effet, les mots ne constituent qu'un moyen de subsistance. Pour le poète, par contre, ils possèdent une signification existentielle. En outre, l'éditeur est convaincu qu'il travaille pour un grand nombre de personnes: il cherche à atteindre un large public, ce qui n'est pas de toute évidence le premier souci du poète.

L'écriture et la lecture sont bien d'abord des formes de travail. Elles exigent une tâche longue et ardue qui est rarement récompensée selon ses mérites par la société. Le poète est dans cette optique un combattant de l'ombre, un héros méconnu dont les efforts infatigables ne sont pas assez remarqués. Cette notion de travail appliquée à la littérature contredit une simple définition de celle-ci comme objet de consommation et de divertissement.

Une telle définition est de plus en plus imposée aujourd'hui par les nouveaux mégastores tels que Virgin ou la FNAC. Ceux-ci rendent en effet l'existence des petites librairies de plus en plus difficile. Ce phénomène négatif n'est nulle part plus évident à Paris que dans le

Quartier Latin, un quartier qui fut longtemps réputé pour son amour des livres et de la vie de l'esprit.

Malheureusement, au cours de ces dernières années, un grand nombre de petites librairies et de magasins d'antiquités de ce quartier et qui étaient voués à la conservation ou à la vente de livres de qualité, rares et moins rares, ont été progressivement éliminés et remplacés par des boutiques de mode chics telles que Louis Vuitton et Prada. Il faut aussi souligner dans cette optique le déménagement de certaines maisons d'édition bien établies, dont Le Seuil.

L'esprit (façon de parler) de la mondialisation menace en ce sens une culture traditionnelle et un style de vie qui reposaient souvent sur des moyens limités et sur le travail désintéressé de vrais bibliophiles. *Le Refus* traite inévitablement de ces tensions. L'éditeur appartient à ce nouvel ordre qui à bien des égards contient la négation du passé et de tout un héritage classique de la littérature. Il célèbre en effet par ses actions un concept erroné de démocratie et de liberté. Cette forme pervertie de liberté est en réalité basée sur la simple loi de la quantité.

Ce qui compte vraiment, pour lui, c'est d'atteindre le plus grand nombre de lecteurs le plus rapidement possible. Son attitude est bien celle d'un professionnel, un terme qui possède de nombreuses ambiguïtés, dans la mesure où il signifie trop souvent le sacrifice de sentiments personnels et d'émotions subjectives au nom du profit et de résultats à court terme.

Cette professionnalisation du monde particulier de l'édition dans la culture contemporaine, particulièrement en France, peut en réalité empêcher la libre expression de l'écrivain, puisqu'elle requiert des gains immédiats qui ne correspondent pas nécessairement aux buts et aux aspirations de ce dernier. À l'époque où Benjamin écrivit son essai sur l'œuvre d'art, une telle professionnalisation était beaucoup moins poussée qu'aujourd'hui. C'était notamment le temps de Dada et des surréalistes, deux groupes de poètes d'avant-garde qui furent en quête de modes alternatifs de production et de distribution de la littérature et qui s'opposèrent pour la plupart aux réseaux d'édition et aux institutions littéraires plus établis.

Deux concepts distincts de liberté sont ici représentés et exprimés. Pour le jeune poète, celle-ci signifie le droit de publier son œuvre et doit alors être définie en termes de liberté intellectuelle. Pour l'éditeur, cependant, la liberté signifie le droit de choisir et de faire une sélection entre les nombreux manuscrits qu'il reçoit. Si un tel droit n'est pas absolument dépourvu de composantes intellectuelles, il est pourtant bien plus déterminé par des considérations économiques. Il est clair, dans cette perspective, que la mondialisation insiste sur la seconde conception de la liberté plus que sur la première.

Cela explique aussi en grande partie pourquoi le poète démontre un profond scepticisme à l'égard de la notion même de démocratie appliquée à la sphère culturelle. Il voit l'éditeur comme une figure répressive qui l'empêche d'accéder au monde de la littérature et de communiquer ses propres idées. Selon lui, ce processus de sélection est injuste : l'éditeur avoue d'ailleurs son dédain pour toute notion de justice et d'équité.

En d'autres termes, *Le Refus* souligne les contradictions issues de la célébration incessante de la liberté individuelle par les adeptes de la démocratie libérale. En réalité, cette liberté présumée est surtout celle du consommateur, c'est-à-dire d'un simple récepteur, plus que celle d'un acteur profondément engagé dans la culture de son temps. Elle ne peut dissimuler les dures réalités d'une compétition féroce entre les hommes à laquelle personne ne peut échapper.

En outre, le poète exprime une philosophie personnelle du langage qui est incompatible avec la parole que les médias répercutent jour après jour. Comme il le dit lui-même, la poésie doit ressembler à une sorte de murmure : elle constitue une parole intérieure faite de mots doux. En ce sens, elle résiste aux bruits constants du monde extérieur et à son agitation. Son esprit est avant tout d'ordre contemplatif : il implique une suspension du mouvement frénétique du monde et reflète un besoin éternel et souvent réprimé d'harmonie et de silence.

Le poète exige ici une reconnaissance personnelle qu'il ne peut obtenir spontanément. La pièce offre la représentation d'un tel drame tout en soulignant la réconciliation possible entre ses rêves et la réalité culturelle que la société lui impose. Certes, tout le monde peut écrire aujourd'hui ce qu'il veut sur l'Internet et ensuite afficher ses mots librement. De nouveaux instruments comme les iPads et Kindle ont également rendu la lecture plus commode et rapide.

Mais cette forte accélération de l'écriture et de la lecture par la technologie contemporaine ne nous procure qu'une illusion de liberté. Elle ne renverse aucunement les obstacles posés par un monde de l'édition particulièrement opaque et fermé. En d'autres termes, la reproduction infinie de textes engendrée par l'Internet et toutes sortes de gadgets technologiques ne modifie pas fondamentalement la nature aliénante d'un modèle mécanique sur lequel l'homme ne possède pas de contrôle. Le poète demeure ici entièrement dépendant de la volonté et des caprices de l'éditeur en ce qui concerne la publication de son travail.

Il se trouve ainsi dans la position de *l'Albatros* de Baudelaire: un homme dont les hautes aspirations sont constamment rabaissées par l'esprit mesquin et médiocre des autres hommes. Dans *Le Refus*, un troisième personnage, une jeune femme nommée « l'Amour », qui est la secrétaire de l'éditeur, offre son soutien personnel au poète. Elle aspire elle-même au métier d'écrivain et rédige son journal. Le poète est ici la victime d'une simple loi de la quantité dictée par le monde des produits de grande consommation : son œuvre est littéralement noyée dans une mer de manuscrits et il demeure une figure anonyme sans vraie identité.

Dans *La Société du spectacle*, Guy Debord a très bien analysé le pouvoir de cette loi et son impact essentiellement négatif sur la culture contemporaine. Il le perçut dès le début des années soixante et comprit alors qu'il impliquait nécessairement une perte généralisée de qualité:

> La perte de la qualité, si évidente à tous les niveaux du langage spectaculaire, des objets qu'il loue et des conduites qu'il règle, ne fait que traduire les caractères fondamentaux de la production réelle qui écarte la réalité: la forme-marchandise est de part en part l'égalité à soi-même, la catégorie du quantitatif. C'est le quantitatif qu'elle développe, et elle ne peut se développer qu'en lui[170].

La société ne cesse de produire des mécanismes d'exclusion et de marginalisation, non seulement dans la sphère économique et sociale, mais aussi dans celle de la culture. La technologie n'agit en ce sens que comme un simulacre qui ne peut réellement permettre à l'homme de faire entendre sa voix. À cet égard, dans le second acte du *Refus*, le poète demande à la jeune secrétaire de couvrir sa bouche avec un bandeau. Une telle action reflète dans cette perspective l'image d'un homme qui ne peut pas vraiment parler, puisque sa bouche est serrée par une sorte de bâillon.

Le récent mouvement global de protestation des 99 % contre les 1% aux États-Unis a été le mouvement de gens qui ne disposent d'aucun réel pouvoir de représentation et dont la voix est le plus souvent tue par l'ordre social. Ils se soulèvent alors ensemble contre un système régi uniquement par les super-riches et les puissants. Il a

[170] GUY DEBORD, *La Société du spectacle*, Paris: Gallimard, 1992, p. 36.

été profondément suscité par le refus de l'homme de demeurer silencieux, un refus qui est bien universel : on doit ainsi toujours parler, même si l'on est en apparence privé de parole personnelle par des forces extérieures qui sont aussi aveugles qu'écrasantes dans la société contemporaine.

Comme je l'écris moi-même sur la quatrième de couverture de mon livre :

> La question du refus possède une résonance existentielle : elle concerne tous les hommes dont le langage personnel est étouffé et nié par l'ordre social. Le poète incarne en ce sens le symbole d'une parole exclue qui est confinée aux marges de l'expression par un système culturel soumis prioritairement à la loi d'un profit rapide.

Il est possible qu'il soit un solitaire, mais son combat n'est pas unique : il ne constitue en effet qu'un exemple parmi d'autres d'une situation qui affecte de nombreux êtres humains de par le monde. Derrière lui, dès lors, une communauté entière parle envers et contre tout.

La tension dramatique de cette œuvre culmine dans le meurtre de l'éditeur par le poète. Bien que sanglante et quelque peu brutale, cette scène finale inclut néanmoins un message positif et relativement optimiste. Après tout, le poète romantique et idéaliste finit par triompher de l'éditeur cynique et calculateur. Ses rêves et ses visions sont plus forts que les considérations mercantiles et pragmatiques de son adversaire.

Le poète exprime sa colère et sa frustration par ce meurtre : il vise littéralement le représentant d'un ordre culturel qui ne prend pas sa voix en compte. Comme je l'écris encore sur la quatrième de couverture : « Le meurtre qui conclut cette pièce souligne l'intensité du conflit entre l'utilité et l'imagination, entre la raison matérielle et les rêves, autant que le pouvoir de révolte et de contradiction radicale inhérent à toute expression poétique authentique et originale. »

Un tel acte de violence renvoie par bien des aspects à l'esprit du surréalisme, tel qu'André Breton le définit dans ses manifestes[171]. En d'autres termes, il n'existe pas de réconciliation possible entre le poète et la société: leur conflit incessant ne peut alors être surmonté que par

[171] ANDRÉ BRETON, *Manifestes du surréalisme*, Paris: Gallimard, 2003.

la force radicale de la transgression et le dépassement sans concession des normes et valeurs sociales.

La figure du poète maudit s'est enracinée à l'origine dans la société du XIXe siècle. Elle correspondait à une ère nouvelle, celle de la révolution industrielle et de l'ascension de la bourgeoisie. Dans un tel contexte, des tensions profondes apparurent entre une vision esthétique et une vision purement pratique ou matérielle du monde.

La poésie, de toutes les formes de littérature, est celle qui est la plus irréductible à la réalité concrète. Par sa nature même, elle contredit non seulement l'univers des faits, mais aussi et peut-être même surtout le statut commercial de l'œuvre d'art comme simple marchandise. C'est ce qui la distingue, en ce sens, de la peinture et des beaux-arts en général. La poésie n'est pas à vendre, en quelque sorte, quelle que soit sa place dans l'édition. Elle est bien alors sans prix, dans toute l'acception du terme.

Baudelaire, dans ses essais critiques et esthétiques[172], étudia avec ironie le développement des Salons dans la société française du XIXe siècle. Ceux-ci constituaient plus qu'un phénomène de mode : ils reflétaient l'évolution quasi irréversible de l'art en direction de son appropriation totale par le marché et la culture de masse. Le poète ne put que dénoncer ce processus en soulignant que la loi de la quantité empêchait l'expression d'un véritable jugement esthétique. Dans les *Salons*, en effet, toutes les œuvres d'art, les meilleures comme les pires, se retrouvaient mélangées et soumises à une forme délibérée de confusion culturelle.

Une telle confusion a atteint à notre époque des niveaux sans précédent. On connaît aujourd'hui le rôle essentiel joué par les foires dans la présentation publique de l'art : ces foires, après tout, sont l'équivalent des *Salons* pour le XXIe siècle. On peut évoquer alors une idéologie du mélange : il est bien question, en effet, d'un projet politique au sujet de l'art, qui tend à niveler les œuvres par le bas dans une proximité faussement démocratique. C'est ce que Baudelaire avait déjà parfaitement analysé en son temps : dans le monde des *Salons*, un Delacroix pouvait très bien ainsi être juxtaposé au tableau d'un obscur peintre du dimanche.

La médiocrité artistique, selon cette perspective, ne découle pas toujours d'une situation ou seules des œuvres mineures seraient

[172] CHARLES BAUDELAIRE, *Critique d'art suivi de Critique musicale*, édition de Claude Pichois. Paris: Gallimard, 1992.

produites. Elle commence plutôt, et presque paradoxalement, quand ces œuvres mineures sont en quelque sorte mises au même niveau que des œuvres majeures. Plus une société se prétend démocratique et égalitaire, plus elle provoque généralement ce type de confusion et d'amalgame qui ne peut que desservir l'art et affaiblir sa signification réelle.

Dans *Le Refus*, le travail du poète est ainsi noyé sous une pile de manuscrits. Il disparaît dans un processus d'accumulation quasi infinie des textes : ses mots ne peuvent ainsi être identifiés ni perçus dans leur qualité propre. Le mélange, dès lors, résulte d'une fausse conception de la diversité. Il donne l'illusion d'un foisonnement et d'une abondance remarquables : une telle illusion, cependant, ne peut cacher une négation profonde des œuvres qui mène à leur effacement et à leur disparition symboliques.

Ainsi, plus une société engendre le manque (le manque de travail, d'argent, de ressources, de temps pour beaucoup d'hommes et de femmes sur cette terre), plus elle crée des images factices et des simulacres du trop-plein et de l'excès. C'était déjà le cas au XIXe siècle à l'époque des *Salons*, qui était caractérisée par des inégalités socio-économiques énormes et la paupérisation à grande échelle de la classe ouvrière.

Il est symptomatique à cet égard de remarquer que l'accessibilité illimitée de l'art et de la littérature sous l'influence des nouvelles technologies s'accompagne simultanément d'un discours généralisé et paradoxal sur le déclin culturel, particulièrement en France. Ce déclin, on le sait, concerne en particulier la lecture : les Français, en effet, lisent généralement de moins en moins de livres, alors que ceux-ci n'ont pourtant jamais été aussi faciles à obtenir. L'affirmation du « tout est disponible à tout moment, partout et pour tout le monde » ne sert alors qu'à camoufler des insuffisances culturelles criantes.

Le mélange, par définition, s'oppose à la souveraineté du jugement esthétique. Car juger, c'est le plus souvent choisir un nombre relativement petit d'objets dans la masse pour en souligner la qualité intrinsèque et unique. Il exprime un relativisme culturel poussé à bout, celui du « tout est dans tout » qui finit inévitablement par vouloir dire : « rien n'est dans rien ».

La folie et l'absurdité du mélange culturel furent démontrées cruellement par l'exposition d'*Art dégénéré* organisée par les leaders nazis dans l'Allemagne des années trente. Il s'agissait pour eux, on le sait, de dénoncer l'art moderne et de le mettre à l'index de manière définitive. Les œuvres de maîtres modernistes furent ainsi présentées sans le moindre souci d'ordre ni de cohérence esthétique : l'identité chaotique de leur exposition aboutissait à une forme de parodie et de déformation grotesque et systématique.

Pourtant, ce n'est pas cette présentation délibérément bâclée et empirique qui niait le plus profondément cet art, aussi caricaturale et méprisante fut-elle, mais bien la confrontation dans l'espace du musée de ces œuvres originales et brillantes à des tableaux et des sculptures d'artistes académiques au service du régime nazi. En d'autres termes, l'avant-garde la plus novatrice se retrouvait dans le même sac que l'art de propagande le plus plat et le plus conventionnel. Le mélange constituait bien en ce sens l'accomplissement d'un projet idéologique totalitaire appliqué au domaine de l'art et de la culture.

Il est clair que dans la culture mondialisée d'aujourd'hui, la poésie n'occupe qu'une position assez marginale. Les nouvelles technologies imposent dans cette optique une vitesse effrénée de la communication qui perturbe les codes et les structures habituels du langage écrit. Ce phénomène est frappant dans le domaine des courriers électroniques.

Pressé par le temps et par des impératifs de diffusion immédiate de ses mots, l'homme a dans cette perspective de plus en plus tendance à écrire des phrases courtes et à s'exprimer d'une façon simplifiée. La réduction de son langage et l'appauvrissement de sa syntaxe et de son vocabulaire découlent en ce sens du pouvoir global de la technologie et des lois de l'information.

Une telle simplification (mais celle-ci renvoie nécessairement à une accélération) du langage écrit ne peut que desservir le langage poétique et affaiblir sa présence dans l'espace culturel. Écrire, dans la vie quotidienne, c'est dès lors le plus souvent (mais pas toujours, heureusement) se ruer sur les mots pour en extirper (en expulser) un sens très rapide et très clair.

L'ambiguïté potentielle du langage, qui fait toute sa richesse et sa complexité, est en quelque sorte niée. Le langage poétique, dans ce contexte, court le risque de devenir anachronique dans son altérité fondamentale, c'est-à-dire dans son incapacité à se soumettre à une telle logique globale du langage écrit, celle de la transparence et de l'évidence permanente de l'expression verbale.

Le mot : 'refus', dès lors, possède ici un double sens. Il s'agit certes en premier lieu de souligner le rejet du manuscrit du poète par l'éditeur, mais aussi et peut-être même surtout d'affirmer l'opposition radicale du poète à un ordre culturel qui transforme complètement l'identité du langage et les formes de sa diffusion, au-delà de son inscription prioritairement commerciale dans la littérature de masse.

La forte marginalisation de la poésie dans la culture française contemporaine a également été provoquée par la politique des grandes maisons d'édition parisiennes. Contrairement à ce qui se passait dans l'entre-deux-guerres ou même dans les années cinquante, celles-ci ont en effet privilégié depuis plusieurs décennies (et encore plus au XXIe siècle) le roman comme forme de création littéraire. Ce n'est pas un hasard, dans cette perspective, si les trois derniers prix Nobel français de littérature sont tous des romanciers.

Le Refus rend compte alors d'une telle politique : la poésie, selon l'expression consacrée, ne se vend pas et cela constitue aux yeux des éditeurs les plus puissants un handicap pratiquement insurmontable. On peut parler en ce sens de crise de l'édition, une crise qui est moins économique (car certains livres rapportent beaucoup d'argent) que philosophique et morale. Le poète compare dans cette optique la maison de l'éditeur à une machine, c'est-à-dire à une structure froide et déshumanisée où le texte manuscrit est traité comme un simple objet.

La technologie peut certes permettre aujourd'hui à n'importe qui de diffuser sa création littéraire sur Internet. Mais une telle diffusion ne possédera jamais le prestige ni l'autorité du livre. Il s'agit le plus souvent d'une simple solution de rechange pour tous ceux (et ils sont nombreux) qui n'ont pas accès aux maisons d'édition établies. L'Internet, dans ce cas, opère comme un réseau alternatif et presque souterrain.

On étudie attentivement de nos jours les phénomènes d'exclusion sociale qui caractérisent notre monde global fortement inégalitaire (chômage, précarité, pauvreté). Mais on prête cependant en général moins d'attention à la dimension culturelle de cette exclusion. Or, celle-ci souligne elle aussi avec force les échecs du modèle libéral actuel.

La liberté d'expression vantée par nos constitutions démocratiques (le premier amendement de la constitution américaine, notamment) et nos leaders politiques demeure en effet trop souvent un leurre, non pas tant en raison d'une véritable censure ou d'un contrôle répressif organisés au niveau des états et des pouvoirs publics, comme ce fut et c'est encore le cas dans les dictatures, mais bien en raison des orientations privilégiées d'un ordre culturel global qui pousse à une énorme concentration du pouvoir de la parole.

La médiatisation effrénée d'une certaine littérature officielle reflète bien ce phénomène. Elle provoque souvent une confusion entre les intérêts du journalisme de grande diffusion et ceux de l'écrivain. Hors de ces médias dominants, les mots n'existent pratiquement pas et sont condamnés à une forme de mort sociale et culturelle.

Il est certain que la poésie et son langage fondamentalement cryptique ont tout à perdre dans ce processus pervers qui les soumet à un ordre souverain de la transparence. Celui-ci constitue en effet pour eux une réalité essentiellement contre-nature. Au XIXe siècle déjà, Balzac avait bien pressenti et analysé ce problème aigu dans *Illusions Perdues*.

Le poète qui était le héros principal de ce roman, Lucien de Rubempré, montait en effet à Paris dans le but de se faire connaître et finit par subir la dure loi du milieu des journalistes de l'époque. Balzac considérait cette situation comme le miroir d'une véritable prostitution de la littérature ainsi broyée par le rouleau compresseur du capital[173]. *Le Refus*, en ce sens, pourrait être interprété comme une version contemporaine plus libre mais aussi sans doute plus nihiliste (« anarchiste », pourrait-on dire) d'une telle critique. Mon livre rend compte ainsi de l'écart qui existe entre l'idéal esthétique et la réalité économique mais aussi politique de la littérature, un écart grandissant défini aujourd'hui par le capitalisme global de l'information et de la communication et non plus par le capitalisme industriel comme ce fut le cas au XIXe siècle. Il aboutit à une forte concentration de la parole trop souvent saisie et appropriée à notre époque par des structures et des institutions de nature monopolistique.

Cette concentration du pouvoir de la parole, alors, constitue le reflet de la concentration extrême des richesses qui définit aujourd'hui en grande partie le capitalisme mondialisé. Le poète du *Refus*, dans cette perspective, plaide pour une politique de redistribution de la parole, non seulement la sienne, mais aussi celle de tous les hommes et de toutes les femmes qui parlent à partir d'une position fragile et obscure.

---

[173] J'ai moi-même analysé cette critique balzacienne de la domination de la littérature par le pouvoir économique dans mon ouvrage *Poétique de la négation*, Paris: L'Harmattan, 1998, plus particulièrement dans l'essai: "Réalités de l'écrivain et de son texte dans *Illusions perdues*", pp. 41-66.

David Antin lecteur de John Cage : improvisation orale, silence et récit

Comment parler de soi sans trop donner l'impression de parler de soi ? Cette question n'est pas simple, surtout si l'on veut éviter un subjectivisme exacerbé qui risque de déboucher sur un exercice narcissique. Le cas des *talk poems* de David Antin, un *performer* californien très actif et fécond, traduit en français et aujourd'hui octogénaire[174], me permet dans cette optique d'aborder la question du récit autobiographique sous la forme originale et assez méconnue de la performance orale improvisée.

Si l'on traduit fidèlement ce terme, on pourrait croire qu'il s'agit ici de simples figures poétiques déclamées, ce qui rentrerait somme toute dans une catégorie déjà bien établie et explorée autant par les avant-gardes, depuis Dada[175], que par le classicisme. À cet égard, le 'talk' de *talk poem* ne renvoie pas ici seulement à l'idée d'une conférence au sens strictement académique du terme, mais aussi et surtout à la notion de « small talk », qui signifie en anglais parlottes ou bavardage, soit à une forme de discours apparemment insignifiant et répétitif. Dans cette perspective, la performance narrative donne à entendre ce que j'appelle un *micro-récit*.

Certes, David Antin donne-t-il parfois l'impression de s'égarer dans son discours indéterminé. Ses performances impliquent toujours l'idée d'une dérive continue à travers le langage, soit d'une forme qui ne semble pas a priori privilégier de direction précise. La référence au poétique découle ici du sentiment et de la perception d'une langue itinérante qui voyage constamment dans les méandres des mots. Son

---

[174] Il est né à New York en 1932.

[175] Il suffit de songer ici à l'affirmation de Tristan Tzara: "La poésie se fait dans la bouche".

objet n'apparaît pas clairement, dans la mesure où il ne correspond ni à un but ni à une destination particuliers.

L'auteur se revendique souvent de l'héritage grec de Socrate, plutôt que de la poésie homérique ou du modèle oral moderne, éminemment américain, celui de la Beat Generation. La tradition socratique, c'est celle d'une langue destinée à être perdue, non-inscrite et sans trace, une langue parlée qui dialogue avec l'autre et le monde bien qu'elle semble fuir en plein cœur de l'agora. En d'autres termes, la langue ne se garde pas même si elle finit par être publiée : David Antin a ainsi publié une bonne quarantaine de ses *talk poems* rassemblés dans différents volumes.

Le titre du *talk poem* que je vais considérer est en français *John Cage sans cage*[176] (*John Cage uncaged is still cagey*). Il fut présenté publiquement lors d'une manifestation d'hommage au compositeur américain qui se déroula en 1989 au Strathmore Center, dans l'État du Maryland. Le titre original révèle une exigence de liberté (*uncaged*) mais aussi de secret et de silence, de non-dit *(cagey*). Que pourrait bien alors signifier ce « non-dit »? Il renvoie essentiellement selon moi à la perception d'un vide qui est constitutif de la démarche musicale et philosophique de Cage.

Pour saisir celle-ci, en effet, il faut nécessairement faire le vide en soi et autour de soi, c'est-à-dire se délivrer de tous les préjugés et habitudes mentales qui déterminent le rapport à notre environnement sonore quotidien. Le manque issu du silence, cependant, mène à une forme de plénitude de nature quasi extatique : il saisit ainsi l'identité la plus pure de cet environnement selon un processus très proche de celui qui permet au contemplatif d'atteindre le nirvana dans la tradition bouddhiste.

S'il y a de la performance narrative, dans cette optique, c'est qu'il y a d'abord du vide, ou plus spécifiquement la reconnaissance et l'acceptation de ce vide dans le silence. Mais nous savons bien que dans la littérature moderniste, l'interruption et la pause au cœur du langage permettent souvent de renforcer celui-ci et de lui procurer une force insoupçonnée (le théâtre de Beckett constitue ainsi un brillant exemple de ce phénomène contradictoire)[177].

---

[176] Dijon: Les Presses du réel, 2011.

[177] J'ai moi-même étudié cette place importante du vide dans l'écriture moderniste chez Henri Michaux, en particulier dans son récit *Misérable miracle*. Voir à ce sujet

Un tel vide renvoie également chez Cage à un espace narratif commun, puisqu'il appelle la nécessité et même l'urgence de l'écoute qui n'est pas seulement l'écoute d'un environnement sonore, mais l'écoute de soi et de l'autre. Le silence, ainsi, ouvre sur une histoire partagée qu'il s'agit de méditer et de saisir dans la performance narrative comme dans la composition musicale.

Le mot même de *performance* renvoie directement au travail de la représentation, d'une part, dans le cas du théâtre ou de la danse, et de l'exécution, d'autre part, dans le cas de la musique. En somme, la *performance*, au sens anglo-saxon du terme, exprime la concrétisation d'une forme artistique particulière. J'avoue avoir été souvent troublé par l'utilisation récurrente de ce mot dans l'art contemporain : dans la langue française, en effet, la performance exprime prioritairement l'idée d'un effort exceptionnel de nature quasi sportive, une forme d'exploit physique qui me semble mal adaptée à une philosophie esthétique critique. Elle souligne une tension résolue du corps et de l'esprit en direction d'un but à atteindre et traduit en ce sens une conception encore productiviste et activiste de l'art et de l'existence par extension.

La démarche cagienne renversa par contraste un certain ordre occidental de l'art même moderniste dans son obstination à privilégier le caractère ouvert et indéterminé de la composition musicale. Avec Cage, le compositeur, comme avant lui Duchamp dans le domaine des arts plastiques, n'était plus au sens strict un producteur d'objets esthétiques à répétition, mais bien un créateur d'idées et d'hypothèses ou propositions musicales.

Il ne s'agissait même plus de façonner des objets différents ou singuliers comme dans d'autres avant-gardes telles que Dada et le surréalisme (des collages, par exemple), mais de mettre en question le travail de l'artiste orienté dans le sens d'un produit fini, ce que ces avant-gardes n'avaient pu ou su renverser malgré leurs ambitions transgressives[178]. Cage insista alors dans sa démarche personnelle sur l'œuvre d'art comme processus, comme cheminement ou itinéraire en direction d'un but certes précis mais néanmoins lointain.

---

mon ouvrage *Littératures modernistes et arts d'avant-garde*, Paris: Honoré Champion, 2013, pp. 69-83.

[178] Une telle philosophie de l'art influença profondément le mouvement Fluxus dans son expression tant plastique que musicale.

Le meilleur modèle d'une telle perspective dans l'art moderne fut sans aucun doute *Le Grand verre* de Duchamp, auquel Cage se réfère d'ailleurs souvent pour expliquer son projet. L'artiste, soudainement, pouvait très bien être aussi quelqu'un qui « laissait faire le rien » dans l'œuvre d'art, non pas par paresse ni par désœuvrement, mais bien par fidélité à une perspective méditative et philosophique sur l'art et la vie.

Cette perspective conceptuelle participait d'une dédramatisation profonde et de l'existence et de l'œuvre d'art. La *performance*, en effet, renvoie le plus souvent à la possibilité d'une mise en scène ou d'une incarnation dramatique d'un texte ou d'une partition musicale. John Cage est sans doute le musicien qui aura le plus contesté cette identité dramatique de la musique que même le dodécaphonisme sériel, avant lui, n'avait pu tout à fait surmonter.

Une telle identité fut caractéristique de la musique romantique et postromantique, mais elle ne fut pas absente non plus de la musique baroque ni de la musique médiévale d'essence religieuse. Elle se poursuivra dans de nombreuses musiques d'origine populaire, du fado au tango en passant par le flamenco. J'entends ainsi en outre par le terme de dramatisation la nette prédominance accordée à l'expression lyrique dans la musique.

La question essentielle issue de ce processus de dédramatisation devient alors celle de l'événement, de sa présence possible et de son sens pour l'artiste, que celui-ci soit un *performer*, comme David Antin, ou un compositeur, comme John Cage. Le travail de David Antin, dans sa déambulation incessante autour de Cage, noie en quelque sorte l'événement dans le discours poétique et narratif. Le récit autobiographique, ainsi, devient le récit de non-événements ou plutôt d'événements tellement aplatis ou réduits qu'ils en viennent à perdre toute valeur dramatique.

Il évoque par exemple la reconstruction de sa maison dans le sud de la Californie, sans qu'on puisse comprendre le rapport de cette anecdote à la musique de Cage. On apprend simplement que pour les habitants de cette région, la présence d'un palmier devant la maison est une exigence constante, une présence naturelle indispensable.

Le *performer*, comme le compositeur, est alors celui qui montre du doigt des trous dans le langage ou dans le monde sonore et prétend qu'il ne faut pas les boucher. Le discours narratif n'existe ainsi que dans des interstices ou des fissures, comme la musique destinée à l'expression du silence. La performance associée à ce type de discours doit être ainsi caractérisée par son caractère volatile et éphémère, même si elle peut déboucher sur un texte écrit[179].

La première partie de cette performance narrative est celle qui se concentre le plus sur les écrits et le projet artistique de John Cage. David Antin cite ainsi les entretiens de Cage avec Daniel Charles[180] :

> Il y a une réflexion qui surgit dans l'un des entretiens avec Daniel Charles le troisième entretien je crois et daniel est manifestement de plus en plus exaspéré par john et john commence à être exaspéré par daniel probablement parce qu'ils vivaient alors une vie de conversation sans fin et que plus le temps passait plus cela devenait difficile et au cours de cette entrevue daniel pose cette curieuse question « est-ce que le silence au sens où vous l'entendez représente le mode de vie auquel vous aspirez » ce à quoi john réplique « c'est la vie poétique » et daniel rétorque alors avec une certaine exaspération « pourquoi insistez-vous sur le mot poésie » et john répond calmement « il y a de la poésie dès que nous nous rendons compte que nous ne possédons rien. »[181]

Cette poésie du rien s'applique aussi à l'espace narratif défini et circonscrit par David Antin. Il ne s'agit pas de ne rien raconter, car on raconte toujours quelque chose, car il y a toujours de l'événement (« le monde est ce qui arrive » disait ainsi Wittgenstein dans une formule reprise d'ailleurs par le *performer*), mais bien de raconter la présence du rien au cœur du langage et de la musique. Le texte écrit de ce *talk poem* ne possède aucune ponctuation : les signes habituels tels que les points et les virgules sont ici remplacés par de simples blancs.

Il faudrait sans doute remonter à l'œuvre de Mallarmé, le premier grand poète moderniste du blanc et de « l'entre », selon l'expression de Derrida[182]. Mais la différence entre ces deux formes réside dans le fait que David Antin ne privilégie pas la forme proprement poétique dans son travail qui oscille en effet entre la réflexion critique et le récit

---

[179] La question de l'art éphémère préoccupe d'ailleurs beaucoup David Antin, puisqu'il évoque dans sa performance narrative un article qu'il a publié sur l'architecture éphémère des années soixante. Ce style joua un rôle important dans l'avant-garde californienne de l'époque.

[180] *Pour les oiseaux*, Paris: L'Herne, 2014.

[181] DAVID ANTIN, *op.cit.*, p. 22.

[182] Je veux renvoyer ici à son essai "La double séance", in *La Dissémination*, Paris: Le Seuil, 1972.

inachevé. Elles partagent cependant le sens de l'indétermination, cette attirance et même cette fascination pour le pouvoir esthétique du hasard. Je proposerai dans cette optique la notion de « performance narrative aléatoire » qui résonne presque comme une proposition cagienne.

Pour Cage comme pour Mallarmé, l'idée précédait toujours la forme et son inscription dans la réalité. Dans la performance narrative de David Antin, cette forme demeure en quelque sorte volontairement inaboutie, car située à mi-chemin entre l'hypothèse critique et le constat existentiel de nature autobiographique. Le texte de *Silence* qui inspire le *performer* est basé sur trois conférences que Cage donna à Darmstadt et qui réfléchirent sur la notion même de structure dans la composition musicale.

Il est clair que Cage privilégia souvent une structure imprévisible et que dans ce choix particulier, il s'opposa à d'autres compositeurs bien connus de musique contemporaine, de Boulez à Stockhausen (celui des *Klavierstücke*, en particulier, des pièces pour piano encore ancrées dans une tradition dodécaphonique). Ces trois conférences établirent en outre divers points de comparaison entre certaines compositions de John Cage et de Morton Feldman, d'une part, et entre Bach et Stockhausen, d'autre part, à partir de *L'Art de la fugue* et des *Klavierstücke* déjà cités.

Le *performer* ne considère pas ces conférences comme un texte parfait, loin de là. Il avoue en particulier ne pas beaucoup apprécier la prédilection de Cage pour de telles comparaisons. Mais peu importe : ce qui compte pour lui, c'est de parvenir à une lecture qui mette en avant une certaine vertu poétique du texte de Cage. Il conclut cette partie en affirmant que le texte fonctionne comme une machine d'art. Il définit celle-ci de la façon suivante : « Une machine d'art est un système dont les parties lorsqu'elles sont mises en marche agissent les unes sur les autres de telle manière qu'elles vous font voir les choses différemment.[183] »

Très vite, le récit quelque peu chaotique de David Antin bascule dans la réalité quotidienne la plus banale, celle des nombreux centres commerciaux et autoroutes de la région de San Diego. Il offre comme exemple de machine d'art un juke-box qui se trouve au deuxième étage du célèbre magasin Saks Fifth Avenue. Le terme de structure, pour le *performer*, débouche inévitablement sur l'image d'une

[183] ANTIN, *Ibid*, p. 35.

architecture et d'un bâtiment, soit d'un objet qui est selon ses propres termes « tangible et solide ».

Le discours de David Antin glisse ainsi littéralement sur le projet musical de John Cage pour s'accrocher à un autre projet beaucoup plus terre-à-terre et matériel, celui de la reconstruction de sa propre maison afin de la rendre plus habitable. Il décrit dans cette optique les différentes pièces composant cette maison qu'il occupe avec son épouse. Il souligne en particulier les effets bénéfiques de la lumière sur le rapport profondément intime et psychologique qu'il entretient avec l'espace domestique :

> L'apparition du soleil le matin a toujours sur moi un effet formidable nous n'avons pas de stores et le soleil entre et nous réveille le matin et la porte que nous ouvrons pour faire entrer l'air est vitrée et elle diffuse la lumière du soleil dès son lever elle diffuse les premiers rayons de soleil très tôt les jours où le ciel n'est pas couvert et quand cela se produit je me réveille et cela ne me dérange pas je suis enchanté que le soleil me réveille d'un autre côté quand la lumière commence à baisser je me sens déprimé et si je me trouve dans une pièce d'où l'on voit le coucher de soleil je n'y trouve aucun plaisir.[184]

On peut évoquer dans cette mesure « le degré zéro du récit », pour reprendre et quelque peu transformer une formule de Barthes[185]. Parler de soi, raconter sa propre vie, en ce sens, c'est mettre l'accent sur la banalité même de son environnement. David Antin parle alors de la fadeur qui semble être pour lui la tonalité principale de l'Amérique contemporaine, une fadeur qui ouvre cependant sur le sentiment troublant d'une grande fragilité engendrée par la menace de désastres et de catastrophes naturels de toute sorte.[186] Après tout, la Californie est aussi le lieu de tremblements de terre et de secousses telluriques répétées.

Le récit continue de glisser et de dévier de son chemin initial. Le *performer* commence ainsi à parler de sa mère juive qui vécut ses vieux jours dans un modeste appartement de Brooklyn avec une grande austérité. Il raconte ses nombreux efforts pour améliorer les

---

[184] *Ibid*, p. 53.
[185] Je veux faire allusion ici à son célèbre essai critique *Le Degré zéro de l'écriture,* Paris: Le Seuil, 1972.
[186] *Ibid*, p. 56.

conditions de vie de sa mère, âgée de quatre-vingt-six ans, qu'il finit par faire venir à San Diego afin d'être plus proche d'elle. Il insiste en particulier sur son rapport compliqué à l'argent, elle qui est persuadée que la banque où elle possède un compte d'épargne tente d'escroquer ses intérêts. Il la loge d'abord dans un petit appartement ensoleillé avant de l'installer dans une sorte de maison de retraite pour sa fin de vie.

Le discours narratif, en ce sens, constitue un chemin en zigzag. Il n'avance jamais selon une pure ligne droite mais passe d'un sujet à l'autre en fonction des exigences existentielles du moment. Peut-être devrions-nous considérer dans cette perspective ce *talk poem* comme un essai expérimental de mise en relation de l'art et de la vie la plus triviale. « J'ai construit ce discours autour de la question de la structure », affirme ainsi l'auteur dans les derniers passages de sa performance.

Il pose cette question : « Comment puis-je construire quelque chose qui ait une forme articulée et qui résiste pourtant à la clôture alors que tout en moi aspire à clore sur une note formelle je ne le ferai donc pas.[187] » La structure, en ce sens, est bien contradictoire : elle doit obéir à certaines règles formelles tout en demeurant souple et fluide.

Il est indiscutable que ce type de travail trouve ses racines dans les divers happenings issus de la contre-culture américaine des années soixante. Celle-ci se situa le plus souvent en marge des circuits traditionnels de l'expression artistique. Ses multiples manifestations soulignèrent la quête acharnée du présent dans l'art et la culture, en contradiction nette avec le modèle occidental dominant du devenir historique et du progrès caractéristiques de la modernité. *Art is now and now is art* : telle était l'affirmation implicite contenue dans ces formes radicales. À propos du travail de David Antin, il suffirait alors de paraphraser celle-ci et de dire : *The narrative is now and now is the narrative.*

Mais que se passe-t-il dans ce cas précis ? Et comment réconcilier l'exigence de silence issue du projet cagien avec le développement d'un récit qui par définition rompt avec celle-ci ? Telles sont les tensions qui traversent le discours singulier de David Antin. Le récit repose sur des bases incertaines et en grande partie indéfinies : à bien des égards, en effet, la réflexion de Cage ne constitue ici qu'un

---

[187] *Ibid*, p. 73.

prétexte. Elle est avant tout un point de départ qui conduit l'auteur à retourner à lui-même et à son propre monde circonscrit à des lieux très particuliers et incontestablement limités. Le vide qu'appelle naturellement la musique de Cage, dans cette mesure, se reflète dans le vide d'une existence quotidienne sans envergure réelle ni souffle profond.

Le problème plus général est celui de la transcription en mots de l'expérience musicale et sonore, surtout quand cette expérience est aussi conceptualisée et abstraite que celle de John Cage. L'entreprise représente incontestablement un défi majeur. La plupart des poètes modernistes et d'avant-garde de la première moitié du XXe siècle ont dans cette perspective rarement commenté la musique alors qu'ils se sont par contraste beaucoup penchés sur la peinture et sur les arts plastiques en général.[188]

La performance surtout narrative de David Antin essaie certes de contredire de telles caractéristiques, mais elle n'aboutit pas pourtant pleinement dans ses ambitions. Elle abandonne en effet délibérément les formes propres à la poésie pour leur substituer un modèle narratif quelque peu flou et surtout marqué par des digressions mal adaptées au sujet initial.

Car John Cage chercha lui-même dans le quotidien une dimension extatique que le récit du *performer* ne parvient guère à exprimer. L'obsession du concret et du monde factuel éloigne en quelque sorte l'image d'un rapport méditatif et en même temps ludique à l'univers que la musique se devait d'éclairer. Un tel ludisme prolongeait à bien des égards l'esprit de Dada tout en annonçant celui de Fluxus.

La performance de David Antin demeure rivée au réel alors que le projet cagien, d'essence spéculative, impliqua nécessairement un détachement par rapport à celui-ci. Le culte et la révélation du silence, en effet, reposèrent sur la conscience d'un envahissement de l'espace sonore quotidien de l'homme moderne par un ensemble de bruits parasitiques issus à la fois de l'organisation sociale quotidienne et de l'ordre musical dominant. En ce sens, ils possédaient une dimension éthique. C'est cette invitation ironique et en même temps insistante à s'éloigner du monde objectif que la performance narrative semble souvent esquiver ici dans son parti pris essentiellement anecdotique.

---

[188] C'est ce qu'un colloque organisé à Paris III en juin 2011, et auquel j'eus l'honneur de participer, suggéra par son titre : « Le Silence d'or des poètes surréalistes ».

Une telle quête artistique du silence a acquis ces dernières années une urgence nouvelle, étant donné le développement mondial frénétique de nouvelles technologies telles que l'IPod, l'IPhone ou YouTube. La propagation et la dissémination des sons et des bruits autour de nous ne connaissent pratiquement plus de limites : dans ce contexte, l'exigence de silence devient encore plus pressante et radicale. La dimension utopique de la philosophie de Cage, qui s'était inscrite dans une époque dominée par la radio et la télévision, ne peut dès lors que s'accentuer aujourd'hui par la force des choses.

Ces nouvelles technologies pervertissent en outre à bien des égards la notion de récit qui en Occident détient une longue tradition depuis l'Antiquité. De nombreux fragments de récits autobiographiques saturent en effet de manière incessante l'espace de Facebook. Dans cette mesure, tout usager peut produire son propre récit instantané et le diffuser immédiatement sur Internet.

La question qu'il faudrait poser est alors la suivante : le récit empirique constitué de la sorte peut-il encore faire événement (être littéralement un *happening*), comme dans le projet de David Antin, ou est-il au contraire le simple reflet d'un excès entropique des signes et des messages dans la culture contemporaine ? Ce processus très actuel de banalisation de la forme narrative devrait nous préoccuper en raison de son caractère presque irrésistible et omniprésent.

À travers l'action des nouvelles technologies, il lie étroitement le problème de l'existence possible d'un récit chargé de signification à celui du silence. Dans cette optique, le silence devrait constituer par contradiction la condition nécessaire et préalable de tout récit-événement. *The narrative is silence and silence is the narrative*, faudrait-il dire ainsi pour souligner ces tensions : une proposition conceptuelle que n'aurait sans doute pas désavouée John Cage.

Il faut faire remarquer qu'une telle exigence de silence se situa à contre-courant de bien des démarches musicales contemporaines de John Cage et qui, cependant, appartenaient toutes sinon à l'avant-garde proprement dite, du moins à des approches alternatives de la musique. Du jazz moderne au rock progressif des années soixante et soixante-dix, l'accent fut mis au contraire sur de nouvelles formes de bruits et de sons échappant aux repères harmoniques traditionnels.

De telles musiques privilégièrent ainsi les dissonances : celles-ci se dressaient à bien des égards contre la possibilité même du silence. Certes, Cage composa-t-il aussi des pièces électroniques, mais celles-ci affirmaient souvent une esthétique épurée plutôt qu'un projet de superposition ou d'accumulation sonore débridées.

John Cage fut peu sensible au jazz, une musique qui a pourtant joué un rôle historique essentiel dans la novation musicale de la seconde moitié du XXe siècle, en particulier dans son pays natal, les États-Unis. Sur ce point, il faut critiquer le compositeur américain et son traditionalisme relatif, ou en tout cas, son incapacité à sentir et à comprendre des courants apparemment plus populaires dans leur origine, mais qui n'en bouleversèrent pas moins la notion d'écoute dans la culture moderne. John Cage fut bel et bien en ce sens un compositeur blanc, peu réceptif à l'héritage afro-américain qu'il considérait comme trop marqué par l'identité purement rythmique de la musique.

En d'autres termes, l'héritage musical de John Cage fut plus européen qu'américain, car ancré dans une tradition occidentale post-dodécaphonique. Par contre, son influence littéraire majeure, Henry David Thoreau, appartenait, lui, à la culture américaine du XIXe siècle. N'oublions pas à cet égard qu'il fut l'élève d'Arnold Schönberg, le compositeur d'avant-garde sans doute le plus européen du début du XXe siècle.

C'est ce qui explique le respect quelque peu troublant qu'il éprouva pour un compositeur comme Pierre Boulez, un respect qui fut d'ailleurs mutuel. Ce dernier, malgré ses prétentions au modernisme, en particulier à travers ses influences et ses amitiés littéraires, de Mallarmé à Char (de *Pli selon pli* au *Marteau sans maître*), fut en effet le (dernier ?) représentant typique d'une vision musicale encore académique car totalement écrite, et donc indifférente aux musiques populaires marquées par l'improvisation.

On sait que Boulez avait le plus profond mépris pour celle-ci. Son eurocentrisme impliquait l'idée pour le moins contestable d'une supériorité historique de la musique européenne sur les musiques des autres continents et des autres cultures, en particulier modales, une perspective qui fut totalement contraire à celle de nombreuses avant-gardes musicales parmi les plus importantes et les plus fécondes de la seconde moitié du XXe siècle, du free jazz à la musique minimale.

Il existe par ailleurs une histoire du silence dans la musique occidentale, depuis la musique vocale médiévale jusqu'à la musique de chambre du XIXe siècle. Celui-ci est souvent lié à une qualité religieuse ou spirituelle de l'art musical, un don de recueillement et une humeur contemplative. Il faut ajouter que c'est sans doute dans la culture du Moyen-Age qu'une telle attitude put le mieux s'exprimer, à une époque dominée par l'Église et par l'image écrasante de Dieu.

Pourtant, Cage se détacha d'une telle ombre chrétienne, à l'inverse d'un Olivier Messiaen, par exemple : il considéra plutôt la dimension ironique et ludique du silence, tout en soulignant son pouvoir de transgression. De toute évidence, un tel pouvoir n'était pas présent dans le silence médiéval ni même dans la musique de chambre du XIXe siècle.

Le silence n'est pas naturellement issu de la tradition du récit, on l'a déjà fait remarquer, ni de celle de la musique. Il renvoie alors beaucoup plus clairement à l'art pictural. La peinture, en effet, est de tous les arts majeurs, celui qui parle le moins et fait le moins de bruit. Cela est encore plus vrai avec la peinture abstraite ou d'avant-garde, elle qui est dépourvue de toute prétention narrative. On peut citer ainsi les rapports personnels de Cage à certains artistes modernistes, dont Robert Rauschenberg.

Dans cette optique, la démarche cagienne fut souvent considérée comme abstraite : elle devait quelque part ressembler à un échiquier, avec ses formes géométriques fixes et ses mouvements obscurs de pièces. Cage aima en effet le jeu d'échecs, comme un autre artiste d'avant-garde illustre, Marcel Duchamp, qu'il rencontra pour la première fois en 1941 et avec qui il joua plusieurs fois[189]. La surface de l'échiquier pourrait dans cette mesure être conçue comme une toile abstraite à la Mondrian. Le joueur d'échecs doit d'ailleurs demeurer silencieux tout au long d'une partie. Il s'agit d'une sorte de contrat qui unit tous les participants et qui ne se retrouve pas toujours dans d'autres jeux, en particulier aux cartes.

Pour continuer avec la relation à Duchamp, on peut dire que Cage considéra le silence comme un objet trouvé et qu'il le baptisa œuvre d'art. Il suffit de songer à cet égard à sa célèbre composition intitulée *4'33'' de silence*[190]. Le silence est bien autour de nous : il suffit d'être attentif à sa présence et de l'entendre, donc de le saisir.

Il n'est pas dès lors le résultat d'une composition ou invention musicale, mais plutôt d'une idée originale de la musique. Tout pouvait

---

[189] Voir sur ce sujet le livre *JOHN CAGE, Rire et se taire. Sur Marcel Duchamp.* Entretien avec Moira Roth et William Roth. Introduction et présentation de Moira Roth et Naomi Sawelson. Traduit de l'anglais par Jérôme Orsoni. Paris: Allia, 2014.

[190] Je renvoie ici à l'ouvrage de KYLE GANN, *No Silence. 4'33'' de John Cage.* Paris : Allia, 2014.

être musique, dans cette optique, comme Duchamp affirma avec son urinoir que tout objet pouvait constituer une œuvre d'art. Le « piano préparé » transforma ainsi l'instrument le plus important de la musique classique occidentale en un objet expérimental.

Duchamp lui-même se distingua du surréalisme, auquel il fut pourtant lié historiquement dans ses diverses collaborations artistiques avec Desnos et Breton, par son abandon de toute dimension lyrique de l'art. Celle-ci avait encore hanté la poésie surréaliste, qui s'était inscrite à bien des égards dans une perspective néoromantique (mais cela demeura vrai pour une bonne partie de l'art surréaliste également, de Miró à Masson). Cage, de son côté, rompit avec toute forme de lyrisme musical : sa musique, en effet, reposa sur des concepts avant d'exprimer un chant ou une subjectivité. Ce lyrisme, par contraste, accompagna encore d'autres avant-gardes musicales de la seconde moitié du XXe siècle, du free jazz à la musique minimale.

Je me permettrai ainsi pour illustrer mon propos un jeu de mots bien dans l'esprit de l'inventeur des ready-mades : Duchamp ne fut pas (ne fut plus) un artiste du chant. Parallèlement, Cage ne fut pas (ne fut plus) un musicien du chant, et en cela, il fut bien le Duchamp de la musique.

Une telle caractéristique (un tel manque) apparaît également dans le travail de David Antin. Le Je narratif, chez lui, ne débouche pas en effet sur une authentique expression subjectiviste. Les petits riens de la vie occupent ici tout l'espace du récit. On peut parler de mise à plat de la narration, ce qui empêche souvent l'identification du lecteur (et de l'auditeur) à celle-ci.

Il s'agit ainsi de produire une parole vouée à la dépense pure et incontrôlée. Le récit ne peut se récupérer, même s'il peut être malgré tout imprimé. Un tel sentiment de la dépense dans le langage remonte aux avant-gardes originelles, de Dada au surréalisme, de la poésie sonore à l'automatisme. Le sens, alors, n'est pas dans le récit lui-même, mais plutôt dans ses failles. Le récit constitue certes un flot, mais un flot rempli de trous et d'espaces qui ne sont pas comblés.

Pourtant, David Antin se distingue de l'esprit des avant-gardes canoniques du passé en Occident, dans la mesure où il ne privilégie ni les jeux de mots ni les onomatopées et leurs consonances. Son art oral serait à rapprocher alors d'une certaine manière de celui du griot, dans les sociétés tribales africaines, même si une telle référence n'apparaît pas directement chez lui. Le griot s'inscrit dans une communauté particulière dont il exprime les mythes et les croyances. Comme lui,

David Antin propose un type de récit circulaire, sans véritable fin ni conclusion. Le récit doit toujours continuer, en quelque sorte : *the narrative must go on,* comme dans le monde imaginaire et faussement répétitif du griot.

On peut parler ainsi d'un récit primitif qui s'attache moins au développement d'une histoire dans une perspective chronologique qu'à une expression brute du sujet et de la communauté qui l'entoure. Le langage, dans cette optique, reconnaît son propre chaos et en tire un pouvoir créateur unique.

Le projet musical de John Cage n'intervient ainsi dans le cours du récit que de façon intermittente. Il s'agit bien de glisser à partir de lui en empruntant un parcours imprévu et qui se nourrit de son propre ressassement. La performance narrative, en ce sens, met en scène le caractère fondamentalement nomade de l'oralité elle-même.

Pour Cage, d'ailleurs, parler de ou sur la musique était déjà faire de la musique. Ses nombreux entretiens participèrent ainsi de son œuvre proprement dite. Il fut sans doute le compositeur du XXe siècle qui insista le plus sur cette qualité particulière de la parole envisagée sous la forme d'un dialogue avec l'autre. Pour David Antin, alors, parler de et autour de John Cage pourrait de la même manière aboutir à l'exécution et donc à l'écoute de sa musique.

L'entretien possédait de toute évidence chez Cage une dimension conceptuelle, dans sa capacité à exprimer une déambulation d'ordre philosophique et moral. Mais il se situait aussi et peut-être même surtout au cœur de l'existence et de sa vérité la plus nue. Parler de *la* musique, en ce sens, plus d'ailleurs que de *sa* musique, c'était bien selon lui saisir le mouvement le plus fort de la vie, comme si la parole de l'entretien avait pu laisser entendre une sorte de souffle à la fois intérieur et tourné vers le dehors.

Chez David Antin, on trouve également cette quête d'une parole existentielle qui tente d'établir un dialogue implicite avec le public. Quand le récit se désamorce lui-même, quand il ne détient plus de pouvoir fictionnel, il reste alors à parler de la vie comme parole, c'est-à-dire comme pont entre différents sujets. John Cage suggéra ainsi dans son propre cheminement un « entretien infini » de la musique qui aurait lié entre eux le musicien et ses auditeurs.

Mais tout entretien, par définition, ne peut déclencher un processus de communication véritable que s'il fait place à des pauses et à des interruptions : il constitue bien en ce sens le miroir éclatant de la nécessité du silence dans la relation humaine qui finit toujours et inévitablement par inclure la question de l'art. Car dans l'entretien, le compositeur parle littéralement de (du) tout et de (du) rien, c'est-à-dire de (du) tout et de ce qui signifie par essence dans sa vision la négation du néant.

Enfin, on pourrait définir l'entretien comme une forme narrative où le sujet parle de lui-même et de sa propre vie. Il défie en outre la nature linéaire du récit, dans son choix du fragment et de la déambulation verbale. Dans cette mesure, il reflète parfaitement les préoccupations exprimées par David Antin dans son propre travail. Il s'agit en effet d'une narration autobiographique et profondément personnelle dans laquelle, à la différence de la performance narrative plus proche d'un monologue, la voix principale répond constamment à un interlocuteur particulier. Dans l'entretien, alors, la parole affirme son pouvoir aléatoire, celui d'une création instantanée qui ne cesse pourtant de traquer une mémoire et donc un lien intense entre le passé et le présent saisis dans leur expression radicalement subjective.

On No : l'art et les foules

Ce travail s'est développé lors d'une journée très spéciale que j'ai passée au cœur de la capitale italienne, Rome, au début du printemps 2004[191]. Ce jour-là, le monde commémorait le premier anniversaire de la guerre en Irak. Le 19 mars 2003 (qui est aussi et très ironiquement la date de mon anniversaire), le Président américain George W. Bush avait en effet lancé le début d'une grande campagne militaire contre le régime de Saddam Hussein.

Un an plus tard, diverses manifestations furent organisées dans les pays occidentaux pour protester contre cette guerre impopulaire. J'étais en train de visiter Rome à ce moment-là, et ce pour la première fois de mon existence. En me promenant nonchalamment dans les rues de la ville éternelle, je me retrouvai face au spectacle frappant de groupes d'hommes et de femmes rassemblés dans les rues du centre qui portaient des bannières colorées et criaient des slogans pacifistes. Je fus tout de suite emporté par l'impressionnant mouvement de cette foule qui semblait irrésistible. Je pris ainsi part de manière improvisée à une manifestation sans précédent. La seule arme dont je disposais ce jour-là était un appareil-photo que je décidai d'utiliser dans le but d'enregistrer l'événement et d'en garder une mémoire visuelle.

Ce qui me fascinait alors n'était pas tellement la nature de ce grand rassemblement : j'avais déjà été accoutumé en effet à l'image de manifestations pacifistes en regardant de nombreux reportages télévisés et en lisant divers journaux. Mais il ne s'agissait pas d'une manifestation comme les autres : le nombre de participants soulignait bien le caractère unique de l'événement. Deux millions de personnes environ prirent part à celui-ci et décidèrent de joindre leurs énergies ce samedi-là, un jour qui était aussi censé marquer le début du printemps.

[191] Il a été présenté à la dixième conférence de la International Society for the Study of European Ideas, à l'Université de Malte, le 25 juillet 2006.

Il était question ici de la plus grande manifestation de l'histoire de l'Italie moderne : elle dépassa même en nombre celle qui suivit immédiatement à Rome la chute de Mussolini à la fin de la Seconde Guerre mondiale. Les vagues de manifestants donnaient à cet égard l'impression d'être infinies : les gens ne cessaient de défiler sans jamais vraiment faiblir, portant toujours plus de bannières et chantant toujours plus de slogans. Leur passion et leur détermination étaient en apparence infatigables.

Ils représentaient l'ensemble de la nation et étaient issus de tous les milieux professionnels et de toutes les classes sociales : étudiants, travailleurs, militants politiques, cadres, indépendants, enseignants et retraités. Tous appartenaient à cette foule et la rendaient plus forte. Certains étaient venus des régions les plus reculées de l'Italie, depuis le Nord jusqu'au Sud, du Piémont à la Sicile en passant par Milan et Naples. J'aurais pu me sentir comme un étranger au beau milieu d'un tel événement.

Après tout, les manifestants criaient tous leur message dans la langue de Dante, une langue qui n'est pas la mienne même si je l'ai étudiée et si je la parle et la comprends décemment. Mais ce ne fut jamais le cas : je me sentis tout de suite chez moi parmi ce flot de gens toujours plus puissant, un sentiment que je n'avais jamais connu auparavant avec une telle intensité.

L'enjeu de cette manifestation me reliait sans équivoque aux États-Unis, pays où je réside depuis plus de trois décennies. Il reflétait cependant un mouvement de révolte et de résistance universel, au-delà du seul problème de la politique impérialiste du gouvernement américain de l'époque, dans le monde arabe notamment. Cette foule particulière, apparemment circonscrite à un espace précis, la ville de Rome, et à un temps spécifique, le jour du premier anniversaire de la guerre en Irak, devint à mes yeux une foule authentiquement unique et sans frontières.

En d'autres termes, je ne fus pas ce jour-là immergé *dans* une foule, mais bien dans *la* foule, dans son sens éternel et son urgence universelle. Son but spécifique, d'une certaine manière, n'avait plus guère d'importance. De toute évidence, je partageais avec tous ces hommes et toutes ces femmes une opposition profonde à une guerre illégitime et aux gouvernements et leaders qui l'avaient soutenue.

Mais la puissance émotionnelle contenue dans cette foule était telle qu'elle existait bien au-delà du seul domaine de la politique, en tant qu'entité indépendante de tout cadre idéologique. Ce qui était en jeu, pour moi, dans cette foule sans précédent, c'était l'expression d'une humanité fondamentale et d'un esprit commun au milieu de leur négation radicale, c'est-à-dire la guerre. Je désirais participer de cette humanité de tout mon cœur. La question qui m'agita alors fut la suivante : comment la foule pouvait-elle être le miroir de ma propre identité, de ma propre existence, de mon esprit et de mon corps, et comment, alors, ce miroir pouvait-il être projeté par la photographie, par un ensemble d'images que j'avais saisies au hasard ce jour-là ?

Pendant un moment, je l'avoue, j'avais éprouvé des difficultés à trouver des réponses à ces questions troublantes. J'avais été surpris par l'intensité de l'événement : je n'avais pu envisager son étendue et n'étais pas préparé pour celui-ci. La manifestation avait toutes les qualités d'un spectacle improvisé : les gens exprimaient soudainement leur colère et leur amour, leurs frustrations et leurs espoirs, et tout cela sans la moindre retenue. Les choses semblaient survenir dans l'instant, dans le pur présent de ce jour gris et frais avec la ville de Rome comme scène principale du drame.

Il y a eu dans la modernité de nombreuses preuves de l'intérêt pour la foule en tant que phénomène social unique. Cela commença déjà au XIXe siècle, au temps de la révolution industrielle et de la montée du capitalisme. Les sociétés occidentales étaient soudain caractérisées par le pouvoir de grands groupes de personnes définis comme des masses. De nombreux critiques ont remarqué dès le début que la masse manque de véritable identité : il s'agit à bien des égards d'un concept négatif qui implique la soumission de l'individu et de ses qualités propres à la loi du plus grand nombre.

On parle encore aujourd'hui de culture de masse, autant dans le discours académique que dans la société en général. Cette notion sert à décrire un processus de standardisation de l'expression humaine découlant du pouvoir du consumérisme : dans un monde dominé par la mondialisation et par l'action universelle des forces du marché, toute culture nationale est potentiellement affectée par ce processus négatif.

La masse, dès lors, précipite un sentiment d'uniformité et de déracinement profonds : l'homme ne peut plus y trouver son identité et est ainsi condamné à l'anonymat. Mais elle se réfère également à des idéologies politiques totalitaires qui ont eu des conséquences dévastatrices pour l'humanité au cours du XXe siècle. Il suffit de penser dans ce contexte aux immenses rassemblements politiques de l'Allemagne nazie et de l'Union Soviétique dans les années trente et quarante. Ceux-ci avaient pour objectif principal d'endoctriner le peuple. La masse, dans cette optique, ne jouit pas d'une très bonne réputation, et ce pour des raisons historiques qui sont parfaitement compréhensibles.

Par contraste, la foule semble elle un peu moins menaçante. Si son pouvoir peut encore être reconnu et même redouté par l'homme, elle constitue néanmoins une entité plus positive et humaine que la masse. Je citerai ici les mots d'un poète moderne qui a tenté dans cette perspective de construire une philosophie personnelle de la foule d'un point de vue essentiellement esthétique, je veux parler de Baudelaire. Il faut évoquer à ce sujet un paradoxe fondamental le concernant. Car Baudelaire est souvent défini comme le dandy ou l'individualiste suprême qui dans plusieurs de ses écrits a exprimé son dédain profond de nature aristocratique pour les grands groupes et les rassemblements qu'il considérait à bien des égards comme porteurs de médiocrité et de conformisme.

Pourtant, ce même Baudelaire a célébré l'essence artistique de la foule dans son essai sur Constantin Guys intitulé *Le Peintre de la vie moderne*. Comme il l'écrit dans ce texte :

> La foule est son domaine, comme l'air est celui de l'oiseau, comme l'eau celui du poisson. Sa passion et sa profession, c'est *d'épouser la foule*. Pour le parfait flâneur, pour l'observateur passionné, c'est une immense jouissance que d'élire domicile dans le nombre, dans le mouvement, dans le fugitif et l'infini. Être hors de chez soi et être partout chez soi. Voir le monde, être au centre du monde et rester caché du monde, tels sont quelques-uns des moindres plaisirs de ces esprits indépendants, passionnés, impartiaux, que la langue ne peut que maladroitement définir.[192]

La foule, selon Baudelaire, constitue un sujet essentiel pour le vrai artiste moderne : elle lui appartient et se définit comme son élément naturel. L'artiste que le poète célèbre doit s'identifier à celle-ci tout en conservant son intégrité. Dans mon travail, j'ai précisément tenté d'envisager la photographie comme un art de la foule. Non seulement parce que celle-ci est de toute évidence représentée dans mes images, mais aussi et peut-être même surtout parce que le photographe subit ici un véritable processus de fusion avec son objet.

---

[192] CHARLES BAUDELAIRE, *Critique d'art, suivi de Critique musicale,* Paris: Gallimard, 1992. Édition de Claude Pichois, p. 351-352.

En ce sens, la foule est en même temps située en lui et hors de lui. La distance physique manifeste que l'artiste se doit de maintenir de façon à saisir son sujet sur l'image photographique est d'abord et avant tout une nécessité pratique, mais elle constitue simultanément une pure illusion, dans la mesure où l'artiste ne parvient jamais à se détacher totalement de son emprise. La foule le contient, elle l'inclut et le pousse constamment dans son élan qui s'avère à bien des égards irrésistible. L'observateur, dès lors, demeure situé au centre de toutes les choses visibles : ce qu'il voit est d'abord et surtout ce qu'il voit en lui.

La réflexion de Baudelaire sur la foule et sa signification profonde pour l'artiste moderne souligne la nature passionnée de la relation très personnelle entre l'artiste et la foule. Celle-ci est pareille à une femme dont l'artiste est tombé amoureux et avec qui il se marie (*épouser la foule*). Le lien qui existe entre les deux est certainement sensuel et même érotique dans sa proximité physique : leur fusion est celle de deux corps qui sont rapprochés par une force magnétique irrésistible (« L'amoureux de la vie universelle entre dans la foule comme dans un immense réservoir d'électricité[193] »). La loi de la foule implique une communion entre tous les êtres qui participent à son mouvement. Cette communion est à la fois physique et spirituelle, à l'image des sentiments et des sensations qui unissent les amants.

Dans l'essai de Baudelaire, l'artiste est un peintre, précisément parce que la foule constitue avant tout un phénomène visuel et plastique. En tant que telle, elle ressemble à un tableau imaginaire, avec ses motifs colorés et la profusion de ses formes (« Il admire l'éternelle beauté et l'étonnante harmonie de la vie dans les capitales, harmonie si providentiellement maintenue dans le tumulte de la liberté humaine »[194]).

La perfection esthétique des foules et de la vie moderne en général provoque une sorte d'extase pour le spectateur : littéralement, celui-ci est projeté hors de lui-même par la multitude, et pourtant il se trouve bien chez lui dans ce processus. Dans *On No*, le décor urbain de Rome offre un environnement idéal pour l'expression visuelle des manifestants : ce décor est saisi alors dans sa géométrie picturale. La lumière sombre qui domine ces images évoque ainsi les ténèbres de la guerre.

---

[193] BAUDELAIRE, *ibid*, p. 352.
[194] *Ibid*, p. 352.

On peut également trouver des références à la sculpture et à l'architecture italiennes classiques, mais aussi à l'art italien moderne, ceci en particulier dans l'image de la maison et de l'atelier du peintre surréaliste Giorgio de Chirico Piazza di Spagna. La densité propre à la foule est contrastée dans ce travail par la représentation de zones urbaines désertes qui sont situées dans le centre de la ville de Rome et au Vatican.

Si la foule suscite un sentiment de plénitude, la possibilité du vide demeure toujours présente en tant que pause au cœur de la photographie. En d'autres termes, la foule laisse de la place pour des espaces blancs : elle n'étouffe jamais l'espace de la représentation en dépit de sa présence écrasante.

En outre, le paysage romain évoque inévitablement la permanence de la foi religieuse et de l'Église catholique. La foule constitue ici un phénomène spirituel : ceux qui appartiennent à celle-ci démontrent ensemble leur propre forme de religiosité, au-delà de leur message politique commun. Ils sont animés par une force intérieure qui dépasse le domaine de la simple rationalité. Leur marche ressemble à bien des égards à celle de pèlerins en quête d'un lieu unique où ils pourraient rencontrer d'autres adeptes du même culte.

Leurs chants et leurs slogans, qu'on peut entendre de manière répétée au cours de la manifestation, se comparent en ce sens à une somme de prières et de psaumes. Ils éclairent dès lors l'esprit d'une cérémonie dont la dimension rituelle est très proche de celle d'une messe. Si les foules, en effet, renforcent le pouvoir de la religion, les sentiments spirituels profonds, en retour, renforcent le pouvoir de la foule.

La foule est ici le symbole d'un nouveau début, non seulement pour la nature et ses cycles, mais aussi pour l'humanité entière. Elle n'est jamais une fin. Elle est là où l'art lui-même commence, là où l'art naît envers et contre tout. Baudelaire identifie ainsi Constantin Guys dans son essai à « l'homme du monde, homme des foules et enfant ».

La foule permet à l'artiste de faire face à l'image de sa propre enfance : au milieu de la foule, en effet, il peut se laisser aller et se débarrasser de toute forme d'inhibition ou de contrainte sociale. Il peut enfin s'exprimer spontanément et sans la moindre retenue ni appréhension.

En d'autres termes, on n'est jamais vraiment vu au cœur de la foule et c'est la raison pour laquelle on peut contempler les choses avec le regard d'un enfant. Le printemps lié à la date du 19 mars est ici le printemps de la vie, selon une telle perspective. Celui-ci doit être compris dans toute son authenticité.

La foule ne dit donc pas seulement la vérité sur la guerre et son absurdité universelle : elle dit la vérité sur l'existence en tant que telle, sur l'art et sur l'expression humaine de la communauté. Son caractère ludique et sa joie, bien que constamment mêlés à une forte détermination et concentration, tempèrent alors la gravité et le sérieux de la situation politique qu'elle prétend saisir.

La foule de *On No* est active : elle ne se complaît pas dans la négativité mais stimule au contraire la créativité de ses participants. C'est ce qui distingue la plupart des manifestations politiques de masse des foules des événements sportifs ou des concerts rock. Dans ces derniers, l'individu qui est plongé dans la foule est avant tout le récepteur passif d'un spectacle qui prend place devant ses yeux.

Qu'il danse, frappe des mains ou crie, en effet, il demeure un simple spectateur à qui on offre un divertissement particulier pour une certaine somme d'argent. Le manifestant, par opposition, est d'abord un acteur et ensuite seulement de manière marginale un spectateur. Il se trouve au centre d'une scène sur laquelle il est totalement engagé.

Le besoin de protestation et de résistance collectives l'oblige à affirmer ses propres croyances et ses propres droits. Son 'non', en ce sens, contient toujours un 'oui'. Sa performance scénique consiste en des slogans et en des affirmations directes qu'il exprime bruyamment et répète comme des litanies. Mais il peut aussi être un chanteur puisqu'une manifestation politique inclut souvent une série de chants qui sont censés galvaniser la foule et attiser son esprit. Enfin, il peut aussi être un artiste visuel, puisqu'un grand nombre de bannières qu'il porte sont décorées avec des rayures de couleurs et sont remplies d'illustrations graphiques.

On peut contempler dans cette perspective une copie de la fresque de Picasso, *Guernica*, une des œuvres picturales les plus connues sur la barbarie et la nature inhumaine de la guerre. La foule imite l'art, en quelque sorte, dans la mesure où elle imite la vie et impose sa souveraineté morale sur la mort. L'élan créatif et artistique de l'homme est mêlé ainsi à un projet politique qui ne peut que nourrir cette créativité au lieu de la réprimer. L'identité politique de la foule ne découle pas ici de l'obéissance stricte à un Parti ou à un leader spécifique : au contraire, cette foule est sans maître et demeure indépendante de tout pouvoir puisqu'elle privilégie la dimension dynamique de la diversité et du pluralisme. C'est là que réside sa liberté la plus profonde, dans sa capacité à unir de grands segments de la population qui, en d'autres circonstances, ne pourraient pas agir ensemble de manière cohérente et déterminante.

On peut souligner la capacité d'ouverture de la foule qui est toujours prête à accueillir de nouveaux membres, sans discrimination ni restriction d'accès. La foule constitue ainsi un système en perpétuel mouvement et en croissance constante. Ce caractère « ouvert » doit être compris ici dans la pleine acception du terme : il signifie que la foule peut se mouvoir partout et dans toute direction, sans barrières ni frontières.

En ce jour particulier, Rome devint ainsi une véritable « ville ouverte ». Les vagues humaines qui m'entourèrent semblaient infinies et irrésistibles. Elles n'auraient pu en aucun cas être contrôlées ni dispersées. La foule me donna l'impression de grandir sans cesse dans toute sa vigueur et sa détermination, comme elle absorbait les unes après les autres toutes les personnes qu'elle rencontrait sur son chemin.

Je fus moi-même emporté par une force sans limites, une force presque magique ou surnaturelle. Le nombre exact de manifestants ne comptait plus (comment une simple arithmétique froide aurait-elle pu rendre compte de la passion brûlante de la foule ?). Deux millions de personnes semblaient représenter toute l'Italie, sinon tout l'univers.

La foule inclut également un moment de révélation. Elle rend ainsi compte d'une situation et de circonstances uniques où tous les hommes se retrouvent confondus dans son élan et deviennent égaux comme par enchantement. La foule crée donc une proximité entre les hommes qui n'est pas seulement physique mais aussi spirituelle. Ce moment est presque sacré. Personne alors n'est plus grand ou meilleur qu'un autre, et c'est le peuple qui s'unit en elle.

Dans un monde global largement dominé par des impératifs économiques tout-puissants qui sont souvent cruels pour l'homme et où le fossé entre les riches et les pauvres s'accroît considérablement, la foule devient l'un des principaux refuges de la communauté dans sa quête résolue de solidarité, de justice et de démocratie. Elle constitue un abri dans lequel tout le monde peut trouver une protection.

Sa structure et sa logique propres contredisent par essence la forme débridée d'individualisme qui caractérise le modèle libéral des sociétés occidentales. La foule incarne dans cette perspective une communauté symbolique à l'ombre du déclin général des passions et des consciences collectives.

Cependant, cette image d'égalité correspond plus à un simple moment de défoulement collectif qu'à une réalité sociale durable : la manifestation qui l'engendre est censée en effet se terminer au bout de quelques heures. La foule est ainsi condamnée à se disperser. Ses participants devront vite retrouver leurs identités sociales habituelles. Le sentiment de soulagement et de bien-être que l'homme peut avoir dans la foule est dès lors éphémère : l'équité de celle-ci ne peut cacher la nature profondément injuste du monde extérieur. L'homme doit ensuite revivre une réalité plate et objective basée sur l'atomisation et les différences sociales.

À cet égard, la conscience du pouvoir fragile et temporaire de la foule habite mes images. Je savais dès le départ, en les prenant, que cet énorme rassemblement ne pouvait durer et que j'étais le témoin d'un spectacle unique qui ne serait joué qu'une seule fois. Cette situation inévitable me procura le sentiment d'une urgence et d'une intensité profondes : je ne pouvais pas attendre de saisir ces moments puisque cette foule même était vouée à la dissémination et à l'oubli. En dépit de tout cela, cependant, la foule était capable de demeurer dans mon esprit et de surmonter le passage du temps. Elle pouvait le faire pour la bonne et simple raison qu'elle était agitée par un but précis que rien ne pouvait altérer ni détruire.

Parmi les attributs particuliers de la foule, on trouve donc le sens d'une direction partagé par tous. Son mouvement n'est pas errant ni aléatoire : elle se meut en direction d'un but. Celui-ci, qui est clairement exprimé à l'avance, renforce le sentiment d'égalité. Il n'est pas nécessairement tangible ni immédiatement accessible, mais il est néanmoins présent dans son pouvoir symbolique de rassemblement et de cohésion. Une foule existe aussi longtemps qu'elle possède ce but qui définit son projet communautaire. Il la soude ainsi au-delà des comportements individuels souvent impromptus qui la composent.

Dans le cas de *On No*, son but, c'est-à-dire la paix, demeure une réalité très fragile. La guerre menée par les troupes américaines en Irak est peut-être officiellement terminée, en effet, mais nous savons bien qu'elle s'est poursuivie ces dernières années sous d'autres formes, celles des actions terroristes répétées et de la campagne d'annihilation menée par l'armée des islamistes radicaux dans une grande partie du pays. En ce sens, et sans doute de manière ironique, le mouvement de cette foule romaine est plus pertinent que jamais. Le rôle de la photographie est dès lors également et même avant tout de souligner son propos et sa durée potentielle par les images.

La présence d'un but clair et indiscutable qui est partagé par tous ses participants permet ainsi à l'artiste de saisir le mouvement concentré de la foule, au-delà de son agitation et de son caractère hétérogène. Tous les regards des manifestants, dans cette perspective, sont dirigés vers le même point de fuite qu'on ne peut qu'imaginer. Leurs gestes et leurs mots atteignent donc une unité profonde : la foule constitue bel et bien un corps et une âme uniques.

En d'autres termes, *On No* affirme la relation nécessaire entre la photographie et l'événement qui appartient à toute la communauté. L'événement, ici, est autant une possibilité ou une promesse qu'une certitude. Une telle relation remet incontestablement en question la capacité du temps à effacer le pouvoir imaginaire de l'événement. La foule ne demande pas seulement à être remémorée comme une simple réalité sociale, cependant : elle souligne également à travers ces images la présence hantée d'une utopie collective qui demeure encore vivante parmi nous aujourd'hui.

L'époque actuelle, qu'on qualifie souvent de post-idéologique, est sans doute moins propice aux grands rassemblements humains que le XXe siècle, surtout dans sa première moitié. Les hommes et les femmes, de nos jours, se retrouvent moins en effet autour d'un programme ou d'un parti politique, comme à l'époque du nazisme et du communisme, ou même de Mai 68, qu'autour d'une cause générale comme le refus de la guerre, dans ce cas-ci (ou le rejet de la violence islamiste, comme dans le cas de la manifestation à Paris contre les tueries de Charlie Hebdo).

La foule, selon cette optique, est aujourd'hui plus floue dans son identité philosophique. Elle est plus hétérogène et diversifiée, ce qui signifie qu'elle est aussi vraisemblablement plus démocratique. Ainsi a-t-elle beaucoup moins tendance que dans le passé, en tout cas en Occident, à suivre de façon aveugle un leader unique ni à se fier à un système d'idées préétabli.

En ce sens, elle est plus ironique, malgré le caractère tragique des événements qui la motivent. Son relativisme reflète alors l'esprit de notre temps. Par contraste, les foules immenses de l'Allemagne nazie ou de l'Union Soviétique stalinienne étaient beaucoup plus compactes et absolutistes dans leurs principes. Elles témoignaient d'une totalité idéologique indépassable et irrésistible, celle de la masse soumise à l'autorité et au pouvoir. Ainsi, la foule s'inscrit-elle toujours dans une temporalité et dans un certain contexte historique.

Il faut ajouter que jamais sans doute l'Occident n'a-t-il été aussi profondément pacifiste qu'aujourd'hui, c'est-à-dire plus hostile à l'idée de l'utilisation de la violence par la collectivité. Les multiples constructions mythologiques de la guerre nourrirent ainsi les grandes idéologies du XXe siècle, en particulier le communisme qui reposait sur l'image de la guerre perpétuelle entre les classes. De telles mythologies ont maintenant pratiquement disparu dans nos cultures. Celles-ci impliquaient nécessairement la légitimation de la violence et l'affirmation de son aura pour les masses.

La littérature participa longtemps de ce modèle mythologique, si l'on considère par exemple la poésie patriotique de Victor Hugo, vouée en particulier au culte de Napoléon, ou la fibre nationaliste de l'œuvre romanesque de Maurice Barrès à l'époque de la guerre franco-prussienne de 1870. Plus près de nous, un livre majeur comme *l'Espoir* d'André Malraux, bien qu'habité par de profonds sentiments révolutionnaires, exprima lui aussi une fascination pour la guerre (en ce cas précis la guerre civile espagnole) et son soi-disant pouvoir de transcendance héroïque.

On n'oubliera pas toute une littérature fasciste, dont le *Gilles* de Drieu La Rochelle, qui associa souvent la guerre à une mystique médiévale et chevaleresque. À gauche comme à droite, de nombreux écrivains français considérés comme canoniques démontrèrent alors en dépit de leurs évidentes divergences idéologiques une même ardeur belliqueuse qui au XXIe siècle semble bien désuète.

On No met en scène une nouvelle ère du soupçon : l'homme occidental, et surtout européen, est maintenant en effet revenu de toutes les guerres, et surtout de toute vision idéalisée ou exaltée de celles-ci. Deux guerres mondiales particulièrement dévastatrices ont ainsi laissé des traces profondes et indélébiles dans l'inconscient collectif, même pour ceux qui n'ont pas vécu personnellement ces événements. L'individualisme des sociétés libérales contemporaines a sans aucun doute joué un rôle dans cette évolution : puisque l'homme, en effet, ne cherche plus à se fondre dans un projet communautaire quel qu'il soit, il ne peut non plus souscrire à l'idée d'un sacrifice collectif.

L'effritement généralisé des consciences nationales, qui est issu de l'unification d'une Europe sans frontières et de la mondialisation économique, a également provoqué ce processus. Le mot : 'patrie', ainsi, ne signifie-t-il plus rien, ou presque, surtout pour les jeunes générations, puisque la nation, qui en est la condition préalable (la patrie, après tout, n'est-elle pas essentiellement la nation en guerre ?), est elle-même devenue à bien des égards une notion fantomatique pour un grand nombre de citoyens (sauf pour ceux, bien entendu, qui se réclament de la nouvelle extrême-droite).

Est-ce à dire que l'image même de la guerre s'est effacée de notre horizon contemporain ? Bien sûr que non. Elle est plus que jamais présente, en tant que phénomène global, à travers les médias qui ne cessent de la représenter et de la commenter, en particulier. La guerre, en ce sens, est partout à tout moment, mais elle ne se répand plus prioritairement dans le monde social en tant que mythologie ou création imaginaire.

Sa diffusion perpétuelle par l'intermédiaire de la télévision et de l'Internet aboutit en réalité au phénomène inverse, c'est-à-dire à sa banalisation à l'échelle planétaire. Une telle ubiquité médiatique n'existait manifestement pas pour les générations précédentes, en particulier celles qui vécurent le fascisme et le communisme. Il ne faut donc pas s'étonner si elles furent aussi plus sensibles à ces mythologies, même de façon éphémère. *On No* refuse pourtant une telle banalisation quotidienne. Celle-ci mène inévitablement en effet à l'indifférence et à l'acceptation du mal. Dans mes images, la guerre demeure dans cette mesure une exception à laquelle il faut clairement s'opposer, surtout quand on pense au cauchemar qu'a vécu l'Irak ces dernières années.

L'artiste moderne, par nature, est un individualiste farouche et rebelle : il hésite le plus souvent à se mêler aux grands ensembles humains qui donnent l'impression de nier sa subjectivité. Pourtant, une telle tension peut parfois être surmontée, fut-ce dans l'instant seulement plutôt que dans une véritable durée. C'est bien le cas ici, puisqu'il rejoint l'élan irrépressible de la foule dans ses images.

Les foules ne sont jamais éternelles. Elles sont le plus souvent volatiles et imprévisibles (les mêmes Français qui applaudissaient le Maréchal en 1940 ne furent-ils pas aussi en grande partie ceux qui plébiscitèrent quatre années plus tard le Général sur les Champs-Élysées ?). L'artiste se doit alors de capter le plus vite possible et sans illusion son mouvement spontané et son pouvoir de résistance. Car l'image s'incruste et s'inscrit dans le temps comme vérité à la fois esthétique et politique. Elle lutte contre le passage des choses et impose une forme tangible de mémoire pour la communauté tout entière.

L'art du XXe siècle a par ailleurs joué un rôle non négligeable dans l'expression d'une opposition collective radicale à la guerre. En particulier, les avant-gardes comme Dada et le surréalisme naquirent du chaos de la Première Guerre mondiale qu'elles tentèrent de dépasser dans un projet esthétique original. Il s'agissait en ce sens de répondre aux ténèbres du monde extérieur par une utopie artistique elle-même marquée par le nihilisme, comme dans Dada. Les avant-gardes se situèrent donc dès le départ dans une position critique vis-à-vis de la guerre, qu'elles identifiaient à un mal issu de la société bourgeoise et de sa volonté de pouvoir. Elles rompirent ainsi avec la perspective mythologique sur la guerre de certains écrivains évoquée plus haut.

Un poète comme Robert Desnos exprima avec éclat cette position de rejet dans son poème *Ce Cœur qui haïssait la guerre*. On peut aussi songer dans cet ordre d'idées à l'attitude des surréalistes envers les guerres coloniales, et plus précisément à l'engagement de Breton contre la guerre d'Algérie dans les années cinquante. Ce dégoût quasi physique se retrouva également chez Benjamin Péret, ce poète particulièrement hostile à toute forme de rhétorique patriotique, aussi noble fût-elle, comme le prouve son essai *Le Déshonneur des poètes*. La poésie et l'art ne pouvaient en ce sens que contredire la guerre et sa folie destructrice. Mes photographies prolongent en quelque sorte une telle tradition : elles prouvent alors à leur manière que celle-ci possède encore une signification profonde pour l'homme du XXIe siècle.

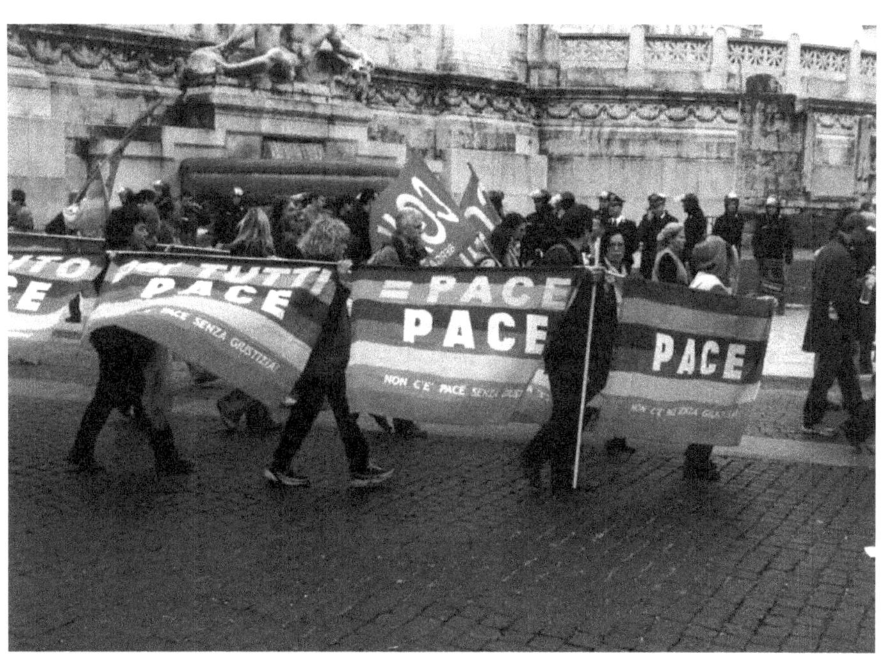

per TUTTI
PACE
PACE SENZA GIUSTIZIA
= PACE
PACE
PACE

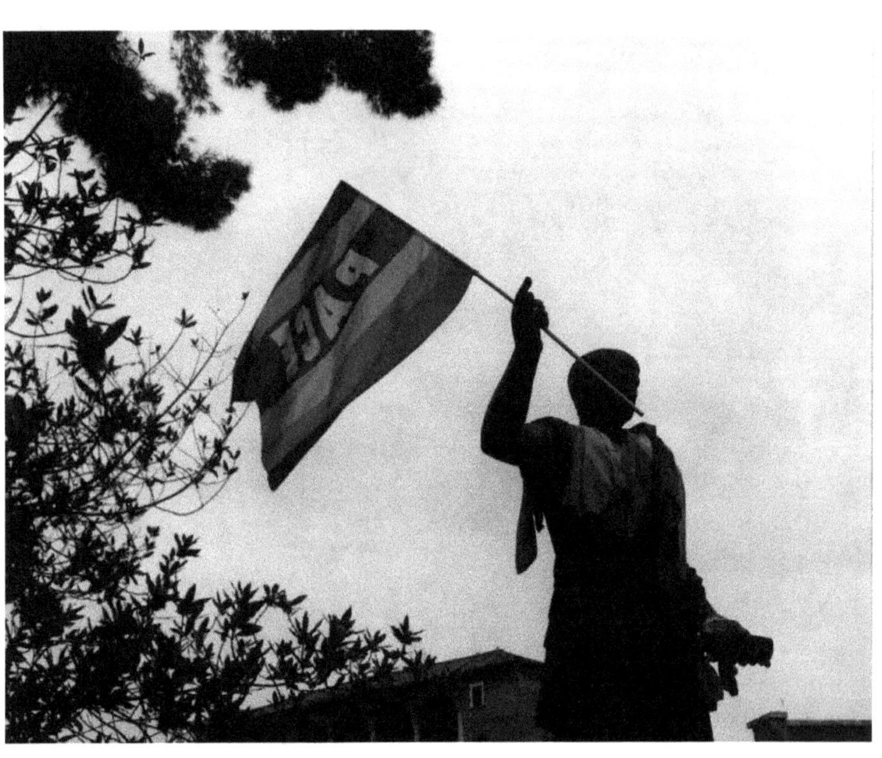

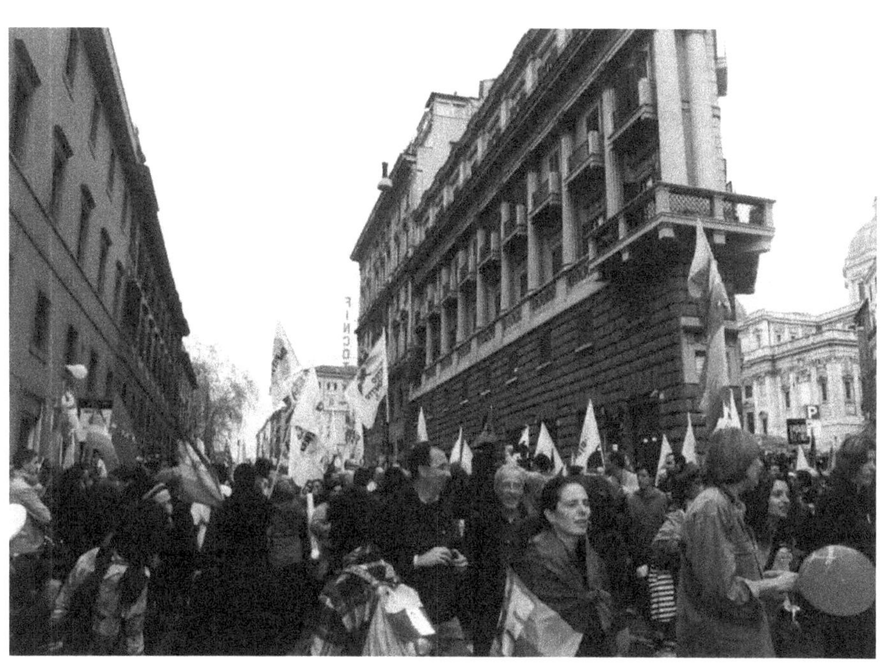

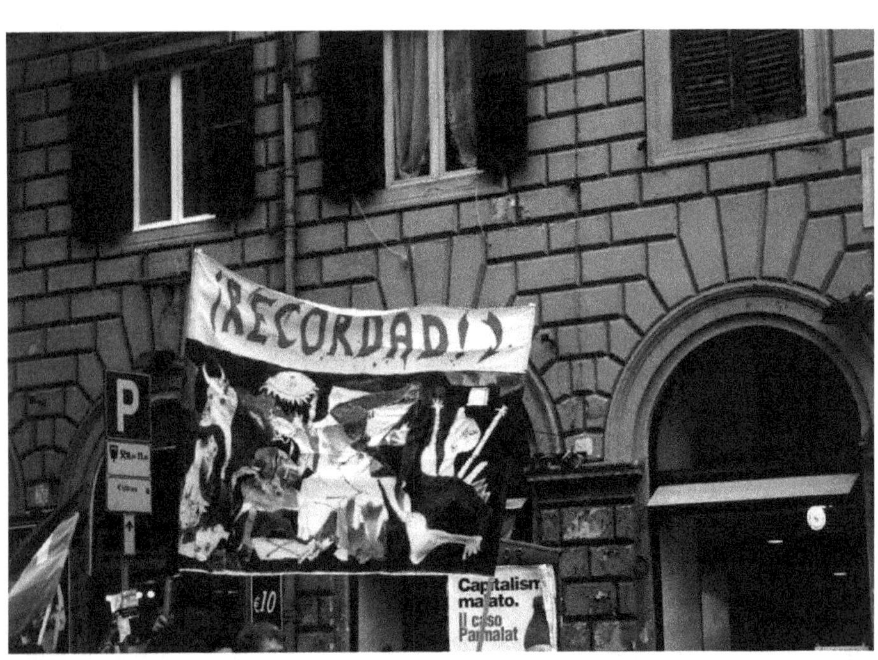
¡RECORDAD!
P
€10
Il caso

Croisements intérieurs : vers un art global

Ce travail, qui s'intitule *Croisements intérieurs*, rassemble des photographies, des œuvres graphiques et des fragments de textes[195]. Ma pratique régulière des arts visuels m'a conduit à une réflexion personnelle sur le sens de l'art pour la culture contemporaine. Plus précisément, la photographie est devenue un outil essentiel de la mondialisation artistique et culturelle. Elle est conçue aujourd'hui d'abord comme un moyen de communication instantanée. Je souhaite dès lors aller au-delà de sa définition pratique ou socio-économique afin de réfléchir à sa signification philosophique pour l'artiste.

Ce travail essentiellement conceptuel souligne le processus de délocalisation de l'art dans notre culture occidentale. Par opposition à une tradition bien établie qui accorde un espace spécifique à l'œuvre d'art (celui du musée ou de la galerie), de nouveaux modes de pensée ont émergé au cours des dernières décennies. Pour la plupart, ils ont été basés sur la critique de ces espaces comme les preuves vivantes du caractère institutionnel de l'art.

L'artiste doit ainsi se soumettre à des réseaux prédéterminés sur lesquels il n'a aucun contrôle. Certains mouvements d'avant-garde de la seconde moitié du XXe siècle, en particulier Fluxus, ont dans cette optique tenté d'offrir de nouveaux environnements originaux pour l'œuvre d'art.

Le climat politique des années soixante, avec l'émergence d'idées radicales et de formes extrêmes de changement social, nourrit une telle critique avec une grande intensité. La question fondamentale était généralement celle de la relation entre l'art et le monde de la vie quotidienne. D'une certaine manière, le musée traditionnel impliquait

[195] Il a été présenté le 23 juillet 2002 lors de la huitième conférence de la International Society for the Study of European Ideas qui s'est tenue à l'Université d'Aberystwyth, dans le Royaume-Uni.

une distance entre les deux: il restreignait l'accessibilité de l'art en imposant des canons stricts pour sa présentation.

Cette nouvelle conception de l'espace de l'art impliqua l'idée de sa dimension politique : l'espace du musée, ainsi, constituait le symbole d'un certain pouvoir et d'une certaine autorité qu'il fallait mettre en cause afin de renforcer la liberté d'expression de l'artiste. Alors que Duchamp avait concentré sa critique sur la possibilité d'une valeur esthétique égale accordée à tous les objets, les membres de Fluxus s'attachèrent eux à accorder une valeur égale à tous les lieux.

La notion de performance devint à leurs yeux essentielle parce qu'elle débouchait sur la conscience d'une multiplicité de scènes de l'art. Celles-ci s'ouvraient pleinement à l'agora, qui n'était réservée ni à une élite ni à un groupe spécifique de spectateurs. La performance, en outre, contenait la notion de l'artiste comme acteur, c'est-à-dire comme participant entier à la vie de la communauté. L'artiste, en ce sens, n'était plus simplement un créateur de formes : il se devait de jouer un rôle, au sens strict de l'expression, au cœur de l'espace social et culturel. Ce rôle, cependant, n'était pas défini une fois pour toutes ni écrit à l'avance : il changeait et évoluait au gré des circonstances et des rencontres. L'espace de l'art, ainsi, comportait une part aléatoire et improvisée. Il était conçu dans une perspective dynamique et instantanée. Sa qualité première était sa fluidité et son adaptabilité aux besoins, aux sensations et aux désirs du moment.

Croisements intérieurs n'indique pas seulement un processus particulier de dissémination de l'œuvre d'art dans le monde moderne. Il se concentre sur le besoin de nouveaux espaces pour l'art. À cet égard, l'ordinateur peut très bien être saisi comme un espace de présentation qui se substitue à un espace d'exposition traditionnel.

Il implique une distance par rapport à l'identité commerciale de l'œuvre d'art. Dans le mot: 'exposition', en effet, cette identité est le plus souvent suggérée ou même affirmée. Je tente plutôt de définir dans mon projet un espace critique original de l'art. Au mot : 'exposition', issu d'une tradition académique et même moderne, se substitue le mot : 'présentation'. Celle-ci échappe à de nombreuses contraintes matérielles, financières et sociales : elle implique une diffusion rapide des œuvres et des images sans passer par des rapports d'autorité prédéterminés.

En apparence, la technologie ne possède aucune inscription historique. Elle ne témoigne que d'un présent en constante évolution et des dons d'invention de l'homme qui cherche à améliorer les conditions d'existence générales ici et maintenant. Par contraste, le musée existe d'abord en tant que gardien d'une certaine histoire de l'art. C'est là que résident sa fonction et sa signification principales au cœur de l'ordre culturel.

Je suis pourtant convaincu que la technologie, et en particulier son application dans la photographie, peut aussi être porteuse d'une mémoire collective construite en termes culturels. L'artiste doit alors mettre en question la consommation instantanée des images, messages et signes qui est normalement associée à l'utilisation de la technologie dans le monde contemporain. C'est la raison pour laquelle j'ai décidé d'insérer de nombreuses références à l'histoire de l'art moderne dans mon travail.

Croisements intérieurs inclut dès lors deux photographies d'une maison bourgeoise de province typique de la fin du XIXe siècle en Belgique. Cette maison est située dans la petite ville de Lessines, dans le Hainaut occidental. Ces images banales représentent la maison natale du grand peintre surréaliste René Magritte. Une autre image montre la tombe d'Henri Matisse sur les hauteurs de Nice, à Céret, un lieu où il passa la dernière partie de sa vie et où un musée est entièrement consacré à son œuvre.

Dans les deux cas, je m'intéresse à souligner le lien spirituel et émotionnel entre l'artiste et un lieu particulier qui possède une forte résonance autobiographique. Mon travail s'oppose en ce sens à tout sentiment de déracinement dans l'art. L'inscription géographique des images reflète un mouvement en direction d'une vérité existentielle particulièrement intense. L'art nous permet de retourner à une origine qui a défini sous de nombreux aspects la vie de l'artiste.

Il est important de noter que le mot : 'mondialisation', en lui-même, n'inclut pas la notion d'espace. Ce qui est mondial, en d'autres termes, n'est ni proche ni lointain. Il implique seulement la perception générale d'un tout. Mais de quel type de tout parlons-nous ici? Et de quelle manière pouvons-nous distinguer entre ce qui est global et ce qui est unique? L'image d'un monde, nécessairement incluse dans le mot : 'mondialisation', demeure à cet égard vague.

Elle ne possède pas en effet de véritable identité philosophique ou culturelle, ni même symbolique. Le monde est alors ce qui existe universellement comme espace de communication et d'information immédiates, comme simple réalité pratique aisément accessible et reconnaissable par tous. Il renvoie certes à un idéal de rassemblement, mais celui-ci exige avant tout la soumission de l'homme à certains modes d'expression et d'interaction convenus.

Toute connaissance authentique de l'espace doit excéder le pouvoir imaginaire de la totalité afin de retourner à un sentiment plus profond de la singularité. La mondialisation a sérieusement déformé notre relation à l'espace: elle a d'une certaine façon produit un monde où l'*autre* espace n'existe plus. Il est donc nécessaire aujourd'hui d'insister sur la possibilité d'une altérité spatiale: cet autre espace peut appartenir à un groupe culturel aliéné ou à un individu dont la condition sociale difficile le prive de toute identification avec ce territoire soi-disant homogène.

L'espace, à cet égard, n'est pas seulement ce qui nous est donné par notre environnement social: il s'agit de quelque chose que nous devons créer nous-mêmes pour pouvoir exprimer notre propre identité. L'œuvre d'art ne fait pas exception dans ce processus. Les lois du tout-puissant marché mondial l'ont ainsi isolée dans un système continu d'échanges commerciaux.

En conséquence, l'espace de son appropriation économique est devenu plus important que celui de sa réception esthétique. Tout concept d'espace qui tente de mettre en question ce système se doit aussi de prendre en compte la fragmentation cachée de l'espace (une fragmentation qui est simultanément symbolique et physique) qui se trouve derrière son homogénéité apparente.

Une telle fragmentation est issue avant tout des différences sociales et culturelles parfois énormes qui séparent les hommes dans le monde d'aujourd'hui. L'espace des grandes villes de notre temps, par exemple, ne peut constituer un espace unifié, puisque, par définition, il contient des groupes aliénés et isolés de la majorité de la population.

En outre, cet espace urbain s'étend de plus en plus au-delà de ses limites originelles, avec le développement de nouvelles banlieues et zones d'habitation situées loin du centre. Un tel processus d'extension quasi continue implique alors nécessairement une dissémination de l'espace qui se morcelle et même se décompose en différentes entités géographiques.

Dans *Croisements intérieurs,* je désire montrer l'impact visuel de cette dissémination. Les légendes qui accompagnent ainsi la plupart de ces photographies se réfèrent à plusieurs villes européennes (Nice, Bâle, Strasbourg, Lessines) et à différents pays du vieux continent (France, Suisse, Belgique). La mémoire de l'art, en ce cas, repose sur la perception et la reproduction d'un espace original qui est avant tout de nature existentielle mais qui peut aussi être historique et même politique.

En utilisant ici le mot : 'historique', je ne cherche pas seulement à me référer à une certaine histoire de l'art moderne et de l'avant-garde en Europe (dont l'histoire du surréalisme, en particulier), mais plus précisément et peut-être de façon plus frappante à l'histoire collective des peuples européens à travers l'expérience de la Deuxième Guerre mondiale.

J'ai dès lors inclus une série de photographies en couleurs du pont Kennedy, qui fait partie du paysage urbain de la ville de Strasbourg. Elles furent toutes prises en une seule après-midi sous une belle lumière de novembre et sont caractérisées par un ton brun dominant. Il faut rappeler que la principale ville d'Alsace fut occupée, annexée et ensuite germanisée de force par les nazis, comme toute la région d'ailleurs. L'Alsace avait déjà été séparée de la France après la guerre franco-prussienne de 1870. Il fut ainsi particulièrement troublant pour moi de remarquer sur ce pont la présence permanente de nombreuses statues construites par les Allemands pendant leur occupation de la ville.

Elles glorifiaient la force physique et le dur labeur de l'ouvrier, du paysan et du pêcheur. Leur style lourd ressort de toute évidence de l'esthétique fasciste classique, avec son insistance sur les dimensions monumentales de l'œuvre et sur une forme didactique de réalisme. En contemplant ces diverses figures de propagande, je ne pouvais m'empêcher de penser que Strasbourg est aujourd'hui devenue un centre de la nouvelle Europe unie issue de la fin du communisme et du traité de Maastricht, puisqu'elle abrite une partie du Parlement européen ainsi que le Conseil de l'Europe. La vision de ce pont contredisait manifestement une telle réalité: elle constituait un rappel clair des horreurs mais aussi des ambiguïtés politiques du passé.

Son patronyme: 'Kennedy' était en lui-même une référence à l'une des plus importantes démocraties modernes occidentales, les États-Unis. La simple existence de ces statues, c'est-à-dire de ces symboles du pouvoir nazi, plus d'un demi-siècle après la fin de la Deuxième Guerre mondiale, était dans ce contexte particulièrement ironique. Au bout de ce pont, on pouvait en effet apercevoir le bâtiment du Consulat américain qui faisait face à certaines de ces œuvres.

Les traces du totalitarisme du XXe siècle n'ont ainsi pas disparu dans un bastion de la culture européenne comme Strasbourg. Ma série de photographies reflète à sa manière la combinaison de la mémoire et de l'amnésie collectives: le fait que ces statues n'ont pas été détruites pourrait alors témoigner d'une forme d'indifférence à l'égard du passé et de ses symboles les plus pesants.

Mais il peut aussi évoquer une attitude collective de détachement face au présent. Le regain contemporain des idéologies d'extrême-droite en Europe a été démontré notamment par les succès électoraux de leaders comme Marine Le Pen, en France, Geert Wilders aux Pays-Bas, ou Bart de Wever dans la partie flamande de la Belgique. Ces idéologies ne sont pas à proprement parler fascistes, au sens où elles s'inscrivent encore dans le cadre d'institutions démocratiques et républicaines et dans des processus électoraux classiques. Néanmoins, elles impliquent une forme certaine de dérive idéologique en direction de certains mythes du passé. L'Europe, en ce sens, n'a jamais fini d'exorciser ses vieux démons. Son histoire tourmentée doit ainsi continuer à nous hanter : elle nous offre des leçons qui sont toujours valables pour le présent.

Le mot : 'Europe', dans cette perspective, contient des réalités très contradictoires. Il évoque bien sûr aujourd'hui d'abord un projet et des désirs d'unité continentale. Cette unité peut alors être envisagée à plusieurs niveaux : économique, social, politique et culturel. Mais il renvoie également à certaines tensions manifestes qui n'appartiennent d'ailleurs pas seulement à sa configuration globale du XXIe siècle.

Une ville comme Strasbourg offre de parfaits exemples de telles contradictions. Elle est ainsi essentiellement biculturelle, car partagée entre la France et l'Allemagne, et donc dédoublée dans son identité. Dans une perspective similaire, l'Europe d'aujourd'hui n'a sans doute jamais été aussi démocratique dans son ensemble, surtout depuis l'effondrement du bloc de l'Est.

Pourtant, elle est aussi le creuset de pensées réactionnaires qui s'opposent à une telle évolution en direction de plus de liberté et de tolérance. Ces modes de pensée se propagent de nos jours à travers tout le continent, de la Scandinavie à l'Europe centrale. Ainsi, l'art doit-il prendre en compte cette situation ambiguë qui prouve en particulier qu'une culture ne peut jamais rompre pleinement avec son passé trouble, malgré une volonté collective déclarée de le faire.

Mon objectif est aussi de démontrer que la photographie peut définir une identité historique spécifique de l'image. En outre, elle nous permet d'interroger des représentations fictives et trompeuses de l'histoire. La vision dominante de ce médium au temps du numérique et des innombrables images instantanées insiste en effet sur sa nature post-historique.

À une époque où la croyance en la valeur éthique de l'histoire est particulièrement faible, elle est alors saisie comme un mode de communication rapide et sans lien défini au passé. Les images du Pont Kennedy sont ainsi essentielles pour mon propos: la mémoire d'une expérience collective particulière est manifestement incarnée dans l'espace de l'image.

Les photomontages qui sont inclus dans ce projet reposent par ailleurs sur le mélange de divers objets et œuvres graphiques qui construisent ici un ensemble d'images abstraites et profondément poétiques. Celles-ci sont intégrées dans un espace esthétique précis.

La photographie souligne alors la dimension abstraite de ces œuvres en imposant une distance entre le regardeur et ce qu'il contemple. Cet espace esthétique est dominé par une immobilité profonde: le regardeur est alors invité à entrer dans un monde intérieur où le mouvement est pratiquement absent. Les images sont ainsi séparées du rythme intense du monde extérieur.

Une telle conception s'oppose encore une fois à la perspective communément admise sur celles-ci. Le flot d'images instantanées qui est le plus souvent associé aux médias contemporains, en particulier à travers l'Internet et la photographie numérique, provoque d'habitude en effet une accélération de leur apparition et de leur diffusion.

Je souhaite proposer un sentiment différent du temps de l'image. Car la mondialisation n'efface pas seulement la possibilité d'un autre espace: elle affirme également que tous les êtres humains sont d'une certaine façon dépendants d'une même forme de temps précipité et essentiellement forcé. Celui-ci ne leur offre alors que peu de chances de contemplation ou d'observation serrée. Ce phénomène est sans aucun doute particulièrement préjudiciable à une relation personnelle entre le regardeur et l'œuvre d'art.

L'un de ces photomontages est d'ailleurs intitulé *Le Temps qu'il est et le temps qu'il fait*. L'opposition conceptuelle entre être et faire est assez ancienne dans la culture occidentale. On peut remonter aux philosophes grecs et plus précisément à la pensée socratique. Elle a acquis cependant une signification nouvelle avec l'invention récente de technologies qui impliquent une définition de la vie sociale basée sur la multiplication et l'extension constante de l'action humaine.

Une idéologie activiste domine ainsi ces technologies. La question posée par certains des artistes les plus originaux de l'avant-garde du XXe siècle, de Duchamp à Robert Filliou, fut précisément celle de la validité du faire. Songeons à cet égard au principe des équivalents généraux de Filliou, qui mettait sur un pied d'égalité le non-faire, le bien-faire et le mal-faire.

L'artiste, dans sa conception liée à la philosophie de Fluxus, ne devait pas être un simple producteur à répétition d'objets caractérisés par leur qualité d'exécution. Le « savoir-ne pas faire » se substituait ainsi au savoir-faire traditionnel. Il pouvait littéralement ne rien faire, c'est-à-dire accepter le vide à la fois comme concept et comme vérité esthétique.

Il est clair qu'une telle perspective reflétait l'influence des cultures d'Extrême-Orient, comme le prouve bien l'adhésion de l'artiste au bouddhisme à la fin de sa vie. Mon œuvre prolonge en quelque sorte de telles interrogations, relevées et nourries cependant par la réalité de la communication au XXIe siècle. Il s'agit pour moi de souligner alors que la pression constante à l'action instantanée dans la culture informatique et numérique éloigne aujourd'hui l'homme de l'être et de son intégrité existentielle.

Par exemple, l'Internet a-t-il été créé pour nous permettre de mieux voir le monde autour de nous, ou repose-t-il au contraire sur le prémisse de la soumission du regard humain à une logique de simple production et d'utilité pratique? Un outil qui nous permet de faire plus de choses en moins de temps ne nous mène pas nécessairement à un sentiment plus profond de ce que nous sommes en tant qu'« êtres-au-temps ».

Il est clair que son usage social généralisé ne privilégie pas les considérations esthétiques et formelles. Le regard, en ce sens, se perd d'habitude dans une profusion d'objets et d'images immédiatement disponibles. Il obéit ainsi aux exigences de la vie quotidienne, qui sont avant tout celles du travail. En d'autres termes, le regard humain n'a sans doute jamais été autant sollicité que dans le monde des nouvelles technologies.

Mais une telle emprise ne débouche pas sur une éthique du regard, dans la mesure où celui-ci se déplace constamment d'un objet à l'autre. On peut parler d'un regard déraciné ou sans attache, c'est-à-dire d'un regard qui ne se fixe nulle part et est donc incapable de s'identifier et de s'attacher à un lieu précis.

En outre, ce regard s'évanouit rapidement. Il est voué en effet à une présence éphémère. Le temps du regard, dans cette perspective, se rétrécit et s'écourte de plus en plus. On pourrait évoquer alors un phénomène de contraction irrésistible et irréversible. C'est l'arrêt sur l'image qui, littéralement, devient un défi profond pour la perception humaine. Un tel arrêt implique en effet une attitude de résistance vis-à-vis de leur simple nature quantitative. L'art ne peut se contenter de présenter un grand nombre d'images. Il ne doit au contraire s'attacher qu'à celles qu'il juge comme particulièrement chargées de sens.

L'insistance sur la contemplation résiste à la loi de la simple consommation des signes. La photographie n'obéit plus aux lois de la vitesse: la réception de l'œuvre d'art doit être différée dans le temps. Le terme: 'intérieur', dans *Croisements intérieurs*, exprime alors une distinction profonde entre le temps extérieur limité par des contraintes sociales et le temps spirituel qui appartient à tout être humain.

La manipulation constante des images dans la technologie est ce qui procure un sentiment superficiel de liberté au regardeur. Dans ma perspective, cependant, le pouvoir du regardeur doit remplacer celui de l'usager. En d'autres termes, la priorité doit être accordée au regard et à son pouvoir d'expérience sensible.

Regarder, ainsi, ce n'est pas simplement capter et absorber des images qui s'offrent à nous en permanence. Cela implique en effet également un travail de la perception : l'homme doit sentir en lui la présence durable de ces images et non pas les accepter comme une réalité purement passagère et externe. Si ce travail n'est pas effectué, les images tendront alors à se confondre et à être privées de véritable intensité existentielle.

La technologie rapproche en permanence les images de nous-mêmes. Néanmoins, cette proximité a paradoxalement transformé ces images en des formes plus immatérielles. Je pense que ce processus de dématérialisation de l'œuvre d'art sous l'effet de la technologie peut être enrayé. Pour y parvenir, la photographie, en particulier, ne doit plus être envisagée comme un simple mode de reproduction instantanée de la réalité sans retard ni délai.

La technologie ne fait pas d'ailleurs que dématérialiser les objets et les œuvres : elle dématérialise également les distances et le temps. Elle nous procure ainsi l'illusion que tout lieu peut être proche de nous, même celui qui est le plus éloigné géographiquement. Le temps devient également abstrait, sous l'effet d'une transmission de plus en plus rapide des images et des signes par écrans interposés. La notion même d'attente, ainsi, perd une grande partie de sa pertinence, puisque l'homme est devenu de plus en plus impatient et exige une apparition sans retard de ces images et de ces signes autour de lui.

Si une certaine forme de reproduction est en fait inévitable, on devrait cependant tenter de souligner la nature imaginaire d'une telle reproduction. La composition visuelle des images ne constitue pas en ce sens une simple répétition ou copie de la réalité et de l'art: elle ouvre sur un discours esthétique original puisque la présentation de l'œuvre demeure inscrite dans un espace unique.

Le terme: 'croisements' se réfère ici à la fusion potentielle des images et des mots. Le texte qui accompagne les images est surtout composé de courtes propositions et aphorismes sur l'art moderne, la littérature et la politique. Ces phrases sont souvent remplies de jeux de mots et de calembours. Ceux-ci peuvent être interprétés comme des réflexions ironiques et fragmentaires sur l'art et la société. Les références à l'esprit de l'avant-garde européenne du début du XXe siècle sont ici constantes: l'utilisation ludique du langage constitua l'une de ses caractéristiques majeures.

Parmi ces propositions, relevons les suivantes : « Le corps en art : un objet qui chute et s'élève dans sa chute même. » « Marcel Duchamp ne pouvait pas voir la Joconde en peinture : elle avait peut-être chaud au cul, mais lui n'avait pas froid aux yeux. » « Rêver : être proche du lointain. » « Le projet radical par excellence : revendiquer aujourd'hui le droit à la lenteur. Dans un monde de plus en plus pressé, le vrai révolutionnaire de demain sera celui qui demandera aux hommes de prendre leur temps, le temps de lire, de regarder, de se parler, d'aimer. » « Alfred Jarry, sur son lit de mort, demanda un cure-dent : il avait donc un excellent dentiste. »

On pense évidemment aux dadaïstes et à Marcel Duchamp. Mais la présence de nombreux aphorismes est également inspirée par le travail critique du poète cubiste Pierre Reverdy. La dimension elliptique de ces diverses affirmations reflète alors la fragmentation de ses éléments visuels et graphiques. Le discours aphoristique implique ici la possibilité d'une contradiction de soi dans le langage lui-même. En outre, je n'ai pas essayé d'utiliser le texte comme un commentaire systématique et fidèle sur mes propres œuvres d'art. Je souhaitais au contraire laisser la place à certaines différences entre les deux.

Les mots et les images, en ce sens, soutiennent une esthétique profonde de la discontinuité. Cette discontinuité est bien celle d'un univers mondialisé dans lequel l'illusion d'une totalité n'a pas encore permis d'aboutir à une véritable unité culturelle, politique et sociale. Les aphorismes démontrent ainsi l'absence d'un centre du discours, que ce discours traite de l'art ou du politique.

J'exprime alors le besoin de blancs et d'espaces vides. En d'autres termes, l'identité spatiale de l'art exige la présence matérielle d'un vide qui ne doit pas être comblé à tout prix. Au contraire, il suggère que l'accumulation des images et des signes demeure toujours sujette à sa propre disparition. En d'autres termes, tous les signes qui sont montrés ici sont saisis dans leur existence fugitive.

Les avant-gardes artistiques elles-mêmes reposèrent en grande partie sur l'hypothèse que l'œuvre d'art n'était plus assurée de sa valeur éternelle dans le monde moderne, particulièrement si l'on considère Dada et le surréalisme. L'artiste devint enfin un homme libre dans la mesure où il n'était plus obligé d'inventer une forme qui devait durer le plus longtemps possible sinon pour toujours. Dès lors, ce n'est pas un hasard si j'ai été particulièrement attiré par la photographie dans mon travail. J'ai été en effet sensible à sa qualité éphémère.

Ma réflexion personnelle sur la mémoire des images constitue un moyen de contester même inconsciemment cette qualité spécifique tout en reconnaissant sa présence. Dans *Croisements intérieurs*, le temps devient un problème essentiel dans la mesure où la technologie, par essence, affirme le caractère inévitable et universel du combat entre l'homme et le temps. Le seul espoir réel réside dans le fait que ce combat puisse être gagné par l'homme et non par son ennemi présumé.

En conclusion, j'indiquerai que ce projet devrait se lire comme une entreprise expérimentale ou comme un processus inachevé, et non comme un produit fini et clos. Je ne prétends pas, par exemple, que la photographie constituera le langage artistique dominant du XXIe siècle. À ses débuts, d'ailleurs, elle n'était pas destinée à devenir une véritable discipline artistique, mais bien une pratique sociale très répandue pour les classes moyennes. Ce n'est qu'ultérieurement, et essentiellement au XXe siècle, qu'elle acquit alors ses véritables lettres de noblesse.

Il est intéressant et quelque peu paradoxal de noter, dans cette perspective, que la photographie, aujourd'hui, à travers l'emploi global et systématique du numérique, en est revenue à bien des égards à la logique du daguerréotype d'il y a un siècle et demi. Cet emploi démocratique reflète et accentue en effet l'identité purement utilitaire de la photographie au cœur de la culture de masse, comme le prouve son intégration répétée dans les réseaux sociaux. Une telle identité, dès lors, marginalise et obscurcit en grande partie sa dimension esthétique.

En outre, la présentation d'œuvres sur un écran d'ordinateur ne remplacera jamais leur exposition concrète dans un espace public quelconque. Néanmoins, je demeure convaincu que son utilisation raisonnée par de nombreux artistes à travers le monde enrichira notre rapport quotidien aux arts visuels et stimulera notre réflexion critique sur le sens de la technologie pour l'expression de la créativité humaine dans la société contemporaine.

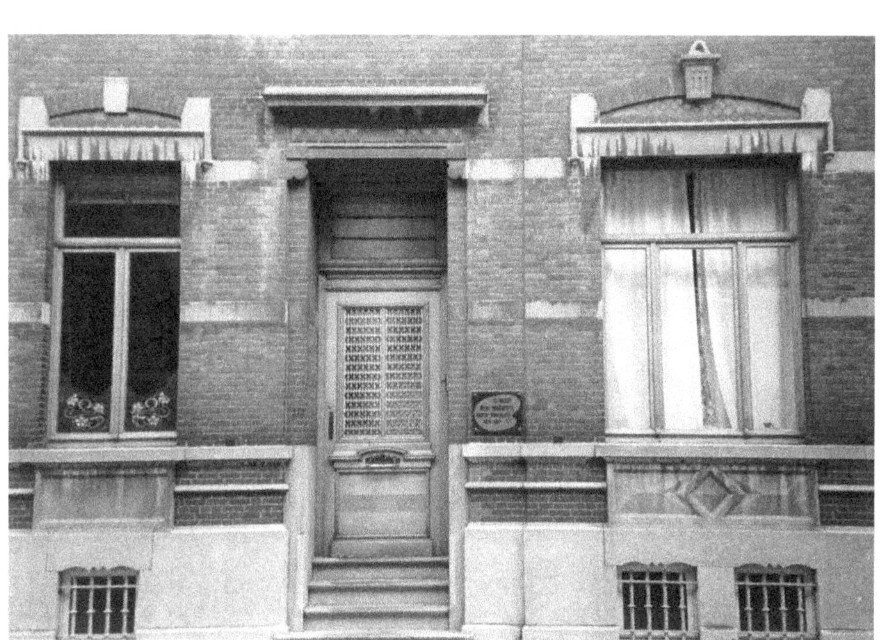

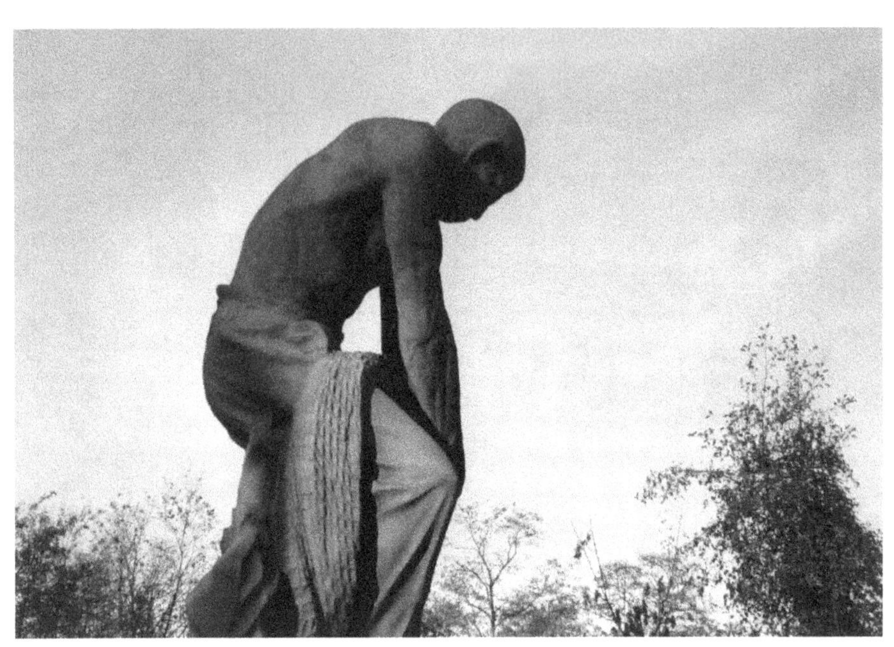

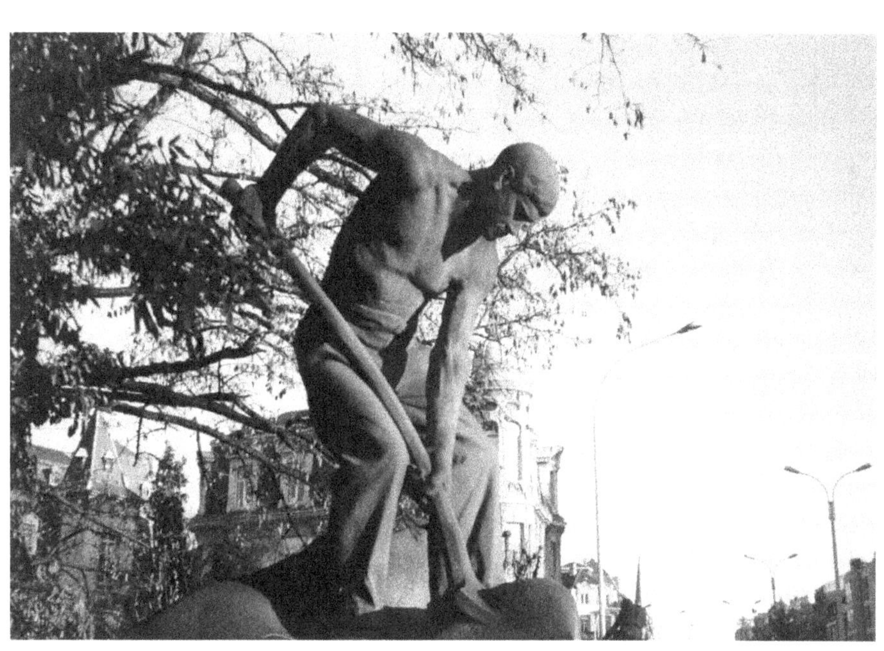

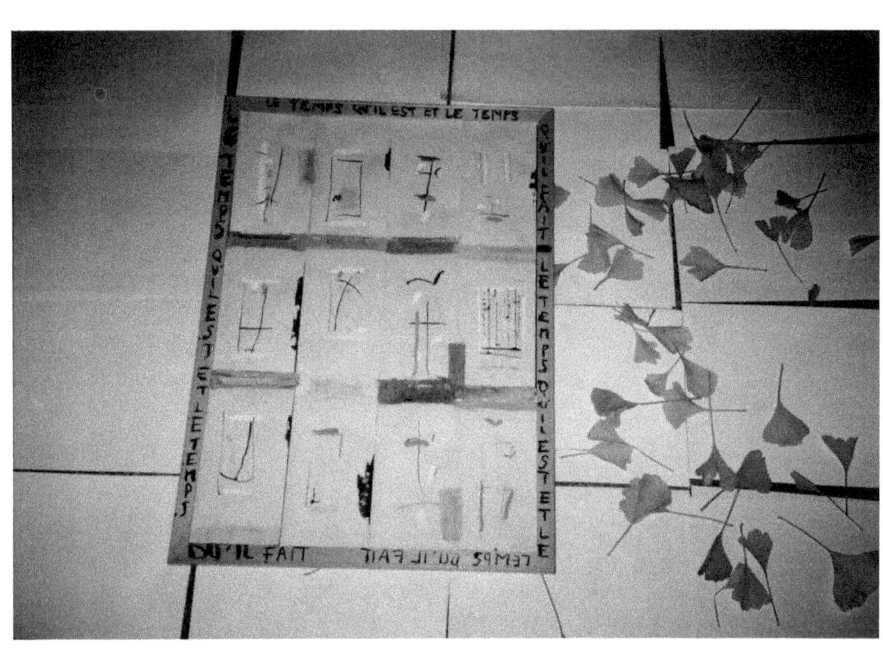
TEMPS QU'IL EST ET LE TEMPS
QU'IL FAIT

Là où j'étais là où je ne suis pas : le sujet invisible de la photographie

Les images photographiques jouent un rôle très important dans la culture globale contemporaine. Elles sont devenues des outils essentiels de la communication visuelle comme le démontre leur présence constante sur l'Internet et dans les médias sociaux. Dans la plupart des cas, leur identité est surtout sociale: elles permettent en effet aux gens d'échanger diverses informations sur leur vie privée et professionnelle. Par contraste, j'insisterai sur la dimension artistique de la photographie dans le monde d'aujourd'hui.

Mon travail *Là où j'étais là où je ne suis pas*[196] rassemble de nombreuses images (cent quatre-vingt-huit au total) qui ont été prises durant différents voyages au cours des deux dernières décennies. La photographie est étroitement liée dans nos vies à l'expérience du voyage. Cette expérience est par nature éphémère: nous éprouvons ainsi le besoin de la capturer dans des images durables. Nous craignons en particulier que les moments excitants que nous avons passés dans un très beau lieu disparaissent pour toujours.

Ces sentiments mènent d'habitude à la création d'un album de photos. Mes images, elles, ne sont pas incluses dans un tel livre. Elles sont destinées à raconter une histoire, mais cette histoire n'est ni linéaire ni entièrement réaliste. Je tente ici d'exprimer le sentiment du hasard, dans la mesure où aucun voyage ne peut être totalement planifié. C'est ce qui constitue selon moi la caractéristique principale d'une telle expérience. Nous ne savons pas toujours en effet ce que nous allons rencontrer et nous ne pouvons pas prévoir non plus tous les événements qui vont se passer au cours de celle-ci. Dès lors, la photographie me permet d'explorer sa nature aléatoire.

---

[196] Ce travail a été présenté à la quatorzième conférence de la International Society for the Study of European Ideas, à l'Université de Porto, au Portugal, le 5 août 2014.

Ces images sont le résultat de nombreux voyages à travers le continent européen, les États-Unis et l'Amérique centrale. Elles affirment la nature imaginaire de lieux où je suis allé et où j'ai même vécu pendant un certain temps. À cet égard, elles insistent sur la prédominance des espaces sur les événements, sur un « où j'étais » plus que sur un véritable « ça a été », selon la terminologie classique de Barthes.

La présence constante de l'espace au cœur de la photographie reflète également ma propre absence. Le « là où j'étais » implique un « là où je ne suis pas », puisque, en tant que photographe, je demeure derrière l'appareil-photo et non devant lui. Dès lors, je n'apparais jamais physiquement dans ces œuvres, même si j'étais sans aucun doute là à un certain moment dans le passé. On peut parler de *photo-biographie,* c'est-à-dire d'un projet autobiographique conçu à l'aide de photographies qui ne comportent aucun autoportrait proprement dit. Il n'y a en effet aucune représentation de mon propre visage dans ces images.

Les lieux qui sont accompagnés de noms et de dates précises définissent ici mon identité et ma réalité existentielle bien que je ne sois pas visible. En d'autres termes, l'apparition constante de l'espace mène à une certaine présence de soi au-delà d'un principe d'invisibilité. Le moi souligne ainsi son propre destin et ses propres traces. En ce sens, l'image oscille entre le « j'y étais » et le « je n'y suis pas », entre la dimension affirmative de la photographie et son pouvoir de négation.

L'entreprise autobiographique est d'abord issue d'une certaine tradition littéraire qui va de Montaigne à Michel Leiris. Elle implique nécessairement la construction d'un récit. Dans cette mesure, aussi, elle respecte une forme de perspective linéaire sur le sujet et son histoire personnelle. La photographie rompt ici avec cette tradition et ses caractéristiques majeures. Il n'y a pas en effet de véritable récit photographique, mais plutôt accumulation d'un ensemble de traces visuelles par lesquelles le sujet se marque et s'inscrit.

Celui-ci ne se raconte pas, dès lors, mais il se retrouve malgré tout dans l'image et dans les lieux qu'elle donne à voir. Ce travail reflète une tension permanente entre la présence et l'absence. Une telle tension découle de l'acte de la prise d'image photographique. Cette prise est par définition imparfaite, puisqu'elle ne saisit pas le sujet de l'image dont l'ombre plane pourtant au milieu de tous ces espaces.

L'autoportrait, lui, renvoie à une riche tradition picturale. Les exemples illustres de cette discipline ne manquent pas, en effet, de Rembrandt à Van Gogh. Il implique une concentration de l'œuvre sur les traits du visage de l'artiste. La photographie, ici, esquive d'ailleurs non seulement les traits de mon propre visage, mais les visages en général. La question : « Qui suis-je ? », en quelque sorte, ne conduit pas à un travail d'autoreprésentation figurative, mais plutôt à une *auto-présentation* décalée à travers un grand nombre de miroirs constitués par les images des lieux de passage.

Cet itinéraire visuel brasse différentes cultures. Ainsi inclut-il de nombreuses références à l'histoire moderne et contemporaine. Il représente dans cette perspective la tombe d'Imre Nagy, le leader de l'insurrection de Budapest en 1956, qui fut assassiné par les troupes soviétiques, ou encore les fenêtres traversées de barreaux de la prison utilisée par la police secrète de Salazar pour enfermer et interroger les opposants à l'ancienne dictature portugaise. On trouve par ailleurs ici des images du mur de l'Atlantique, sur la côte d'Opale dans le nord de la France, autant que celle de la barrière érigée à la frontière entre le Mexique et les États-Unis, près de Tijuana, pour empêcher les immigrés de passer clandestinement entre les deux pays.

Enfin, on peut voir les bâtiments en ruines de Mostar, une ville qui fut fortement endommagée par les bombardements de l'armée serbe pendant la guerre en Bosnie des années quatre-vingt-dix, sans oublier l'image de sans-abris dormant dans un parking à Miami et dont la silhouette est à peine perceptible dans le lointain. Ce qui est montré dans toutes ces photographies, c'est bien le travail de l'histoire sous sa représentation disséminée et fragmentaire, du communisme au fascisme et du postcommunisme au monde de la globalisation.

Le leitmotiv contemporain de la fin de l'histoire doit dès lors être relativisé. Ce qui s'est effondré avec la fin du communisme en Europe, en effet, ce n'est pas la conscience historique orientée dans le sens d'un devenir, car la mondialisation, après tout, prétend encore faire l'histoire, mais bien la perspective révolutionnaire sur l'histoire. L'obsession du progrès et de la totalité hante l'idéologie actuelle du développement capitaliste universel: pourtant, l'homme de notre temps ne perçoit essentiellement ce progrès présumé que sous la forme d'innovations technologiques toujours plus perfectionnées. Cette nouvelle histoire emprunte alors surtout le vocabulaire des techniques et de l'économie, plutôt que celui de l'idéologie politique proprement dite.

La photographie, ici, affirme qu'il y a toujours de l'histoire, même quand celle-ci semble niée par l'effacement des modes de pensée qui ont cherché à célébrer son pouvoir de transcendance collective dans la modernité. Il s'agit bien d'effectuer un travail de la représentation qui restitue sa signification pour la communauté tout en reconnaissant l'importance d'une vision du monde contemporaine selon laquelle, pour reprendre l'expression de Lyotard, « les grands récits » se sont achevés.

L'histoire se réduit dans ce contexte à des images éparses et à des moments visuels: elle a perdu son unité originelle et son caractère épique, mais pas sa capacité à révéler les liens qui rattachent les hommes au-delà de leurs différences. L'histoire continue ainsi à résister à la fuite du temps : elle fixe le passé en l'imposant comme matériau prioritairement esthétique.

On peut également observer ici la permanence de l'art, du bleu d'Yves Klein sur la façade d'un café dans une île grecque à l'œuvre murale de Miró dans la fondation qui porte son nom à Palma de Majorque, et des machines de Léonard de Vinci à Amboise, dans la vallée de la Loire, à l'ancienne maison (qui abritait son atelier) de Calder dans la petite localité de Saché, dans la même région. L'art constitue toujours un élément essentiel de l'expérience du voyage: nous sommes voués à le trouver sur notre route, même sous une forme inattendue. En outre, il est bien ici situé au cœur de l'histoire : il exprime une certaine philosophie du temps qui souligne l'éternité de certaines formes et de certains objets. Il couvre différentes périodes, de la Renaissance au XXe siècle, de l'art classique au moderne et au contemporain.

Pourtant, le sentiment d'une continuité est toujours possible. La photographie représente ce sentiment tout en suggérant la capacité de l'art à dépasser les frontières habituelles entre les cultures et les pays. D'Yves Klein à Calder, et de Léonard de Vinci à Miró, c'est l'Occident dans son ensemble qui se manifeste ici, en effet, de la France à l'Amérique et de l'Italie à l'Espagne. L'art se présente bien alors comme une chaîne ininterrompue de créations multiples : la photographie permet ainsi de rapprocher celles-ci et d'indiquer leurs ressemblances, au-delà de perspectives traditionnelles sur l'histoire de l'art.

Ces perspectives académiques, en effet, tendraient plutôt à les séparer au nom de critères esthétiques, de distinctions chronologiques et d'écoles particulières. En outre, l'art ne se présente pas ici comme une simple série d'œuvres. Il s'incarne dans des lieux précis, soit dans une topographie essentielle qui détermine son identité originale. Enfin, ce projet contient des images de ma ville natale, Bruxelles, une ville dans laquelle j'ai passé les vingt-cinq premières années de ma vie. En particulier, on y voit des images de la maison où j'ai vécu pendant mon adolescence, un joyau architectural moderniste de style Bauhaus, de même que des images des divers appartements où j'ai passé ma vie d'étudiant avant de partir pour les États-Unis. Les espaces ne sont pas seulement le miroir d'une situation éphémère: ils se réfèrent aussi à une présence continue dans le passé que la photographie s'efforce ici de dévoiler.

La photographie est née au milieu du XIXe siècle, à une époque dominée par la révolution industrielle. Le succès instantané du daguerréotype fut issu du fait que les images pouvaient être rendues disponibles à tout moment et pour presque tout le monde. Elles n'exigeaient pas d'équipement complexe et n'étaient pas non plus très chères.

Cette caractéristique distingue clairement ce médium de la peinture, qui était généralement réservée à un nombre limité d'artistes possédant une formation académique. En outre, son usage matériel n'était pas aussi aisé que celui de la photographie. Avec celle-ci, on put découvrir une véritable démocratie de l'expression culturelle et artistique à une époque où une telle possibilité était encore hors de portée de beaucoup. Cette identité égalitaire a choqué certains dès le départ, en particulier un poète et critique raffiné comme Baudelaire qui pensait que l'art pouvait seulement être le privilège de quelques heureux élus, comme dans la tradition grecque.

Cette situation peut se traduire par le conflit entre art d'élite et art populaire. La photographie, sans aucun doute, n'appartenait pas initialement au premier, puisqu'elle avait d'abord pour mission d'attirer un large public. Le succès foudroyant du daguerréotype transcenda ainsi les frontières culturelles. Il se propagea en effet bien au-delà du continent européen et atteint rapidement les États-Unis en particulier.

Néanmoins, il ne mit pas fin à la suprématie culturelle du « grand art ». La peinture et les autres disciplines académiques telles que la sculpture et le dessin poursuivirent leur domination même dans l'avant-garde de la première moitié du XXe siècle, du surréalisme au cubisme. Elles conservèrent leur légitimité supérieure pendant au moins un siècle, en dépit de la proclamation par Duchamp que tout objet du quotidien pouvait dorénavant être une œuvre d'art.

À sa manière, la photographie affirma également que tout pouvait être (ou devenir) une œuvre d'art. Mais cela ne signifiait pas pour autant la fin d'un projet de représentation dans le processus de création artistique. Manifestement, les images pouvaient tirer leur inspiration de n'importe quel sujet issu de la réalité. Mais elles ne se contentaient pas d'une simple imitation de celle-ci. Contrairement aux croyances les plus répandues sur cette question, le photographe tenta souvent en effet de réinventer le monde visible.

En d'autres termes, sa revendication présumée d'objectivité n'était que superficielle: à cet égard, Walter Benjamin souligna dans sa *Petite histoire de la photographie* que les pionniers et les premiers maîtres du médium tels qu'Atget étaient surtout préoccupés par l'aura de l'image qui découlait essentiellement de sa qualité magique et de son inquiétante étrangeté.

Selon sa perspective, le soi-disant réalisme de la photographie devait ainsi être remis en question : certes, elle possédait une évidente qualité mimétique, mais le travail de la lumière, en particulier, pouvait déboucher sur une véritable transfiguration poétique du sujet de l'image. L'intérêt de Benjamin pour le surréalisme, dans ce même ordre d'idées, démontra sa sensibilité critique à des démarches qui avaient précisément tenté de dépasser la seule identité objective de la photographie. La *Petite histoire de la photographie* incluait d'ailleurs la reproduction d'un Rayogramme de Man Ray ainsi que la référence à un commentaire de Tristan Tzara sur celui-ci.

Dans le titre de mon travail, le mot : 'je' est particulièrement important. La photographie exige en effet sans cesse l'expression de la subjectivité, même si elle est forcée de saisir ce qui est déjà là. Avec le processus de mondialisation, cette expression est devenue problématique. Le pouvoir écrasant de la technologie a engendré à bien des égards une attitude mécanique envers les images. Elles sont maintenant intégrées dans un modèle culturel consumériste pour lequel l'individu singulier doit se soumettre le plus souvent à une loi de la reproduction infinie que même Benjamin n'aurait pu prévoir.

Selon ma perspective, le problème de la subjectivité est lié à la fois à celui de l'histoire et à celui de la poésie et de la littérature. Dans mes images, en effet, l'histoire est constamment présente: il s'agit avant tout de l'histoire tourmentée et chaotique de l'Europe. On peut ainsi trouver ici certaines références à la civilisation antique de Pompéi qui fut détruite par l'éruption du Vésuve.

Valéry a affirmé à juste titre que toutes les civilisations étaient mortelles. Dans cette optique, l'histoire s'incarne parfaitement dans la représentation des ruines. Celles-ci constituent des traces essentielles du passé: elles procurent dès lors le sentiment conjoint de l'éphémère et de l'éternel.

L'histoire n'est donc jamais un processus objectif comme dans la tradition philosophique hégélienne: elle est vécue par des individus qui en font l'expérience directe et personnelle. Elle est également reconstruite constamment par le pouvoir de l'art, et en particulier par la photographie.

La perspective dominante de la mondialisation tend à ignorer la présence de l'histoire dans les images en général. Le dogme de la communication instantanée insiste au contraire sur la souveraineté du présent. Quand l'histoire est présente, alors, c'est seulement en tant que spectacle: on ne s'identifie pas nécessairement au passé de façon personnelle.

Les médias de masse célèbrent à cet égard le pouvoir du « ici et maintenant », avec leur déluge d'information et de nouvelles vingt-quatre heures sur vingt-quatre. Ils imposent ainsi un temps précipité de l'image. Au contraire, l'histoire implique le sentiment d'une durée: elle constitue bien une chaîne temporelle qui ne peut être brisée.

C'est précisément cette nature historique de la photographie que Benjamin a analysée dans sa *Petite histoire de la photographie*. Cela ne veut pas dire cependant que la photographie soit rivée à une représentation systématique de l'histoire. Mais cela exprime plutôt le besoin d'un temps différent de la réalité sociale, une sorte de temps suspendu qui rend le spectateur conscient de sa propre relation au passé. Cette relation est bien évidemment mise en cause par les changements technologiques continus issus de la culture globale.

La technologie affirme à bien des égards que les images sont valides et font sens aussi longtemps qu'elles se moulent dans les dernières modes culturelles: si ce n'est plus le cas, elles deviennent rapidement dépassées. En d'autres termes, une image remplace l'autre et sera elle-même remplacée par une autre dans un proche avenir. Dans un tel monde, les formes visuelles constituent des entités particulièrement fragiles. Les photographies deviennent elles-mêmes des objets instables qu'il est alors facile d'effacer.

Dans ma discussion du rôle de l'histoire pour la photographie, l'histoire de l'art joue un rôle décisif. Cette histoire, en effet, n'inclut pas seulement le souvenir d'événements politiques passés : elle inclut également et peut-être même surtout la conscience profonde d'un héritage culturel particulier. La mondialisation a imposé par contraste le pouvoir d'une expression artistique dont la vitesse de dissémination ne cesse de croître. Une authentique mémoire de l'art constitue alors un défi profond.

Les artistes d'avant-garde de la première moitié du XXe siècle ne nièrent pas la pertinence d'une telle mémoire: ils affirmèrent simplement que celle-ci ne pouvait pas uniquement être façonnée par la tradition académique. C'est la raison pour laquelle cet ensemble d'images inclut diverses références à l'art moderne, de Miró à Calder.

Par définition, l'artiste est quelqu'un qui tente par tous les moyens d'arrêter le passage du temps. Il refuse d'être dominé par le rythme frénétique du monde extérieur. Par essence, en effet, un tel rythme contredit le sens de son œuvre, qui est à la fois spéculative et imaginative. En d'autres termes, l'artiste moderne n'est pas celui qui rompt nécessairement avec le passé, mais celui qui souhaite prendre ses distances par rapport à un présent qu'il ressent souvent comme insatisfaisant.

En outre, l'artiste moderne même le plus radical et le plus original est toujours inscrit dans une culture particulière. Que serait l'œuvre de Miró, par exemple, sans l'environnement intellectuel et artistique de la Catalogne? Ce sentiment d'un lieu éminemment personnel est essentiel pour ma propre perspective: il combat à sa manière les forces du déracinement individuel et collectif universel qui font partie intégrante de la mondialisation et impliquent la perte du rapport de l'homme à son l'origine. Dès lors, la photographie est en quête d'un lieu unique parmi une multitude d'espaces différents.

La mémoire de l'art ne peut pas être la propriété exclusive des musées et des institutions culturelles établies tels que la Fondation Guggenheim à Venise, par exemple, qui apparaît dans mes images. Elle doit être préservée par l'art lui-même, et en particulier par la photographie contemporaine. Cette mémoire n'est pas donnée une fois pour toutes: elle est constamment modifiée par l'expérience de nouveaux lieux. On peut parler ainsi du « mouvement perpétuel de la mémoire » que mes images tentent de capter.

Mon travail n'est pas strictement de nature autobiographique, dans la mesure où toute entreprise autobiographique implique une autoreprésentation dans un récit ou une forme visuelle quelconques. Dans *Là où j'étais là où je ne suis pas*, une telle représentation ne se produit pas: en d'autres termes, le sujet demeure flou, bien qu'il laisse de toute évidence son empreinte sur la signification particulière des images. Ce qui est déterminant ici, c'est la conceptualisation d'une mémoire qui n'appartient pas à une personne singulière mais bien à une communauté imaginaire.

Dès lors, la photographie échappe au danger du narcissisme. L'identification à l'espace prévaut en effet sur l'identification à un sujet. Un tel processus est menacé aujourd'hui par la mondialisation, dans la mesure où dans un monde global, tous les espaces tendent à se confondre et à être dépourvus de différences marquantes.

Voyager, de nos jours, signifie dans la plupart des cas se rendre à un aéroport et prendre un avion avant d'atterrir dans un pays lointain et de descendre dans un hôtel. Ces aéroports, avions et hôtels qui caractérisent la plus grande partie de notre expérience de voyageur sont en général standardisés: ils finissent par se ressembler tous, en dépit de la distance parfois énorme qui les sépare. Dans ce contexte, la nomination même des espaces devient une tâche urgente qui reste encore à accomplir.

Dans un monde où absolument tout peut être rendu visible à n'importe quel moment, quel que soit son contenu réel, l'art suggère alors la possibilité d'une réalité invisible. Il contredit en particulier un modèle culturel de la transparence qui est aujourd'hui souverain. Le sujet invisible de la photographie doit ainsi être imaginé et pas seulement présenté ou reproduit. Il contient l'image d'un secret ou d'une vérité ambiguë qui résiste à toute définition unilatérale de son existence.

La métaphore des ruines est encore une fois pertinente, car les ruines constituent par essence les vestiges tangibles d'une structure architecturale ou d'un monument. Elles expriment profondément un sentiment de perte et de destruction. Mais elles révèlent également leur absence pour le regard en tant qu'entités complètes. En d'autres termes, à travers les ruines, quelque chose demeure invisible, c'est-à-dire l'apparence originelle et l'identité matérielle de ces bâtiments.

Les ruines renvoient en outre à une mélancolie profonde des images photographiques. Elles expriment l'idée troublante qu'une beauté particulière (celle de monuments et d'objets d'art) s'est ou bien perdue, ou en tout cas fortement dégradée au fil du temps. Le temps a fait son œuvre et celle-ci ressort du domaine de la destruction. On sait à cet égard que l'imaginaire des ruines traverse le romantisme et toute une poésie du mal-être.

Une telle mélancolie tend à disparaître sous le pouvoir énorme du numérique. La technologie est bien ainsi l'ennemi numéro un de ce sentiment : elle consacre en effet une vision positiviste et pragmatique de la réalité selon laquelle n'importe quel individu détient le pouvoir de capter sur image ce qu'il voit en toute circonstance. Le numérique nous dit que rien ne se perd, alors que la mélancolie, par contraste, renvoie à la perception d'un vide et d'un arrachement psychologiques issus de la fuite de certains êtres et de certains objets.

Mais la dissémination culturelle incessante de la photographie sous l'emprise des nouvelles technologies annule également la valeur transgressive de celle-ci. On sait qu'une telle dimension avait joué un rôle important dans les avant-gardes de la première moitié du XXe siècle, en particulier dans le surréalisme.

Car avec l'image numérique, n'importe quel sujet peut être rendu visible, ce qui signifie que l'interdit lié à une forme quelconque de représentation n'existe plus. Le sens de la transgression renvoie par nature à l'idée que quelque chose demeure caché au nom d'une loi, et qu'il faut lever le voile sur ce qui a été dérobé au regard. Quand tout peut transparaître, alors, le dépassement de la loi dans l'image n'est plus de rigueur.

La photographie a affirmé à l'origine sa nature mélancolique. Le daguerréotype avait en effet comme but essentiel de conserver l'image des morts à l'intérieur du cercle familial. La technique servait dans cette optique à exprimer l'absence et son sens profond pour la communauté. Par la suite, l'œuvre d'Atget insista sur la mélancolie des lieux dans un cadre prioritairement urbain. Le réalisme dominant n'était pas dans cette mesure purement objectif.

En outre, le daguerréotype ne contenait pas de véritable processus d'effacement, alors que le numérique implique lui par contraste la possibilité permanente d'une disparition de l'image dans un simple déclic. L'usager moyen peut ainsi décider à tout moment de se débarrasser de l'image qu'il vient de prendre. Une telle liberté reflète l'identification de la photographie à un objet précaire souvent soumis à la règle du prêt-à-jeter.

La mélancolie traduit un lien intime à l'image qui ne peut être brisé : cette relation intense est niée quand le photographe choisit avec désinvolture de se séparer de l'objet qu'il a créé. Mais la mélancolie insiste aussi sur le fait qu'aucune image ne peut être remplacée par une autre (c'était tout le sens de la photographie du Jardin D'Hiver pour Barthes). Dans le monde global des images interchangeables, ce sentiment d'une singularité inaliénable ne peut donc qu'être étouffé.

En conclusion, la représentation de mon origine (ou en tout cas un mouvement indiscutable en sa direction) traverse cet ensemble de photographies. À cet égard, je suis retourné plusieurs fois à Bruxelles pour prendre des images de la grande maison où j'ai vécu dans mon adolescence, mais aussi des divers appartements liés à ma vie d'étudiant. J'étais heureux alors de constater que ces lieux existaient toujours.

Ce qui me frappait le plus était que ces images me procuraient un sentiment de vide. Certains parleront de nostalgie, car la nostalgie implique par nature la conscience négative d'une réalité absente. Dans ce cas précis, cependant, il n'y avait pas de ruines. Le passé était d'une certaine manière demeuré intact: c'est précisément cela qui me troublait, comme si rien n'avait vraiment changé depuis ma jeunesse.

La phrase « Là où j'étais là où je ne suis pas » dévoilait ici son sens le plus profond. Elle ne se référait pas seulement au fait que je n'étais pas présent physiquement sur ces différentes images: elle signifiait également que j'avais perdu un lien particulier avec mon propre passé. Pour le dire autrement, la phrase « Là où j'étais là où je ne suis pas » aurait dû s'écrire « Là où j'étais là où je ne suis plus ».

Dans cette optique, la photographie révèle le besoin d'une relation étroite entre le sujet et les espaces qui le définissent existentiellement. Ces espaces ne devraient pas être considérés comme un fait accompli, dans la mesure où ils peuvent disparaître de notre horizon intime au fil du temps. En d'autres termes, ces images évoquent également une forme d'errance qui est très commune à notre époque.

Le mythe de l'interconnexion et de la communication perpétuelles ne peut dissimuler cette réalité. Il échoue à reconnaître le fait que, parfois, nous ne sommes pas là où nous devrions être, et même plus, que le lieu où nous devrions être n'existe plus. Cette errance n'est pas nécessairement souhaitée : elle découle souvent, en effet, d'impératifs professionnels et socio-économiques. En ce sens, il faut la distinguer de l'errance lyrique des poètes surréalistes et de la Beat Generation. Elle dévoile plutôt une crise existentielle et une non-appartenance personnelle liées à des modes de vie empiriques et même chaotiques.

Le mot le plus important de mon titre est dès lors le verbe : 'être', qu'il soit conjugué au passé ou au présent. Être, en effet, c'est aussi habiter un lieu particulier et y demeurer. Une telle inscription ne s'avère pas toujours possible, en raison de contraintes sociales et matérielles. Mais elle peut néanmoins être saisie grâce au pouvoir magique et éternel de l'art.

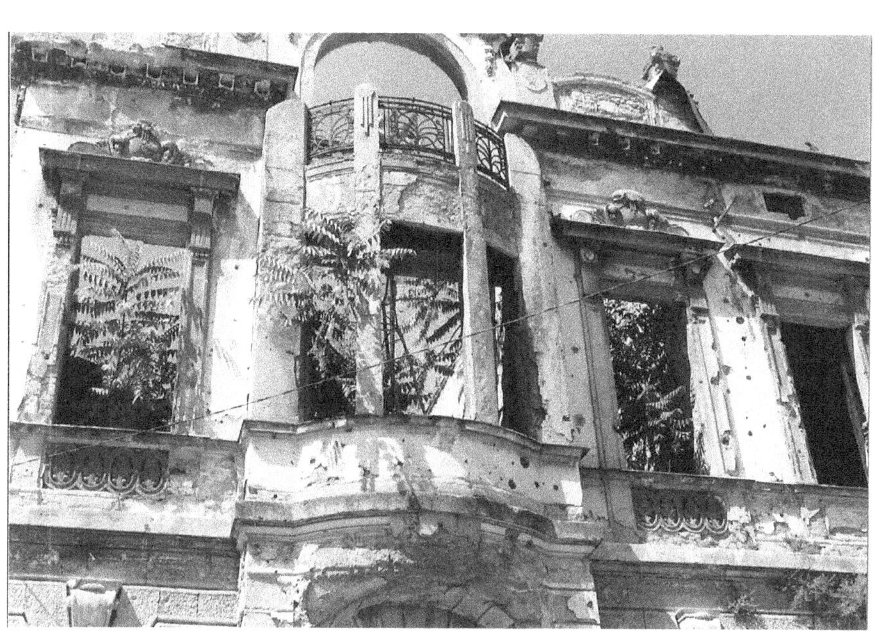

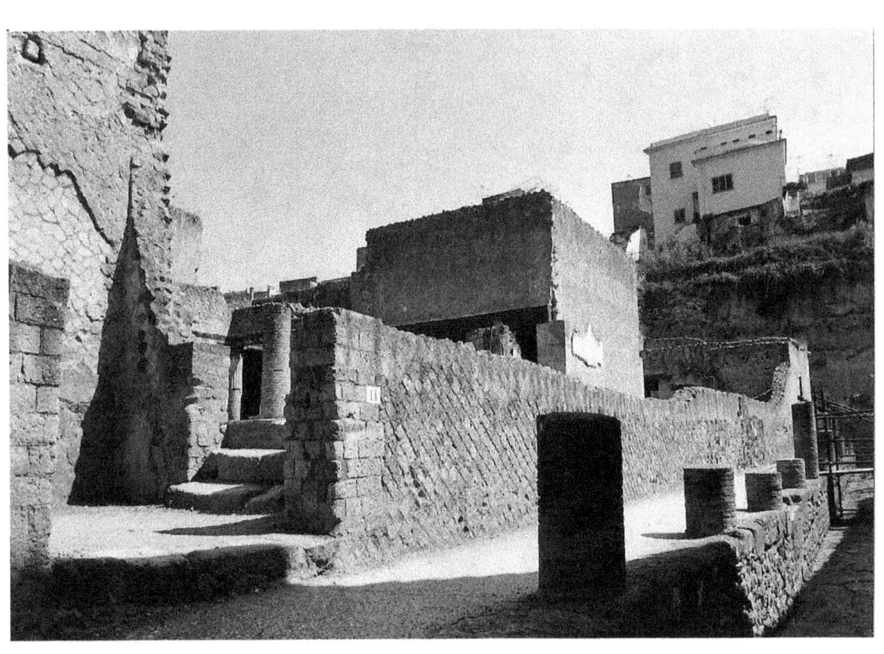

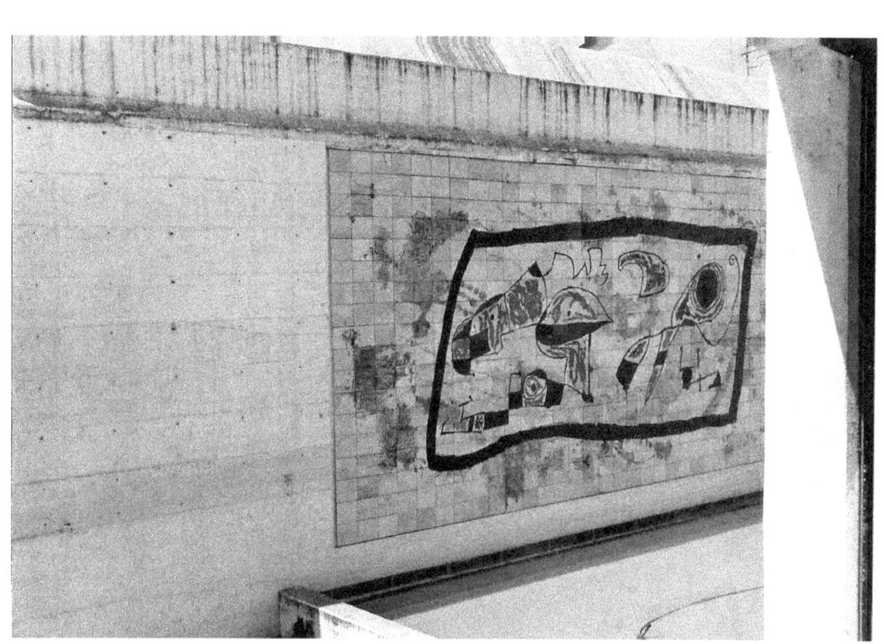

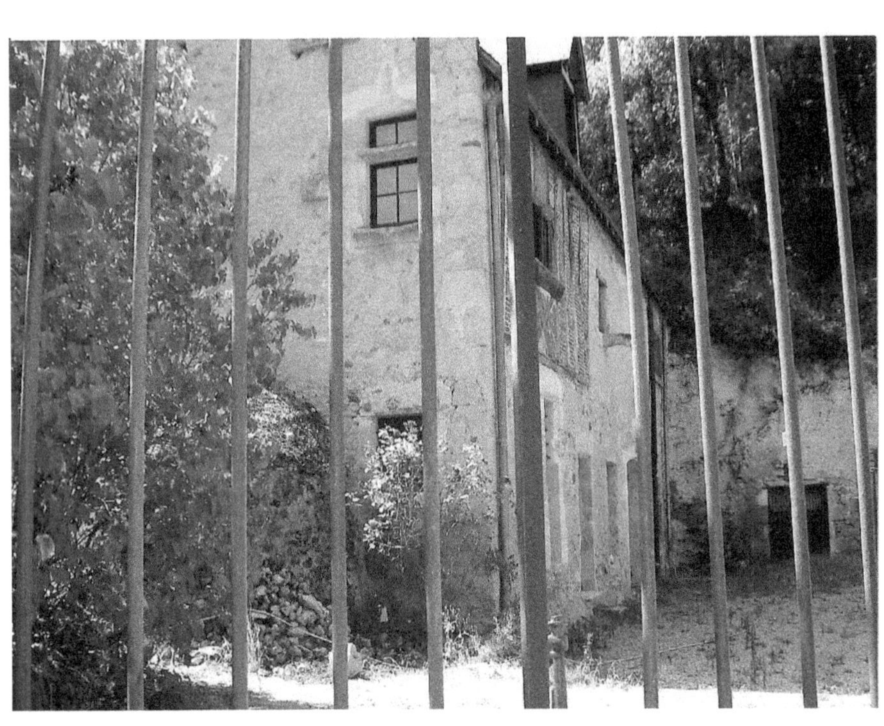

CONCLUSION

Le thème de la révolte qui est analysé dans les divers essais de cet ouvrage concerne avant tout des avant-gardes telles que le surréalisme et le situationnisme. Il s'agit ainsi d'imposer un projet esthétique et philosophique qui perturbe les codes habituels de la représentation et qui contient en outre un mouvement inévitable de transcendance, c'est-à-dire de dépassement des limites et des contraintes physiques et matérielles de la réalité.

La révolte, dès lors, s'incarne d'abord dans des formes qui vont du poème automatique au détournement, avant de se concrétiser dans un discours socio-politique. Ces formes particulières ne sont jamais fixes ni prédéterminées : elles évoluent constamment en fonction de la sensibilité individuelle. La révolte, dans cette mesure, inclut toujours la possibilité d'un acte créateur.

On sait que dans le surréalisme, cette posture d'opposition radicale concerna en premier lieu le pouvoir de la rationalité et du réalisme figuratif. Mais elle mena également au choix de nouveaux modes d'expression qui avaient été considérés jusque là comme négligeables, de la photographie au collage. Le mot : 'avant-garde' renvoya alors à un parti pris d'expérimentation et refléta le rôle essentiel du hasard dans la création du poème ou de l'œuvre d'art, comme le prouve en particulier l'œuvre de Paul Nougé.

Le surréalisme d'André Breton, mais aussi celui de Benjamin Péret et de Paul Éluard, affirma le caractère révolutionnaire de la révolte. Il s'agissait bien d'inscrire cette position de contradiction dans un mouvement historique général qui avait tant marqué les artistes et les intellectuels de leur génération. Dans une telle perspective, la révolte était parfaitement compatible avec l'esprit du communisme, même s'il était question de critiquer sa dérive stalinienne et de lui préférer le purisme trotskiste.

Dans les années quarante et cinquante, cependant, Breton s'éloigna de cette dimension révolutionnaire pour célébrer l'utopie sociale de

Fourier qui était aussi celle d'un langage proprement poétique. Péret, quant à lui, ne manqua jamais d'insister sur le rapport de la révolte au mouvement anarchiste, c'est-à-dire sur sa capacité à créer un mode de vie et une philosophie authentiquement libertaires.

Inévitablement, la question de la révolte ne put que déboucher sur le mouvement de Mai 68. Celui-ci réalisa bien des désirs initiaux d'André Breton, dans la mesure où il mit en évidence le besoin d'une liberté d'expression sans entraves. Le surréalisme définit en effet une vision poétique de l'existence avant de concevoir la possibilité de son accomplissement politique.

Par poétique, il fallait entendre d'abord le refus de toute rationalité utilitariste et de tout fonctionnalisme. Le langage revendiqua ainsi le droit à la perte dans l'automatisme, dans son lien à l'inconscient et aux rêves de l'homme. Il ne servit aucun but préétabli, mais c'est précisément dans son apparente gratuité qu'il révéla sa raison d'être unique.

La révolte surréaliste (et ensuite celle de Mai 68) affirma toujours une qualité ludique. C'est sans doute ce qui demeure le plus original et le plus irréductible dans le projet de Breton, surtout par rapport au monde d'aujourd'hui, le monde dit global qui repose sur le pouvoir universel de la rationalité sous l'emprise toujours croissante de la technologie. Le jeu représenta pour Breton une force irrésistible de contradiction sociale et culturelle, et c'est dans cette vision même que le surréalisme se détacha de toute forme de marxisme rigide. Marx, en effet, échoua à saisir cette dimension fondamentale de la vie humaine, car la révolution, selon lui, ne comportait aucune part de gratuité. Pour le surréalisme, le jeu souligna la possibilité d'une action sans but, et donc d'une errance, ce que le marxisme, dans son obsession du sens de l'histoire, refusa de prendre en compte dans sa pensée du changement révolutionnaire.

Pourtant, le mouvement surréaliste n'oublia jamais totalement la conscience aiguë de la lutte des classes dans le monde moderne. Il en déduisit cependant que la bourgeoisie défendait avant tout des valeurs esthétiques traditionnelles et conformistes qu'il fallait renverser. En d'autres termes, Breton et ses collègues conçurent l'ordre bourgeois comme l'ennemi de la création poétique et artistique authentiquement novatrice. Cet ordre avait pour mission, en quelque sorte, d'étouffer la puissance de l'imaginaire et son expression brute. Selon cette optique, la lutte des classes devait se déplacer du domaine économique à celui de l'art et de la culture.

La bourgeoisie fut également considérée comme la gardienne des valeurs morales : son influence énorme dans la société moderne engendrait alors une répression profonde de la sexualité et de la vie instinctive de l'homme, un processus qu'avait brillamment analysé Freud dans *Le Malaise dans la culture*. La révolte surréaliste se situa bien en premier lieu sur le terrain du désir et de son refoulement par les classes supérieures si préoccupées d'imposer l'ordre de la famille et des structures d'autorité classiques. L'essai d'André Breton intitulé *L'Amour fou* célébra ainsi ce désir envisagé comme puissance de contradiction à la fois morale et esthétique. Cette puissance pouvait alors s'incarner soit dans des objets trouvés, soit dans des images poétiques capables de susciter un choc ou une perturbation psychique chez le spectateur.

Il est clair qu'aucun mouvement d'avant-garde ne revendiqua autant le concept de révolution que le surréalisme à ses débuts. Pourtant, le surréalisme fut surtout l'héritier ou le frère spirituel de Dada, avec qui il partagea la négation absolue d'un monde moderne dominé par le matérialisme et l'oppression de l'homme par l'homme.

Cette oppression se devait de susciter une poésie et un art certes engagés, mais rejetant en premier lieu la souveraineté du réalisme traditionnel. Tristan Tzara, dans ses *Manifestes Dada*, énonça avec force l'esprit de révolte de ce mouvement et démontra que l'avant-garde du début du XXe siècle proposait une conception originale de l'engagement inscrite prioritairement dans le monde des formes.

Le surréalisme explora par ailleurs la question de la différence esthétique mais aussi psychique, au nom d'une reconnaissance de l'altérité et d'un mépris profond des normes sociales. C'est ce qu'illustra parfaitement le discours critique de Breton sur l'art des fous, à une époque où celui-ci peinait à se faire reconnaître. Il s'agissait de souligner l'exclusion de l'artiste par la société, un thème essentiellement romantique qui fut au XIXe siècle au cœur de la problématique du poète et de l'artiste maudit, de Baudelaire à Van Gogh. J'ai reformulé cette problématique dans mon œuvre *Le Refus*, en montrant qu'elle est toujours d'actualité dans un monde global qui rejette les hommes et les femmes qui ne respectent pas ses règles sociales et culturelles.

Le situationnisme fut par bien des aspects issu du surréalisme. Mais alors que Breton se réfugia dans le monde des rêves et de la sensibilité magique, Debord préféra lui inscrire son combat dans le domaine concret de la vie quotidienne. En effet, la France des années cinquante et soixante n'était plus celle de l'avant-guerre : elle donna naissance à un nouvel ordre symbolique déterminé par la toute-puissance de la consommation.

Breton n'évoqua lui jamais la notion de spectacle dans ses écrits critiques. Il passa la plus grande partie de son existence dans un monde où la littérature et l'art étaient encore les modes d'expression dominants, alors que le monde dans lequel les situationnistes vécurent produisit de nouveaux médias devenus omniprésents, de la publicité à la télévision.

Le situationnisme s'opposa au surréalisme dans son insistance sur le discours culturel plutôt que sur le discours esthétique. C'est ce qui fit la grandeur de Breton : son obstination à affirmer coûte que coûte la souveraineté des préoccupations formelles conjointes de la poésie et de la peinture. Le situationnisme préféra par contraste aborder en priorité la critique sociologique et politique, dans la conscience d'une fin présumée des avant-gardes qui avaient marqué la première moitié du XXe siècle.

La révolte situationniste, en ce sens, se nourrit du leitmotiv de « la mort de l'art » (et de « la mort de la poésie »). Elle prit place à l'intérieur d'un monde déjà désenchanté. Une telle perte d'illusions concerna également les idéologies politiques révolutionnaires, dont le communisme. Le situationnisme ne put alors que s'emparer à des fins subversives des matériaux et des produits de la société publicitaire, comme le prouve sa pratique récurrente des détournements.

Malgré son inscription dans la société des Trente Glorieuses, la pensée situationniste continue à faire sens aujourd'hui en plein cœur de la mondialisation. C'est ce que démontre bien l'œuvre de Raoul Vaneigem. L'aliénation essentiellement culturelle décrite par Debord et ses collègues est certes toujours valide, mais elle s'accompagne d'une aliénation sociale et économique engendrée par un capitalisme beaucoup plus destructeur et cruel qu'il ne l'était dans les années cinquante et soixante.

Il faut dans ce contexte préserver à tout prix la liberté de l'homme, en particulier la liberté d'expression menacée par divers néo-totalitarismes. Une telle perspective n'aurait pas déplu à André Breton, dont le souci majeur fut précisément de revendiquer une liberté individuelle sans antécédent dans la création poétique. Paradoxalement, cependant, cette liberté individuelle s'incarna dans une communauté particulière de poètes et d'artistes. C'est ce qui constitue l'une des caractéristiques les plus importantes de la révolte, dans son oscillation constante entre l'expression du sujet et celle de la collectivité. En d'autres termes, « l'homme révolté » renvoie toujours à un « nous révolté ».

L'un des grands mérites d'Albert Camus, pourtant tant décrié par les surréalistes (mais aussi par Sartre et par les intellectuels marxistes de son temps) fut ainsi d'éclairer la dimension existentielle de la révolte, au-delà du politique et surtout de l'esthétique. Celle-ci se situe en effet dans le ici et maintenant des choses, dans le sentiment d'une urgence proprement irrépressible. Elle constitue alors une sorte de « révolution automatique ».

En outre, Camus montra que la révolte se distingue radicalement de toute forme de nihilisme philosophique, malgré sa volonté de contradiction et d'opposition originelles, dans la mesure où elle porte nécessairement en elle un idéal communautaire même inaccompli. Il développa enfin une véritable généalogie de cette question dans la pensée et la littérature occidentales, ce que paradoxalement Breton lui-même avait entrepris sous une autre forme dans *Le Manifeste du surréalisme* de 1924, en soulignant en particulier l'importance de l'héritage de Rimbaud et de Lautréamont pour l'expression poétique de la révolte.

Si cet ouvrage insiste tant sur les avant-gardes du XXe siècle, des années vingt aux années soixante-dix, ce n'est pas pour consacrer une histoire de la révolte. Il ne s'agit en effet ni d'embaumer celle-ci ni de la confiner dans un passé supposé glorieux. Au contraire, il s'avère nécessaire de prouver qu'elle poursuit son chemin aujourd'hui, envers et contre tout, dans le présent le plus proche. C'est ce qu'a confirmé la récente exposition du Jeu de Paume intitulée *Soulèvements*[197]. Dans cette optique, on peut penser également au slogan de « la France insoumise » proclamé lors de la dernière campagne présidentielle. D'autres pouvoirs tout aussi coercitifs sinon plus que ceux d'hier exigent une réaction généralisée d'opposition issue d'hommes et de femmes qui souhaitent assumer pleinement leurs responsabilités de citoyens.

Pourtant, la révolte conçue par le surréalisme et ensuite par le situationnisme ne fut jamais de nature violente, sinon dans son langage. Elle impliqua une attitude ferme de résistance sans que celle-ci débouche cependant sur une œuvre de mort ou de destruction

[197] Cette exposition eut lieu du 18 octobre 2016 au 15 janvier 2017. Son commissaire était Georges Didi-Huberman.

physique. La révolte, en ce sens, reposa prioritairement sur un ensemble de pratiques créatrices et d'idées nouvelles et surtout sur l'expression d'un imaginaire commun. C'est ce qui l'opposa sans aucun doute à la révolution, en particulier si l'on considère l'exemple de la Révolution russe de 1917.

C'est pourquoi ses leçons sont encore valides au début du XXIe siècle. Le besoin de transcendance inclut toujours un désir de vérité, au-delà des nombreuses illusions offertes par la société capitaliste mondialisée. Cette vérité est celle de l'harmonie possible entre les hommes, d'un dépassement des conflits qui traversent l'existence en permanence. Elle est en outre de nature essentiellement poétique, dans la mesure où elle tend à une transformation radicale de la réalité par l'art et la création.

La troisième et dernière partie de cet ouvrage ne fait que souligner ce phénomène. Ici, la poésie est encore présente, en particulier sous la forme spontanée de la poésie orale, comme dans l'œuvre singulière de David Antin. Le rêve d'André Breton fut en effet aussi celui d'une immédiateté et d'un surgissement du langage poétique au cœur même de la vie quotidienne. Dans une culture contemporaine constamment écrasée sous le poids de la représentation médiatique, la poésie affirme en ce sens son pouvoir de contradiction, ce que Vaneigem avait déjà saisi au milieu des années soixante, et donc son identité politique.

La photographie de nature autobiographique est également très présente dans cette troisième et dernière partie. Elle se définit ici en particulier comme une mémoire visuelle des lieux de l'avant-garde, de la maison natale de Magritte à l'atelier de Calder en Touraine. La photographie constitue en effet un outil essentiel dans la lutte contre le temps et son processus d'effacement. Elle affirme alors une conscience historique de nature éthique. Ce projet s'assimile à un défi, dans la mesure où la technique du numérique implique le plus souvent une précipitation des images noyées dans un flux incessant. La révolte, dans cette perspective, renvoie au rejet d'un ordre actuel de la représentation instantanée et de la confusion symbolique qui lui est en grande partie liée.

Il s'agit ainsi de montrer une certaine histoire de l'Occident en général et de l'Europe en particulier, un processus continu ou une chaîne temporelle qui permettent de faire rejoindre le siècle dernier et le nôtre. Cette histoire est celle des totalitarismes et des nationalismes coupables de génocides, du nazisme au nationalisme serbe des années quatre-vingt-dix, sans oublier l'impérialisme américain dans le monde arabe au début du XXIe siècle, une forme de néo-colonialisme que les surréalistes et les situationnistes auraient sans aucun doute désavouée, vu leur engagement anticolonialiste. La révolte contient alors toujours un non à la guerre et à l'extermination, c'est-à-dire un refus de tous les pouvoirs qui font abstraction de l'humain et de la vie selon une volonté de domination et d'hégémonie totales.

LÉGENDES DES ILLUSTRATIONS

On No : l'art et les foules

1. Manifestation contre la guerre en Irak, Rome, 19 mars 2004
2. Rome, 19 mars 2004
3. Rome, 19 mars 2004
4. Rome, 19 mars 2004

Croisements intérieurs : vers un art global

1. La maison natale de Magritte, Lessines, Belgique
2. Le pont Kennedy, Strasbourg, France
3. Le pont Kennedy, Strasbourg, France
4. Le temps qu'il est et le temps qu'il fait

Là où j'étais là où je ne suis pas : le sujet invisible de la photographie

1. Mostar, Bosnie-Herzégovine
2. Pompéi, Italie
3. La Fondation Miró, Palma de Majorque, Espagne
4. La maison de Calder, Saché, France

BIBLIOGRAPHIE

ADAMOWICZ, Elza. *Ceci n'est pas une peinture.* Paris : L'Âge d'Homme, Bibliothèque Mélusine, 2004.

ANTIN, David. *John Cage sans cage.* Dijon : Les Presses du réel, 2011.

ARENDT, Hannah. *Les Origines du totalitarisme suivi de Eichmann à Jérusalem*, préface de Pierre Bouretz, Paris: Gallimard, "Quarto", 2002.

ARFOUILLOUX, Sébastien (*dir.*). *Le Silence d'or des poètes surréalistes.* Château-Gonthier: Aedam Musicae, 2014.

BARTHES, Roland. *Le Degré zéro de l'écriture.* Paris : Le Seuil, 1972.

-----------------------*La Chambre claire. Note sur la photographie.* Paris : Cahiers du cinéma Gallimard/Seuil, 1980.

BAUDELAIRE, Charles. *Critique d'art, suivi de Critique musicale.* Édition de Claude Pichois, Paris: Gallimard, 1992.

BAUDRILLARD, Jean. *Simulacres et simulation.* Paris: Galilée, 1981.

-----------------------------*Le Crime parfait.* Paris : Galilée, 1995.

BEAUJOUR, Michel. *Terreur et rhétorique. Autour du surréalisme.* Paris: Jean-Michel Place, 1999.

BÉHAR, Henri. *Littéruptures.* Paris : L'Âge d'Homme, Bibliothèque Mélusine, 1988.

----------------------*André Breton, l'indésirable.* Paris: Calmann-Lévy, 1990.

-----------------------*Ondes de choc. Nouveaux essais sur l'avant-garde.* Paris: L'Âge d'Homme, Bibliothèque Mélusine, 2010.

BENJAMIN, Walter. 'L'Œuvre d'art à l'ère de sa reproduction technique', In *Œuvres choisies*, traduction de Maurice de Gandillac. Paris : Julliard, 1959.

---------------------------*L'Homme, le langage et la culture*. Paris : Denoël, 1971. Traduction de Maurice de Gandillac.

---------------------------'La Petite histoire de la photographie', in *Études Photographiques*, 1. Paris : Société Française de Photographie, 1996. Traduction d'André Gunthert.

BLANCHOT, Maurice. *L'Entretien infini.* Paris : Gallimard, 1969.

BRETON, André. *L'Amour fou.* Paris: Gallimard, 1937.

---------------------*Ode à Charles Fourier.* Paris: Librairie Klincksieck, 1961. Introduction de Jean Gaulmier.

----------------------*Le Surréalisme et la peinture*. Paris: Gallimard, 1965.

----------------------*Entretiens avec André Parinaud.* Paris: Gallimard, 1969.

----------------------*Nadja*. Paris: Gallimard, 1990.

---------------------*Manifestes du surréalisme.* Paris : Gallimard, 2003.

BRUN, Eric. *Le Situationnisme. Une avant-garde totale*. Paris : Éditions du CNRS, 2014.

CAGE, John. *Entretiens avec Daniel Charles.* Paris : L'Herne, 2014.

----------------*Rire et se taire. Sur Marcel Duchamp*. Paris : Allia, 2014.

CAMUS, Albert. *Essais*. Paris : Bibliothèque de la Pléiade, 1977.

CANETTI, Elias. *Masse et puissance*. Paris : Gallimard, 1966.

CARLES, Philippe (avec COMOLLI, Jean-Louis). *Free Jazz Black Power*. Paris : Gallimard, 2000.

CLAIR, Jean. *Malaise dans les musées*. Paris: Flammarion, Café Voltaire, 2007.

CONLEY, Katharine. *Automatic Woman: The Representation of Woman in Surrealism.* Lincoln: University of Nebraska Press, 1996.

-------------------------*Robert Desnos, Surrealism and the Marvelous in Everyday Life*. Lincoln: University of Nebraska Press, 2003.

-------------------------*Surrealist Ghostliness.* Lincoln: University of Nebraska Press, 2013.

DACHY, Marc. *Dada et les dadaïsmes.* Paris : Gallimard/Folio, 2010.

DEBORD, Guy. *La Société du spectacle*. Paris: Gallimard, 1992.

------------------- *Potlatch* (1954-1957). Paris: Gallimard, 1996.

-------------------*La Fabrique du cinéma de Guy Debord.* Sous la direction de Fabien Danesi, Fabrice Flahutez et Emmanuel Guy. Arles : Actes Sud, 2013.

DÉCIMO, Marc. *Des Fous et des hommes avant l'art brut, suivi de Marcel Réja : L'Art chez les fous – Le dessin, la prose, la poésie – 1907.* Dijon: les Presses du réel, 2017.

DE DUVE, Thierry. *Nominalisme pictural.* Paris: Minuit, 1984.

---------------------*Au Nom de l'art: pour une archéologie de la modernité.* Paris: Minuit, 1989.

DERRIDA, Jacques. *La Dissémination.* Paris : Le Seuil, 1972.

EBURNE, Jonathan. *Surrealism and the Art of Crime.* Ithaca : Cornell University Press, 2009.

FANON, Franz. *Les Damnés de la terre.* Paris: François Maspéro, 1968.

FOUCAULT, Michel. *Ceci n'est pas une pipe ; deux lettres et quatre dessins de René Magritte.* Montpellier : Fata Morgana, 1973.

FREUD, Sigmund. *Le Malaise dans la culture.* Paris : Presses Universitaires de France, Collection Quadrige Grands Textes, 2004.

----------------------*L'Inquiétante étrangeté et autres essais.* Paris : Gallimard, 1988.

GANN, Kyle. *No Silence. 4'33'' de John Cage.* Paris : Allia, 2014.

HOLLIER, Denis (*dir.*). *Le Collège de Sociologie. 1937-1939.* Paris: Gallimard, 1979.

JUDOVITZ, Daliah. *Unpacking Duchamp: Art in Transit.* Berkeley: University of California Press, 1995.

KAUFMANN, Vincent. *Guy Debord. La Révolution au service de la poésie.* Paris: Fayard, 2001.

KEROUAC, Jack. *On the Road.* New York: Penguin Books, 1979.

KRAUSS, Rosalind. *Le Photographique: Pour une théorie des écarts.* Paris : Macula, 1990.

LEFEBVRE, Henri. *Critique de la vie quotidienne.* Paris : L'Arche, 1958.

LÉVI-STRAUSS, Claude. *La Pensée sauvage.* Paris : Plon, 1962.

MALLARMÉ, Stéphane. *Igitur, Divagations, Un Coup de dés.* Paris : Poésie/Gallimard, 2003.

MAN RAY. *Photographs by Man Ray, 105 Works, 1920-1934*, New York: Dover Publications Inc., 1979.

MARCUSE, Herbert. *Eros et civilisation, contribution à Freud.* Paris: Minuit, 1991.

MARIËN, Marcel. *Apologies de Magritte.* Bruxelles: Didier Devillez, 1994.

MARIN, Louis. *Le Portrait du roi.* Paris : Minuit, 1981.

MARX, Karl. *Le Capital. Livre 1.* Sous la direction de Jean-Pierre Lefebvre. Paris : Presses Universitaires de France. Collection Quadrige Grands Textes, 1993.

MCLUHAN, Marshall. *Pour Comprendre les médias: les prolongements technologiques de l'homme.* Paris : Le Seuil, 1977.

MERLEAU-PONTY, Maurice. *Humanisme et terreur.* Paris : Gallimard, Collection Idées, 1980. Introduction de Claude Lefort.

MEURIS, Jacques. *Magritte.* Cologne: Benedikt Taschen, 1994.

MICHAUX, Henri. *En Rêvant à partir de peintures énigmatiques.* Montpellier: Fata Morgana, 1972.

MOUSSARON, Jean-Pierre. *Feu le free.* Paris : Belin, 1995.

NANCY, Jean-Luc. *Le Regard du portrait.* Paris : Galilée, 2000.

NOUGÉ, Paul. *L'Expérience continue.* Lausanne : L'Âge d'Homme, 1981.

PAZ Octavio. *Marcel Duchamp: l'apparence mise à nu.* Paris : Gallimard, 1977. Traduction de M. Fong.

PÉRET, Benjamin. *Mort aux vaches et au champ d'honneur.* Paris : Le Terrain Vague, 1967.

---------------------- *Le Déshonneur des poètes, suivi de Camus, le Révolté du dimanche, Sur Léon Trotsky, Poèmes. Avec G. Munis Les Syndicats contre la Révolution.* Préface de Jean-Jacques Lebel. Paris: Acratie, 2014.

PONGE, Francis. *Le Parti pris des choses.* Paris: Gallimard, 1942.

RUBIO, Emmanuel. *Les Philosophies d'André Breton (1924-1941).* Paris : L'Âge d'Homme, Bibliothèque Mélusine, 2009.

SÉITÉ, Yannick. *Le Jazz à la lettre.* Paris : Presses Universitaires de France, 2010.

TAMINIAUX. Pierre. *Poétique de la négation.* Paris : L'Harmattan, collection Écritures, 1998.

-------------------------*Surmodernités: entre rêve et technique*. Paris: L'Harmattan, collection Ouverture Philosophique, 2003.

----------------------- *Surrealism and its Others*. Numéro spécial de Yale French Studies, Vol. 109, New Haven: Yale University Press, 2006. Co-dirigé avec Katharine Conley.

------------------------*The Paradox of Photography*. Amsterdam/New York: Rodopi, 2009.

-----------------------*Poésie et politique au XXe siècle*. Paris: Hermann, 2011. Co-dirigé avec Henri Béhar.

-----------------------*Les Mots de l'art*. Amay: L'Arbre à paroles, 2012.

---------------------- *Le Refus*. Paris: L'Harmattan, 2011.

----------------------*Littératures modernistes et arts d'avant-garde*. Paris: Honoré Champion, 2013.

----------------------*Du Surréalisme à la photographie contemporaine. Au croisement des arts et de la littérature*. Paris: Honoré Champion, 2016.

-----------------------*L'Ellipse et le cercle : art, poésie, politique.* Paris : Les Impliqués, 2016.

-----------------------*Poésie bleue*. Paris : L'Harmattan, collection Poètes des cinq continents, 2018.

TILMAN, Pierre. *Robert Filliou : nationalité poète*. Dijon: Les Presses du réel, 2007.

TROTSKI, Léon. *La Révolution permanente*. Paris : Minuit, 1963.

----------------------*Littérature et révolution.* Paris : Union Générale d'Édition, 1974.

----------------------*La Révolution trahie*. Paris : Minuit, 1999.

TZARA, Tristan. *Manifestes Dada. Lampisteries*. Paris: Jean-Jacques Pauvert, 1963.

---------------------*Œuvres complètes.* Paris : Flammarion, 1975. Sous la direction d'Henri Béhar.

VANEIGEM, Raoul. *Traité de savoir-vivre à l'usage des jeunes générations*. Paris : Gallimard, 1967.

------------------------*Pour l'Abolition de la société marchande. Pour une société vivante.* Paris : Rivages, 2002.

-----------------------*Rien n'est sacré, tout peut se dire*. Paris: La Découverte, 2003.

TABLE DES MATIÈRES

Introduction 7

Breton et Trotski : la mémoire révolutionnaire du surréalisme.......... 15

Automatisme et improvisation : des rapports possibles entre le surréalisme et le jazz 33

René Magritte et Georgette : le portrait d'union 47

André Breton et l'art des fous : l'appel de la liberté 61

Le surréalisme, made in USA.......... 73

Paul Nougé ou le langage poétique du hasard.......... 87

L'Homme révolté, hier et aujourd'hui 101

Les Lèvres nues : le surréalisme avec le situationnisme 117

Savoir-vivre, savoir-lire, savoir-écrire 131

De la liberté d'expression au vide : le situationnisme et après 147

Le poète révolté dans la culture contemporaine : un héritage surréaliste.......... 163

David Antin lecteur de John Cage : improvisation orale, silence et récit.......... 177

On No : l'art et les foules.......... 193

Croisements intérieurs: vers un art global 211

Là où j'étais là où je ne suis pas :
le sujet invisible de la photographie 227

Conclusion 243

Bibliographie 253

Les Beaux Arts
aux éditions L'Harmattan

Dernières parutions

DU LIEU DE CULTE À LA SALLE DE MUSÉE
Muséologie des édifices religieux
Sous la direction de Claire Merleau-Ponty
Les lieux de culte et le patrimoine religieux posent des problèmes muséographiques spécifiques, en particulier lorsqu'un lieu de culte se transforme en musée. Quelle est la place de l'art contemporain dans ce type de lieux ? Comment expose-t-on les objets rituels dans les musées ? Les lieux des grandes religions présentes en France sont étudiés ici : cathédrales, églises, temples, mosquées, synagogues, pagodes.
(Coll. Patrimoines et sociétés, 29.00 euros, 334 p.)
ISBN : 978-2-343-13149-8, ISBN EBOOK : 978-2-14-005284-2

MÉMOIRES ET PATRIMOINES
Des revendications aux conflits
Sous la direction de Céline Barrère, Grégory Busquet, Adriana Diaconu, Muriel Girard, Ioana Iosa
Cet ouvrage propose une réflexion sur les revendications, les contestations et les conflits, qui participent à la fabrication contemporaine du patrimoine. Cette entrée introduit au cœur de la réflexion la compréhension du patrimoine comme construction sociale, liée à un contexte temporel et géographique spécifique, et surtout à une configuration sociale qui le crée. Le patrimoine ne sera pas considéré comme existant *a priori*, mais en tant qu'objet de revendication.
(Coll. Habitat et Sociétés, 38.50 euros, 388 p.)
ISBN : 978-2-343-13331-7, ISBN EBOOK : 978-2-14-005276-7

UNE ÉCOLE DE MANAGEMENT À L'ÉPREUVE DES COURS D'ART
Une jeunesse en quête de sens
Coste Dorina - Préface de Roxana Bobulescu
Cette étude vise principalement à repérer les usages des cours d'art graphique par une école de management, et par les étudiants dans leurs différentes dimensions. Quelles dynamiques sociales et identitaires déclenchent-ils sur les étudiants au sein de l'institution et aussi au sein de l'entreprise ? Cet ouvrage révèle une pédagogie qui se définit par l'éveil d'une conscience critique, menant les jeunes à questionner croyances, pratiques et institutions qui font partie de formes de domination à l'œuvre dans la société.
(Coll. Logiques sociales, 29.00 euros, 276 p.)
ISBN : 978-2-343-08851-8, ISBN EBOOK : 978-2-14-005393-1

IMAGES D'IMAGES
Sous la direction de François Soulages et Bruno Zorzal
Qu'en est-il des usages et des appropriations créatrices des images dans l'art contemporain, donc des images d'images ? Quand le faire prend l'air d'un refaire, nous rapportons-nous de la même

manière aux œuvres, aux procédés de création, ainsi qu'à la photographie et à l'art lui-même ? Cet ouvrage propose d'étudier en quoi les images d'images renouvellent les problématiques concernant à la fois la conception, la diffusion et la réception des œuvres.
(Coll. Eidos Série Photographie, 20.50 euros, 204 p.)
ISBN : 978-2-343-13642-4, ISBN EBOOK : 978-2-14-005308-5

TECHNO ET POLITIQUE
Étude sur le renouveau d'une scène engagée
Descamps Tanguy, Druet Louis
La techno est intimement liée au politique. De sa naissance aux États-Unis à son expansion en Europe, cette musique exprime un besoin d'émancipation sociale et politique. À travers l'étude empirique de la scène parisienne, nous observons qu'une partie d'entre elles se réapproprie les valeurs du genre musical. La techno devient le support d'actions solidaires, locales, une sorte d'utopie concrète qui ambitionne de diffuser ses valeurs dans la société.
(Coll. Logiques sociales, 19.00 euros, 180 p.)
ISBN : 978-2-343-12864-1, ISBN EBOOK : 978-2-14-005347-4

LA CHANSON POLYPHONIQUE FRANÇAISE AU TEMPS DE DEBUSSY, RAVEL ET POULENC
Cafafa Marielle
La chanson polyphonique française pour voix mixtes *a cappella* connaît un nouvel âge d'or durant la première moitié du XXe siècle. Écrites dans un style à la fois moderne et archaïsant, ces chansons, qui peuvent furtivement faire penser aux chansons de la Renaissance, contiennent de multiples références. L'auteur, musicienne, tente ici de déceler les probables sources d'inspiration des compositeurs qu'elle envisage comme des pistes pour penser l'interprétation de l'un des fleurons de la musique française.
(Coll. Univers musical, 38.00 euros, 482 p.)
ISBN : 978-2-343-13603-5, ISBN EBOOK : 978-2-14-005371-9

CINÉMA SÉNÉGALAIS
Sembène Ousmane le précurseur et son legs
Diop Mag Maguette
Cet ouvrage revisite l'histoire du cinéma sénégalais et le legs de Sembène Ousmane. La jeune génération de cinéastes et celle de l'avenir doivent connaître leur histoire, l'histoire du cinéma sénégalais, en garder une mémoire vivante source d'inspiration. Ce livre arrive au moment de la relance d'une industrie cinématographique et audiovisuelle durable au Sénégal depuis 2013.
(Harmattan Sénégal, 25.00 euros, 240 p.)
ISBN : 978-2-343-11581-8, ISBN EBOOK : 978-2-14-005245-3

LE MUSÉE, DEMAIN
Sous la direction d'Emmanuelle Amsellem et Isabelle Limousin
Quel est le devenir du lointain héritier de l'antique *mouseion* d'Alexandrie ? Pour penser l'avenir du musée, des professionnels et des experts se sont réunis. Cet ouvrage constitue une pierre angulaire pour un chantier fondamental, celui d'une refondation institutionnelle. Des approches territoriales, nationales et internationales continuent à dessiner les contours du musée que nous voulons bâtir ensemble pour demain.
(Coll. Patrimoines et sociétés, 26.00 euros, 248 p.)
ISBN : 978-2-343-12951-8, ISBN EBOOK : 978-2-14-005116-6

MÉTAMORPHOSES NUMÉRIQUES
Art, culture et communication
Sous la direction de Pélissier Nicolas, Pélissier Maud
Voici un éclairage original, inspiré par les sciences de l'information et de la communication, sur les transformations actuelles des industries et institutions culturelles, ainsi que des arts vivants, à l'ère du numérique. Les auteurs proposent de repenser les catégories de la création, de la

médiation ou de la réception au travers des perspectives de réinvention et de dépassement offertes par l'environnement numérique.
(Coll. Communication et Civilisation, 29.00 euros, 280 p.)
ISBN : 978-2-343-13261-7, ISBN EBOOK : 978-2-14-005074-9

DE L'ART CINÉTIQUE À L'ART NUMÉRIQUE
Hommage à Frank Popper
Sous la direction de Françoise Py
Frank Popper est l'un des grands théoriciens de l'art contemporain. Il est, sur le plan international, le spécialiste de l'art optique et cinétique, de l'art électronique, informatique et virtuel, et du Net Art. Ce volume auquel ont collaboré nombre de ses amis, artistes, historiens de l'art et esthéticiens, retrace son parcours hors normes, donne un éclairage nouveau sur les grandes expositions historiques qu'il a montées et entre en dialogue avec son travail de chercheur.
(Coll. Eidos série Retina, 27.00 euros, 270 p.)
ISBN : 978-2-343-12203-8, ISBN EBOOK : 978-2-14-005070-1

POÏÈSE / AUTOPOÏÈSE : ARTS ET SYSTÈMES
Sous la direction de Xavier Lambert
Cet ouvrage a pour vocation d'explorer une dimension particulièrement féconde de la relation entre les arts contemporains et les technologies du numérique. La poïèse renvoie à l'idée de fabriquer, et l'autopoïèse à ce qui se fait soi-même. L'hypothèse est que l'utilisation des systèmes autopoïétiques dans le cadre d'une démarche artistique décentre le rapport de l'artiste à l'œuvre dans sa poïèse. L'artiste reste concepteur, mais délègue la poïèse à un dispositif systémique processuel.
(Coll. Ouverture Philosophique, 32.00 euros, 310 p.)
ISBN : 978-2-343-13202-0, ISBN EBOOK : 978-2-14-005045-9

IMAGES SERVILES, IMAGES CRITIQUES
Photographie et corps politiques, 10
Soulages François
Ce livre conclut une série de dix ouvrages publiés sur la problématique Photographie & corps politiques. Il nous interroge sur les représentations photographiques, idéologiques ou artistiques des corps politiques, en questionnant les potentialités des images - servilité, critique ou création. Et ce, à partir d'images policières, psychiatrisantes et artistiques. Les enjeux sont en effet certes politiques et moraux, mais aussi existentiels et esthétiques. Deux artistes - Bernard Koest et Bruno Zorzal - interviennent dans ce livre pour présenter des photographies.
(Coll. Eidos Série Photographie, 17.50 euros, 158 p.)
ISBN : 978-2-343-13257-0, ISBN EBOOK : 978-2-14-004943-9

POÏÉTIQUES DU DESIGN 4
Conception, corps et fiction
Sous la direction de Gwenaëlle Bertrand et Maxime Favard
Au regard des trois précédents volets de «Poïétiques du design», ce quatrième recueil d'articles permet d'aborder la question de la conception au travers d'une relecture du corps et de nos capacités à nous aventurer dans certaines fictions. Les auteurs de cet ouvrage s'attachent à interroger la place du corps et de la fiction dans la conception en architecture et en design, et font état d'un transhumanisme croissant au niveau du corps, de la science, de l'industrie et de l'éthique.
(Coll. Esthétique série Ars, 22.50 euros, 216 p.)
ISBN : 978-2-343-13352-2, ISBN EBOOK : 978-2-14-005104-3

LE CORPS DANSANT
Ouvrage dirigé par Dominique Rebaud
Ces troisièmes Carnets d'Archipel Méditerranées posent la question du Corps Dansant partout où il se trouve : dans les pratiques sociales dansées, dans la création contemporaine, dans la profondeur des temps, l'infini des espaces et des cultures. Ce Corps Dansant souvent oublié, interdit ou inconnu et que chacun possède de manière innée et acquise, est décrypté et analysé

dans ces différents textes ; répondant ainsi à l'appel d'Adel Habbassi pour que le théâtre soit «un lieu de partage de nos intelligences» engendrant des «formes forcément hybrides».
(Coll. Carnets d'Archipel méditerranées, 13.50 euros, 136 p.)
ISBN : 978-2-343-13355-3, ISBN EBOOK : 978-2-14-005117-3

TWIN PEAKS ET SES MONDES
Foubert Jean
Début 1990, la série télévisée de David Lynch, *Twin Peaks*, crée l'événement. Le créateur, novateur et sulfureux, d'*Eraserhead* (1977) et de *Blue Velvet* (1986) révolutionne le concept et l'écriture de feuilleton de télévision. En 2017, Lynch réalise une troisième saison intitulée *Le retour* . Entre-temps, il y aura eu *Twin Peaks : Fire Walk with me* (1992), œuvre de cinéma magistrale, méprisée alors, unanimenent réévaluée aujourd'hui. Par l'exploration de ses dimensions culturelles et esthétiques, cet essai cartographie l'univers et le réseau édifiés par D. Lynch.
(Coll. Champs visuels, 13.00 euros, 106 p.)
ISBN : 978-2-343-13507-6, ISBN EBOOK : 978-2-14-005184-5

ABÉCÉDAIRE DE LA FANTASMAGORIE
Variations
Vimenet Pascal
La fantasmagorie et son aura traversent l'espace historique originel qui voit muter les «phantasmagories» jusqu'aux expériences hybrides actuelles. Ce thème fédère ici 83 nouvelles entrées qui questionnent la propagation internationale de la fantasmagorie et ses manifestations dans le cinéma d'animation sur les plans graphique, technique, littéraire, politique, philosophique, plastique. Elles incluent une vingtaine d'inédits de Pascal Vimenet, de 1985 à 2017.
(Coll. Cinémas d'animations, 36.00 euros, 354 p.)
ISBN : 978-2-343-13318-8, ISBN EBOOK : 978-2-14-004987-3

CONSEILS DU THÉÂTRE DE L'UNITÉ À NE PAS SUIVRE
Lettre à Charlotte
Livchine Jacques, De Lafond Hervée - Préface de Jean-Pierre Marcos
Ce livre est une belle leçon de théâtre pour tous les jeunes artistes, un recueil d'histoires extraordinaires, pour que la création hors les murs puisse se poursuivre et se nourrisse aux sources de leurs imaginaires. Les auteurs, des amoureux fous du Théâtre et particulièrement du Théâtre de rue, nous communiquent la vibration de chaque idée, le parfum de chaque mot, le feu qui les brûle toujours.
(Coll. Citizen Free Art, 16.50 euros, 152 p.)
ISBN : 978-2-343-13130-6, ISBN EBOOK : 978-2-14-005212-5

ENTRE LES CORPS
Les pratiques émersiologiques aujourd'hui (cirques, marionnettes, performance et arts immersifs)
Actes du colloque des 7 et 8 octobre 2016 au Centre national des arts du cirque
Sous la direction de Bernard Andrieu et Cyril Thomas
L'art vivant implique le corps dans la création d'une esthétique intercorporelle : relation directe avec le public, échanges entre les partenaires, émersion de sensations intimes. Par le contact tactile des mains, des corps et des peaux, des informations invisibles sont activées dans les réseaux nerveux, hormonaux et cérébraux. Ainsi, les artistes se reconnaissent par la projection de leur espace corporel qui repose sur une sensibilité empathique, dans une reconnaissance affective et sur une résonance motrice.
(Coll. Mouvements des Savoirs, 24.00 euros, 232 p.)
ISBN : 978-2-343-13132-0, ISBN EBOOK : 978-2-14-005027-5

Structures éditoriales du groupe L'Harmattan

L'Harmattan Italie
Via degli Artisti, 15
10124 Torino
harmattan.italia@gmail.com

L'Harmattan Hongrie
Kossuth l. u. 14-16.
1053 Budapest
harmattan@harmattan.hu

L'Harmattan Sénégal
10 VDN en face Mermoz
BP 45034 Dakar-Fann
senharmattan@gmail.com

L'Harmattan Cameroun
TSINGA/FECAFOOT
BP 11486 Yaoundé
inkoukam@gmail.com

L'Harmattan Burkina Faso
Achille Somé – tengnule@hotmail.fr

L'Harmattan Guinée
Almamya, rue KA 028 OKB Agency
BP 3470 Conakry
harmattanguinee@yahoo.fr

L'Harmattan RDC
185, avenue Nyangwe
Commune de Lingwala – Kinshasa
matangilamusadila@yahoo.fr

L'Harmattan Congo
67, boulevard Denis-Sassou-N'Guesso
BP 2874 Brazzaville
harmattan.congo@yahoo.fr

L'Harmattan Mali
Sirakoro-Meguetana V31
Bamako
syllaka@yahoo.fr

L'Harmattan Togo
Djidjole – Lomé
Maison Amela
face EPP BATOME
ddamela@aol.com

L'Harmattan Côte d'Ivoire
Résidence Karl – Cité des Arts
Abidjan-Cocody
03 BP 1588 Abidjan
espace_harmattan.ci@hotmail.fr

L'Harmattan Algérie
22, rue Moulay-Mohamed
31000 Oran
info2@harmattan-algerie.com

L'Harmattan Maroc
5, rue Ferrane-Kouicha, Talaâ-Elkbira
Chrableyine, Fès-Médine
30000 Fès
harmattan.maroc@gmail.com

Nos librairies en France

Librairie internationale
16, rue des Écoles – 75005 Paris
librairie.internationale@harmattan.fr
01 40 46 79 11
www.librairieharmattan.com

Lib. sciences humaines & histoire
21, rue des Écoles – 75005 Paris
librairie.sh@harmattan.fr
01 46 34 13 71
www.librairieharmattansh.com

Librairie l'Espace Harmattan
21 bis, rue des Écoles – 75005 Paris
librairie.espace@harmattan.fr
01 43 29 49 42

Lib. Méditerranée & Moyen-Orient
7, rue des Carmes – 75005 Paris
librairie.mediterranee@harmattan.fr
01 43 29 71 15

Librairie Le Lucernaire
53, rue Notre-Dame-des-Champs – 75006 Paris
librairie@lucernaire.fr
01 42 22 67 13

www.ingramcontent.com/pod-product-compliance
Lightning Source LLC
LaVergne TN
LVHW010552110826
845149LV00003B/633